基于关键能力论的
企业阶跃演进机理研究

谷奇峰　著

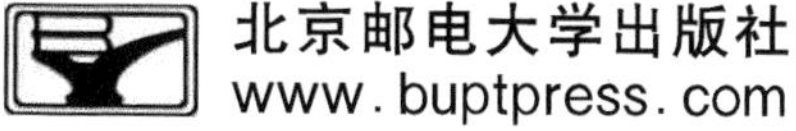

内 容 简 介

本书在中国信息通信产业背景下，定位于研究基于关键能力论的企业阶跃演进机理问题。为了探寻企业成长、成熟以及衰退的演进机理，本书以中国移动通信为案例对象，结合熵理论探讨电信运营商企业能力的演进机理。带着探究影响电信运营商企业能力演进动因的目的，进一步研究了如何基于顾客价值识别电信运营商的企业关键能力的问题。本书不仅基于熵理论解释了企业能力阶跃演进的理论机理，还提出了具有可操作性的定量模型，即基于顾客价值的企业关键能力识别模型，可以帮助企业聚焦顾客价值，提升竞争优势。

本书可以作为经济管理类企业管理专业本科生和研究生的教学参考用书。

图书在版编目(CIP)数据

基于关键能力论的企业阶跃演进机理研究 / 谷奇峰著. -- 北京 ：北京邮电大学出版社，2020.4
ISBN 978-7-5635-6008-0

Ⅰ. ①基… Ⅱ. ①谷… Ⅲ. ①电信企业—企业发展—研究—中国 Ⅳ. ①F632.1

中国版本图书馆 CIP 数据核字(2020)第 040446 号

策划编辑：彭 楠　　**责任编辑**：刘春棠

出版发行：北京邮电大学出版社
社　　址：北京市海淀区西土城路 10 号
邮政编码：100876
发 行 部：电话：010-62282185　传真：010-62283578
E-mail：publish@bupt.edu.cn
经　　销：各地新华书店
印　　刷：北京九州迅驰传媒文化有限公司
开　　本：720 mm×1 000 mm　1/16
印　　张：10.75
字　　数：222 千字
版　　次：2020 年 4 月第 1 版
印　　次：2020 年 4 月第 1 次印刷

ISBN 978-7-5635-6008-0　　定价：58.00 元

前　言

本书在中国信息通信产业背景下，定位于研究基于关键能力论的企业阶跃演进机理问题。随着中国2001年加入WTO，中国电信产业结构得到优化升级，中国电信运营商整体运营管理能力得到提高，电信运营商通过上市与重组得到了企业发展所必需的资金与机制等资源，围绕顾客价值推动企业能力快速演进。为了探究企业成长、成熟以及衰退的演进机理，本书特选择中国电信产业的主导电信运营商——中国移动作为研究对象，结合熵理论探讨电信运营商企业能力的演进机理。带着探究影响电信运营商企业能力演进动因的目的，本书还进一步研究了如何基于顾客价值识别电信运营商的企业关键能力。

本书提出了基于熵的企业能力演进机理理论，并阐述了中国移动的企业能力演进历程。将企业的熵分为能力熵与负熵，并将企业资源效能设置为企业能力演进的度量和评价。现有文献没有基于熵理论进行企业能力演进机理的理论研究，但企业作为一个开放的复杂结构系统，如何生存和发展都具有不确定性。本书引入熵来表示企业的存在状态与运动状态的不确定程度是合适的。第一，本书构建了基于耗散结构的企业能力框图，提出企业能力演进的核心目标是实现顾客价值；第二，阐述了企业能力演进的一般性规律，即"创新学习—经验惯性—管理衰退—再创新学习"的周期演进规律；第三，在定义企业的能力熵和负熵函数的基础上，解释了企业资源效能递减和递增问题，并提出了相应的解决思路；第四，通过基于熵的企业资源效能函数，阐述了企业资源效能与熵、能力熵和负熵的定量关系以及企业能力演进机理；第五，阐述了中国移动的企业能力演进历经的四个发展历程。

带着探究影响企业能力演进的关键动因的目的，本书深入研究如何基于顾客价值识别电信运营商的企业关键能力。本书建立了基于顾客价值的企业关键能力识别理论模型，并开展了基于顾客价值的中国移动企业关键能力识别实证研究。本书通过构建基于企业价值链的顾客价值驱动逻辑框图和顾客价值与企业能力的循环关系图，提出顾客价值与企业能力之间的理论假设，构建了以企业能力价值活动为自变量、顾客价值为因变量的企业关键能力识别模型，并提出了基于顾客价值的企业关键能力识别图。我们采用结构方程模型的数学方法，对中国移动进行企业关键能力识别的实证研究。实证研究结果表明，中国移动的市场营销能力、客户服务和技术开发能力是企业关键能力。

本书共7章。第1章是绪论；第2章是文献回顾与研究综述；第3章是中国移动案例背景与研究主题分析；第4章是基于熵的企业能力演进机理；第5章是基于顾客价值的企业关键能力识别机理；第6章是基于顾客价值的中国移动企业关键能力识别实证研究；第7章是研究结论和展望。

本书得以出版，要感谢北京大学光华管理学院江明华教授和王汉生教授、北京交通大学经济管理学院马忠教授在定量研究方法论方面的指导，还要感谢北京邮电大学陈建平同学和王伟同学在文献综述方面、中国人民大学唐彦也同学和杨伟博士在实证研究方面给予的支持和帮助。

由于时间仓促，作者水平有限，书中难免有错误或不妥之处，恳请各位读者和专家批评指正。

谷奇峰

2019年10月

目　　录

第1章 绪　论

伴随着全球经济一体化的深入发展以及技术发展的日新月异，国家之间、企业之间的生产要素流动也逐步加快；国际经济环境高度复杂多变，且影响企业发展的不确定因素日益增多，企业之间围绕人才、技术、市场、资源的竞争也愈演愈烈。自 2001 年我国加入 WTO 以后，我国与世界经济的相互联系和影响日益加深，市场化进程也不断提速，我国电信产业呈现出电信业务总量持续快速增长，电信资费水平持续下降，电信服务质量不断改善，电信产业对国民经济的贡献持续提高等特点。作为支撑电信产业快速发展的电信运营商，面对日趋激烈的市场竞争以及顾客日趋增高的产品和服务期望，纷纷开始将注意力集中到顾客身上，围绕顾客的价值需求进行产品的研发、销售和服务，为顾客提供超越竞争对手所提供价值的产品或服务。为了探究驱动中国电信产业快速发展的动因，本书将在中国电信运营商问卷调查数据的基础上，采用企业能力理论、熵理论和顾客价值理论，将中国电信产业的主导电信运营商——中国移动通信集团（以下简称“中国移动”）作为案例研究对象，结合熵理论找到中国移动企业能力的演进机理。带着探究影响电信运营商企业能力演进动因的目的，本书还要进一步研究推动中国移动企业能力演进的企业关键能力以及如何基于顾客价值进行企业关键能力的识别。希望本书能够为其他行业研究企业能力演进和企业关键能力识别提供理论支持和实践指导。

1.1 研究背景

1.1.1 实践背景

通信业是国民经济的基础行业，信息化对社会经济的可持续发展起着重要作用，是促进社会可持续发展的重要推动力（滕勇 等，2001）。自改革开放以来，我国电信产业一直保持着快速的行业发展速度，电信产业的业务与通信能力等综合水平明显增强，已成为我国国民经济的先导产业、支柱产业和战略产业。面对中国电信产业良好的产业发展态势，本书希望研究推动中国电信产业的电信运营商的企业能力演进机理是什么，推动电信运营商企业能力演进的企业关键能力是什么，如何基于顾客价值识别电信运营商的企业关键能力。为此，将中国电信产业的主导电信运营商——中国移动作为案例研究对象，引出本书的研究主题 1(基于熵的企业能力演进机理)和研究主题 2(基于顾客价值的企业关键能力识别机理)，这两个研究主题是我国管理理论界和实践界面临的非常紧迫的研究主题。

从全球电信产业的发展来看，其内外环境都发生了重大变化。全球电信产业在 1998—2000 年股值大幅上升，业务收入高达 4 万亿美元，是世界公认的“朝阳产业”。从 2001 年开始电信产业发生了剧烈动荡，由高速增长滑向持续低迷，直到 2003 年，随着全球经济的逐渐复苏，电信产业也开始逐步走出低谷。截至 2011 年年底，全球移动电话用户达到 59 亿户，用户渗透率达到 87%。随着电信市场趋于饱和，加上欧美债务危机的影响，发达经济体电信产业的增速大大放缓，以南亚、拉美、非洲为代表的新兴市场成为新的电信产业亮点。从电信产业在中国的地位和作用来看，随着中国经济体制改革的深入，电信产业在国民经济中的地位与作用越来越大，电信业务总量占 GDP 的比重由 2001 年的 4.5%提升至 2010 年 7.8%。中国电信产业一直保持着快速的行业发展速度，业务与通信能力等综合水平明显增强。截至 2018 年 12 月，中国已初步建成覆盖全国、通达世界、技术先进、业务全面的国家信息通信基础网络。目前电信产业已成为我国发展最快、综合效益最好的行业之一。从中国电信产业发展的阶段性来看，大致可分为四个改革阶段：(1)市场竞争引入阶段(1978—1998 年)；(2)垄断竞争阶段(1999—2001 年)；(3)专业化经营阶段(2002—2007 年)；(4)全业务竞争阶段(2008—2018 年)。带着探究中国电信产业发展速度如此之快原因的目的，本书接下来要对支撑电信产业发展的电信运营商进行剖析和阐述。从中国电信运营商的经营状况对比来看，全国 2018 年实现电信主营业务收入 14 048 亿元，其中中国移动主营业务收入为 7 368 亿元(占比 52%)，中国电信主营业务收入为 3 771 亿元(占比 27%)，中国联通主营业务收入为 2 909 亿元(占比 21%)。从数据上看，中国移动 2018 年的通信收入与电信和移动之和基本持平，净利润是联通和电信利润之和的 3.7 倍，中国移动在业务规模贡献方面已经成为推动中国电信产业高速发展的引擎。与此同时，中国移动在中央企业经营业绩考核中，从 2004 年至 2018 年连续 15 年获得国资委考核中的最高级别——A 级经营业绩。除了经济效益，中国移动更致力于服务社会，着力履行社会责任，连续入选道琼斯可持续发展指数榜，企业形象大幅提升。与此同时，它还发起了 NGMN 等国际组织，提升了全球影响力。中国移动是中国电信产业的主导电信运营商，研究中国移动的企业能力演进对于探究中国电信产业快速发展的原因具有十分重要的意义。

中国移动良好的经营业绩引发了我们的思考：(1)主题 1：中国移动的演进周期规律是什么？中国移动的经营由兴盛到衰败，或者由衰败到兴盛的理论拐点在哪里？中国移动的企业能力演进机理是什么？(2)主题 2：支撑中国移动良好经营业绩的企业能力是什么？推动中国移动企业能力演进的企业关键能力是什么？基于顾客价值识别企业关键能力的理论机理是什么？如何基于顾客价值实证识别中国移动的企业关键能力？

1. 研究主题1:基于熵的企业能力演进机理

从现有企业演进周期的理论文献和研究局限性来看，本书通过对企业演进理论文献的深入研究与对比，发现企业演进周期理论都是仿生研究的结果。系统理论把企业看作一个开放的系统，企业与环境及其子系统之间应该存在着一致性，这就意味着企业的发展过程就是系统不断动态平衡的过程。企业组织具有生命属性已经得到了学术界的广泛认可。然而，在考虑直接用前人的理论模型研究中国移动的企业能力演进规律时，发现存在以下不足：首先，企业演进周期理论没有很好地解释企业生命周期演进的机理。现有的企业演进周期理论大多只是对企业成长过程轨迹的一个现象描述，并没有很好地解释企业演进呈现生命周期的机理。其次，企业演进周期理论没有给出企业在生命周期各阶段的具体实施策略。最后，目前企业演进周期理论没有从企业能力的角度来研究企业演进机理和规律周期问题。从本书的研究定位来看，本书尝试从熵的角度研究企业能力的演进过程。对于企业这样一个开放的复杂结构系统，企业的经营优劣以及如何生存和发展都具有不确定性，本书将引入物理学中熵的概念作为一个特征值，来表示企业的存在状态与运动状态的不确定程度。本书不仅要从理论上揭示企业能力的演进机理，还要证明企业周期演进的必然性和企业内外部互动的重要性。

2. 研究主题2:基于顾客价值的企业关键能力识别机理

面对中国移动良好的发展态势，我们想知道：驱动中国移动经营业绩的企业能力是什么？推动中国移动企业能力演进的企业关键能力是什么？如何基于顾客价值实证识别中国移动的企业关键能力？带着这些问题，本书首先回顾驱动中国移动发展的企业能力有哪些；其次阐述中国移动利益相关者基于利益诉求的企业关键能力判断；最后提出基于顾客价值识别企业关键能力机理研究的必要性和紧迫性。

从驱动中国移动良好发展的企业能力来看，中国移动的企业能力活动主要包括以下五个方面：市场营销能力、客户服务能力、供应链管理能力、技术开发能力和基础管理能力。中国移动以上五方面企业能力活动的内涵各不同，这些能力全面驱动中国移动步入发展的快车道，但哪些能力活动是中国移动的企业关键能力呢？本书研究的企业关键能力主要是指在对基于细分市场目标客户关键需求识别的基础上，合理配置企业关键资源，在企业能力活动驱动企业子项能力的过程中所形成的满足顾客关键需求的卓越能力活动。按照利益相关者理论的观点，企业是“人”的组织，如果企业不能满足这些人——利益相关者的利益，企业就将不复存在(Freeman，1984)。因此，在考虑中国移动的企业关键能力时，首先应明确企业的主要利益相关者立足不同的角度对企业关键能力的认识。中国移动的利益相关者包括：股东、顾客、员工、政府、产业链合作伙伴和社会团体。中国移动的利益相关者都有相应的利益诉求,又存在不同的认识局限性,故其对企业关键能力的识别也存在一定的分歧。本书要从顾客价值的角度来看如何实现顾客利益诉求,研究企业关键能力识别的必要性。通过上述对利益相关者的诉求分析,发现满足顾客的利益诉求是中国移动可持续健康发展的基础,所以从顾客角度识别的企业关键能力更能够满足顾客需求。具体来讲,中国移动的运营收入来源于顾客的货币支付,只有中国移动提供满足顾客需求的、高顾客价值的产品或服务后,顾客才会为这种产品或服务支付成本。顾客的重复购买行为、购买的数量以及愿意支付的价格,取决于顾客能够从产品或服务中获得的价值。与此同时,中国移动提供的产品或服务中往往包含着满足顾客多方位需求要素的多种服务产品,其中有一些顾客需求要素是顾客的关键需求,如果中国移动能够识别目标客户的关键需求,并针对这些关键需求开发相应的产品或服务,顾客一定会以购买更多的数量或支付更高的价格等方式表达对这种产品或服务的认知及满意程度,企业将为此获得胜于竞争对手的竞争优势(何琳 等,2007),从而实现企业价值的提升,最终从更大程度上满足其他企业利益相关者的利益诉求,并实现企业的可持续健康运营。本书基于顾客价值的企业关键能力识别的选题恰是在这样的现实背景下提出来的。

1.1.2 理论背景

近些年,企业能力理论、熵理论和顾客价值理论等术语不断出现于经济学和管理学文献之中,这是以企业能力为基础的竞争战略正在不断兴起的结果,通过对企业能力演进机理和企业关键能力识别机理的研究,实现企业的可持续发展一直是理论界不断探索的问题。本书在第 2 章的文献回顾和研究综述部分,首先整理了国内外学者关于企业能力理论(企业能力演进、企业能力细分、企业能力识别)、熵理论和顾客价值理论(顾客价值的概念、顾客价值细分及服务利润链理论)的文献资料,将顾客价值理论分为五大类:“经济”导向、“效用”导向、“价值工程”导向、“竞争”导向和“手段—目的”导向,并将企业能力识别理论系统梳理成五大类:能力要素类、能力整合类、业绩表现类、能力特征类和能力综合类。其次本书围绕两条研究主线进行研究综述:第一条主线围绕基于熵的企业能力演进机理进行文献述评,这一主线将涉及企业能力演进理论、熵理论等研究综述,最终定位了研究主题 1(基于熵的企业能力演进机理);第二条主线是围绕基于顾客价值的企业关键能力识别进行文献述评,这一主线将涉及企业能力细分理论、企业能力识别理论和顾客价值理论等研究综述,最终定位了研究主题 2(基于顾客价值的企业关键能力识别机理)。

通过文献回顾发现:

(1) 在企业能力演进理论方面,从以往发表文献的研究主题和内容来看,其研究的焦点主要集中在以下几个方面:关于核心能力的界定以及表现形式问题的研究,关于动态能力的界定以及表现形式问题的研究,关于企业能力的形成机制以及培育问题的研究等。国内外学者对企业能力的演进研究有多个角度:基于生态演进角度来研究企业能力演进,基于企业资源角度来研究企业能力演进,还有国内外学者研究企业能力演进的方式,但目前还没有学者基于熵的角度研究企业能力演进,故基于熵的企业能力演进是学术领域的研究空白。本书认为,人们在复杂系统及其演化规律、不确定性的度量和系统复杂性度量等方面的研究中,普遍使用了熵的概念与理论。由于企业是一个多层次并且同一层次中具有多因素的复合结构系统,是一个开放系统,只能在一个比它更大的系统中生存发展。对于这样一个开放的复杂结构系统,企业的经营优劣以及如何生存和发展都具有不确定性,本书将引入物理学中熵的概念作为一个特征值,来表示企业的存在状态与运动状态的不确定程度。目前理论界还没有基于熵理论提出企业能力演进的理论模型,也无法为各行业提供理论借鉴和实践指导。鉴于此,本书希望能够填补熵理论和企业能力理论交叉研究的空白,故第一个研究主题定位于基于熵的企业能力演进机理研究,从理论上揭示企业能力的演进机理,并证明企业演进周期规律的必然性和企业内外部互动的重要性。

(2) 在顾客价值与企业能力的关系研究方面,其研究成果可整理归纳为两大类:第一类是以 Golfetto 等为代表的学者,从企业与顾客之间的关系出发,认为企业与顾客之间的良好互动关系有助于提高企业的顾客满意度,进而提升顾客价值;第二类是以 Ulaga、Möller 为代表的学者就如何定义及测度企业管理业务关系及网络的能力展开了实证研究。本书认为国内外学者在顾客价值与企业能力交叉理论研究方面的成果对企业的实践指导能力有一定局限性,主要表现在:

① 目前研究主要是从企业与顾客之间良好互动沟通关系的角度来研究企业能力创造顾客价值,认为价值来源于企业的提供物——产品或者服务,忽略了企业能力在顾客价值创造中的重要作用;

② 一些学者研究的企业能力价值活动没有与当前的主流企业能力理论相结合,有些价值能力活动没有得到企业能力理论的广泛认可和接受,例如创新能力、组织学习能力比较抽象,企业实践起来有一定难度;

③ 现有文献忽略了在当今竞争环境下,企业的采购、内部物流、外部物流、企业基础设施等能力活动对创造顾客价值的重要作用;

④ 虽然国内外学者实证研究了企业分项能力对顾客价值创造的影响,但没有系统性地研究企业能力活动对顾客价值的定量实证,忽略了很多企业能力活动对顾客价值的影响,没有提出基于顾客价值识别企业关键能力的理论模型,从而使实证结果缺乏实践指导性,无法为各行业提供理论借鉴和实践指导。

基于这一理论研究背景,本书定位于将顾客价值理论与企业能力理论相结合,探讨顾客价值与企业能力之间的互动关系,以及如何基于顾客价值识别企业关键能力。希望能够找到一种基于顾客价值的企业关键能力识别的理论模型,该模型方法可迁移到其他行业,通过基于顾客价值识别企业关键能力,来培育和提升面向顾客价值的行业竞争优势。综上所述,本书的第二个研究主题定位于基于顾客价值的企业关键能力识别理论与实证研究。

1.2 研究主题、内容及意义

1.2.1 研究主题

带着探究驱动中国电信产业快速发展动因的目的,本书希望能够找到企业快速发展的企业能力演进机理,并进一步挖掘推动企业能力演进的企业关键能力。这两个研究主题具有非常重要的理论价值和现实意义,故本书确定以下两大研究主题。

1. 研究主题1:基于熵的企业能力演进机理和实证研究

围绕着企业向市场提供具有顾客价值的产品服务,企业如何构建面向顾客价值的企业能力框图?基于熵的企业能力演进规律是什么?如何基于熵定量研究企业所处的有序化状态?中国移动的企业能力演进历程是什么?

2. 研究主题2:基于顾客价值的企业关键能力识别机理和实证研究

围绕着聚焦顾客价值来识别企业关键能力,并围绕企业关键能力重点培育和提升,实现企业可持续发展这一目的,理论探讨:顾客价值和企业能力的相关关系是什么?如何定义企业关键能力?基于顾客价值的企业关键能力识别机理是什么?如何实证研究基于顾客价值的中国移动企业关键能力识别?

1.2.2 研究内容

对上述研究问题的回答即为本书的研究内容。

(1) 围绕着基于熵的企业能力演进机理的问题。第一,本书构建了基于耗散结构的企业能力框图;第二,解释了企业能力演进要符合"创新学习—经验惯性—管理衰退—再创新学习"的周期演进规律;第三,基于企业资源效能的角度,提出了基于熵的企业能力演进机理,阐述了企业资源效能与熵、能力熵和负熵的定量关系和演进规律;第四,阐述了中国移动的企业能力演进历程;第五,带着探究驱动中国移动企业能力演进的企业关键能力的目的,阐述了基于企业关键能力驱动的企业能力演进机理。

(2) 围绕着基于顾客价值的企业关键能力识别的问题。本书首先通过服务利润链理论承载了顾客价值与企业价值链之间的理论联系,构建了基于企业价值链的顾客价值驱动逻辑图。通过阐述顾客价值、服务利润链与企业价值链之间的定性关系,实现了使基于公司战略视角的企业能力活动向基于顾客感知视角的顾客价值的价值驱动。其次,构建"顾客价值与企业能力的循环关系图",提出顾客价值与企业能力之间的定性关系与理论假设。最后，围绕着基于顾客价值的企业关键能力识别问题，提出了“基于顾客价值的企业关键能力识别模型”和“基于顾客价值的企业关键能力识别图”，该模型不仅构建了顾客价值与企业能力活动之间的定量关系，还可以基于顾客价值识别企业关键能力。

（3）围绕着基于顾客价值识别企业关键能力，本书将中国移动作为案例研究对象，采用结构方程模型的数学方法，提出基于顾客价值识别企业关键能力的定量研究方法，并对中国移动的企业关键能力进行了识别。该方法可迁移到其他行业，为其他行业面向顾客价值识别企业关键能力提供了理论依据和定量研究方法。

要完成以上研究内容，需要开展以下研究工作。

（1）深入研究基于熵的企业能力演进机理。

① 构建基于耗散结构的企业能力框图；

② 企业能力演进的一般规律；

③ 基于熵函数的企业能力演进机理；

④ 中国移动的企业能力演进历程；

⑤ 基于企业关键能力驱动的企业能力演进。

（2）深入研究基于顾客价值的企业关键能力识别机理。

① 构建基于企业价值链的顾客价值驱动逻辑图；

② 构建顾客价值与企业能力的循环关系图；

③ 构建基于顾客价值的企业关键能力识别模型；

④ 构建基于顾客价值的企业关键能力识别图；

⑤ 基于顾客价值的中国移动企业关键能力识别实证研究。

本书旨在研究基于熵的企业能力演进机理，提出了基于熵的企业能力演进的理论依据和应用方法。

1.2.3　研究意义

本书对基于熵理论来揭开企业能力演进机理的奥秘和基于顾客价值识别企业关键能力的研究具有重要意义，体现在如下几个方面。

首先，它可以帮助我们理解如何基于企业资源效能的角度，去定性研究企业能力演进的周期规律，定量研究企业资源效能与熵、能力熵和负熵之间的关系和演进规律。

其次，本书构建了基于顾客价值的企业关键能力识别理论模型。该模型可以帮助企业基于顾客价值识别出企业的关键能力。该理论模型的意义在于一方面横向比较各行业基于顾客价值识别企业关键能力的差异性，另一方面纵向观测各行业基于顾客价值识别企业关键能力的动态演进特征。

最后，本书开展了基于顾客价值的中国移动企业关键能力识别的实证研究。该部分基于调查问卷数据，使用结构方程模型的数学方法，基于顾客价值对中国移动进行企业关键能力的识别，并识别出了中国移动的企业关键能力。这对于希望基于顾客价值提升服务质量的服务业企业具有重要的实践意义。

1.3 本书的结构安排

1.3.1 研究思路

本书的研究思路如图 1-1 所示。

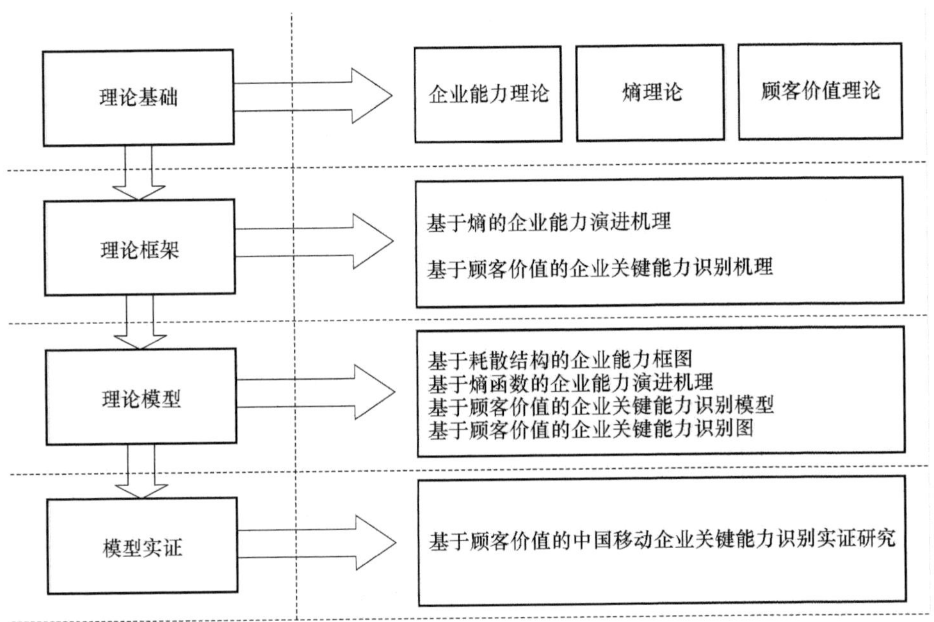

图 1-1 研究思路

本书根据企业能力理论、熵理论和顾客价值理论，在文献回顾的基础上，沿着"构建理论框架—提出理论模型—模型实证研究"的研究思路开展研究，围绕着以下两个层面开展理论研究和实证研究。

(1) 在基于熵的企业能力演进机理研究中，首先在"构建理论框架"环节，构建了基于耗散结构的企业能力框图，理论阐述了基于熵的企业能力演进机理，提出了企业能力演进规律周期；其次在"提出理论模型"环节，从企业资源效能的角度提出基于熵的企业能力演进规律，阐述了企业资源效能与熵、能力熵和负熵的定量关系和演进规律；最后阐述了中国移动的企业能力演进发展历程。

(2) 带着探究驱动企业能力演进的企业关键能力的目的，本书进一步深入研究如何实现基于顾客价值识别企业关键能力。首先在"构建理论框架"环节，构建了"基于企业价值链的顾客价值驱动逻辑图"和"顾客价值与企业能力的循环关系图"，提出了理论研究假设；其次在"提出理论模型"环节，围绕着如何基于顾客价值识别企业关键能力的问题，提出了"基于顾客价值的企业关键能力识别模型"和"基于顾客价值的企业关键能力识别图"，该模型构建了顾客价值与企业能力之间的定性关系，可以识别出企业关键能力；最后在"模型实证研究"环节，以中国移动的客户样本集合为例，采用定性研究和聚类定量研究的方法进行电信产业的企业能力自变量甄选，采用结构方程模型的数学方法，开展基于顾客价值的中国移动企业关键能力识别的实证研究，并最终识别出了中国移动的企业关键能力。

1.3.2 研究框架与内容安排

本书对内容结构的安排如图 1-2 所示。

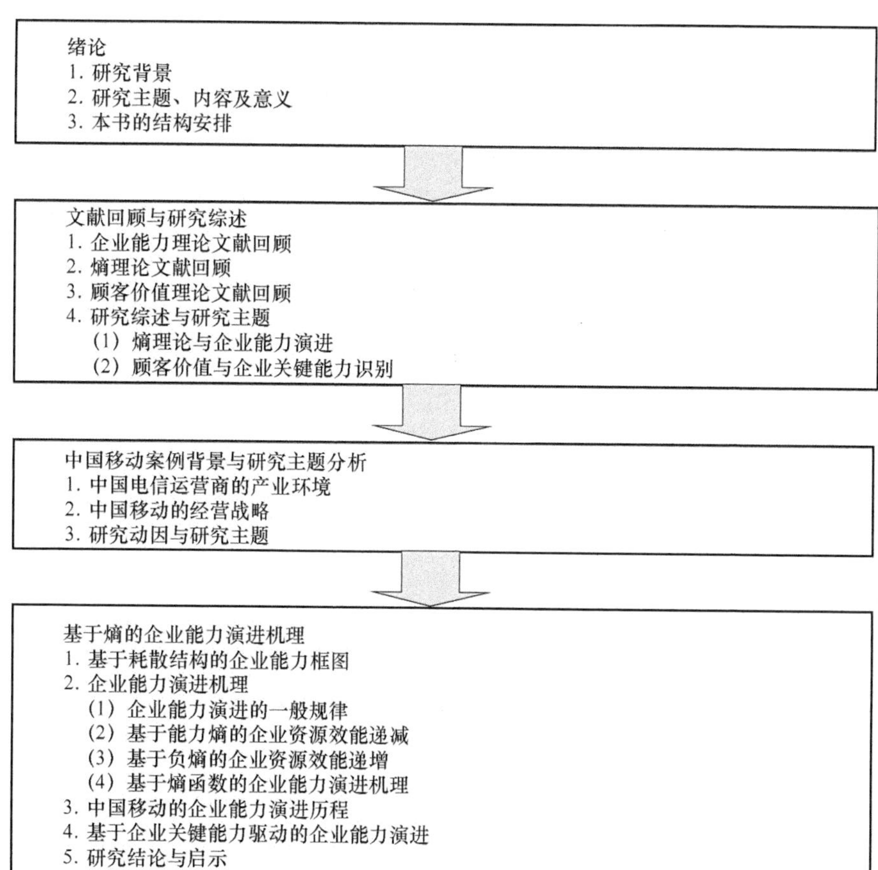

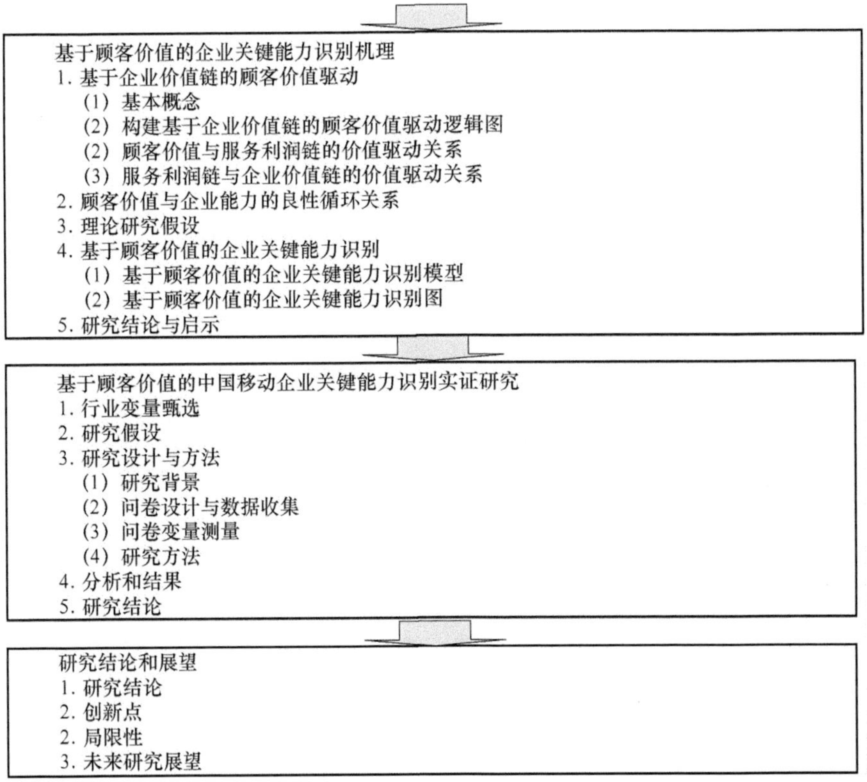

基于顾客价值的企业关键能力识别机理
1. 基于企业价值链的顾客价值驱动
  (1) 基本概念
  (2) 构建基于企业价值链的顾客价值驱动逻辑图
  (2) 顾客价值与服务利润链的价值驱动关系
  (3) 服务利润链与企业价值链的价值驱动关系
2. 顾客价值与企业能力的良性循环关系
3. 理论研究假设
4. 基于顾客价值的企业关键能力识别
  (1) 基于顾客价值的企业关键能力识别模型
  (2) 基于顾客价值的企业关键能力识别图
5. 研究结论与启示

基于顾客价值的中国移动企业关键能力识别实证研究
1. 行业变量甄选
2. 研究假设
3. 研究设计与方法
  (1) 研究背景
  (2) 问卷设计与数据收集
  (3) 问卷变量测量
  (4) 研究方法
4. 分析和结果
5. 研究结论

研究结论和展望
1. 研究结论
2. 创新点
2. 局限性
3. 未来研究展望

图 1-2　本书的内容结构安排

第 1 章为绪论。本章概括了本书的研究背景、研究问题、研究内容及意义、研究框架与内容结构安排。

第 2 章为文献回顾与研究综述。本章在归纳整理了国内外学者在企业能力理论、熵理论和顾客价值理论等研究成果的基础上,找到了目前理论研究成果所存在的不足,围绕两条主线初步提出了本书的两大研究主题。

第 3 章为中国移动案例背景与研究主题分析。首先,本章立足全球电信产业的发展来看中国电信产业的地位和形势,透过中国电信产业的发展成绩来看中国电信产业发展的阶段性,透过支撑电信产业快速发展的中国电信运营商经营状况的对比分析,最终选择中国电信产业的电信运营商——中国移动作为本书的案例研究对象;其次,介绍了中国移动面临的机遇与挑战,中国移动的经营战略定位、战略实施和经营业绩;最后,通过相关文献述评和企业实践研究的必要性,确定了两大研究主题,即研究主题 1(基于熵理论的企业能力演进)和研究主题 2(基于顾客价值的电信运营商企业关键能力识别)。

第 4 章为基于熵的企业能力演进机理。本章定位于基于熵的企业能力演进机理的研究。(1) 构建了基于耗散结构的企业能力框图。首先对涉及的基本概念进行定义,然后对电信运营商进行了耗散结构的判别,构建了基于耗散结构的企业能力框图。(2) 阐述了企业能力演进机理。首先阐述了企业能力演进的一般性规律;然后分别运用能力熵函数和负熵函数解释了企业资源效能递减和递增问题,并提出了相应的解决思路;还提出了基于熵的企业资源效能函数,解释了基于能力熵和负熵的企业能力演进问题。(3) 阐述了中国移动的企业能力演进历程。(4) 为了探究推动企业能力演进背后的关键驱动要因,阐述了基于企业关键能力驱动的企业能力演进,从而为后续章节基于顾客价值的企业关键能力识别研究奠定了理论基础。

第 5 章为基于顾客价值的企业关键能力识别机理。带着探究驱动中国移动企业能力演进的企业关键能力的目的,本章定位于基于顾客价值的企业关键能力识别机理研究。首先,通过服务利润链理论承载了顾客价值与企业价值链之间的理论联系,构建基于企业价值链的顾客价值驱动逻辑图。通过阐述顾客价值、服务利润链与企业价值链之间的定性关系,实现了使基于公司战略视角的企业能力活动向基于顾客感知视角的顾客价值的价值驱动。其次,构建了"顾客价值与企业能力的良性循环关系图"。再次,基于顾客价值与企业能力的循环要素关系,提出了理论研究假设。最后,围绕着基于顾客价值识别企业关键能力,提出了"基于顾客价值的企业关键能力识别模型"和"基于顾客价值的企业关键能力识别图"的理论方法和实践工具。

第 6 章为基于顾客价值的中国移动企业关键能力识别实证研究。本章将以电信产业的主导电信运营商——中国移动为行业案例背景,采用结构方程模型的数学方法,实证研究基于顾客价值的中国移动企业关键能力识别,归纳并阐述实证研究结论。

第 7 章为研究结论和展望。本章简要介绍了研究结论,以及创新点和局限性,并对未来研究提出更高的要求和展望。

1.4　本章小结

本章在阐述实践背景和理论背景的基础上,提出了本书的研究主题,界定了研究目的,阐述了研究意义,构建了研究思路和内容框架。

第 2 章　文献回顾与研究综述

为了探寻驱动企业能力演进的企业关键能力，本章首先对我们的研究所涉及的企业能力理论、熵理论与顾客价值理论进行文献回顾，然后围绕两条研究主线进行研究综述：第一条主线围绕基于熵的企业能力演进机理进行文献述评，这一主线将涉及企业能力演进理论、熵理论等研究综述；第二条主线围绕基于顾客价值的企业关键能力识别进行文献述评，这一主线将涉及企业能力细分理论、企业能力识别理论和顾客价值理论等研究综述。针对提出的研究问题，本章将立足于理论研究的最前沿，对现有的相关理论和研究文献进行整理和述评，目的是通过阐述相关的前沿研究内容，对已有研究结论进行分析、比较和整合，为本书理论概念模型的构建和理论假设的提出奠定理论基础。

2.1　企业能力理论文献回顾

本节对企业能力理论溯源、企业能力概念、企业能力演进理论、企业能力细分理论和企业能力识别理论的文献进行深入的回顾。

企业能力理论的思想萌芽可追溯到亚当·斯密(1776)的分工理论、阿尔弗雷德·马歇尔(1925)的企业内部成长论和伊迪比·潘罗斯(1959)的企业成长论理论。20 世纪 80 年代开始，管理学界从不同的角度对企业竞争优势的来源进行了探讨和理论研究，相关的理论研究分为两大类：一类是以 Porter 的产业分析理论为代表的企业竞争优势外生论；另一类是以企业能力理论为代表的企业竞争优势内生论。以 Porter 的产业分析理论为代表的外生论认为，决定企业盈利能力的根本因素是产业吸引力。随着战略管理实证研究的不断深入，加之过分追求产业分析论的企业为获得竞争优势而不得不频繁地转换行业而疲，人们开始质疑企业外部环境对企业业绩的绝对影响，特别是 Rumelt(1991)深刻地揭示出“产业内不同企业所获利润的差异往往大于产业间的利润差异”时，原有传统观点被彻底颠覆了。在这一背景下，以企业能力理论为代表的内生论将学者们探索竞争优势的着眼点从企业外部转移到了企业内部。本书认为企业能力理论经历了一个从资源基础论到核心能力论，再到知识基础论，目前向动态能力论演进的逻辑发展过程。这四大流派的理论研究共同揭示出：与企业外部条件相比，企业内部条件对于企业占据市场竞争优势更具有决定性作用；企业内部能力、资源和知识的积累是解释企业获得超额收益和保持企业竞争优势的关键性概念。企业能力理论研究的核心是从投入要素角度来解释企业竞争优势的获取、巩固与提升。正是因为研究者们对投入要素理解的角度不同，才形成了企业资源基础论、核心能力论、知识基础论和动态能力论四大流派。资源基础论与核心能力论都是基于企业内部变量的静态分析，资源基础论强调投入要素的禀赋，核心能力论则更加关注要素的联结和运用方式，但并没有超越资源基础论，只是更强调能力的独特性、稀缺性和不可模仿性。知识基础论是从知识的角度出发研究企业能力，认为不同企业之间知识创造和利用机制的不对称性产生了绩效差异。动态能力论则将企业能力理论从静态分析引向动态分析，把能力提升从一次性获取转化为持续获取，持续培育、改进和重构企业的异质性能力。企业能力理论的四大流派从根本上改变了企业是市场机制的替代物的传统观点。

关于企业能力的理论研究概念，国外学者 Prahalad 和 Hamel(1990)在《企业核心能力》一文中将核心能力定义为“组织中的积累性学识，特别是关于如何协调不同的生产技能和有机结合多种技能流的学识”。Markides 和 Williamson(1994)将核心竞争力定义为一个经验、知识和各种系统的蓄水池，“蓄水池”中的元素共同发挥催化剂的作用，来创造和积累新的战略性资产。Teece、Pisano 和 Shuen(1997)认为核心竞争力必须通过考察一个企业(及其竞争者)的一系列产品和服务来获得认识，并且通过与合适的互补资源相结合才能提升核心竞争力的价值。Hafeez、Zhang 和 Malak(2002)则将核心竞争力定义为企业的商业资源，包括物理的、智力上的及文化资产。国内学者刘世锦等(2001)认为，“核心能力是企业获得长期稳定的竞争优势的基础，是将技能、资产和运作机制有机融合的企业自组织能力，是企业内部管理性战略和外部交易性战略的结果”。吴价宝(2003)认为“企业核心能力是企业为赢得持续竞争优势而培育的超越于竞争对手、为顾客带来根本利益的关键性的技能、技术、能力、流程及其整合”。钟尉等(2007)对企业能力的定义是：企业能力可以认为是企业内部个体所拥有的知识和技能被企业的制度和文化整合过程中所产生的一种表象。培养和整合个体才能的过程也就是培养企业能力的过程。以上关于企业能力定义的共同之处在于：①核心能力的构成要素是企业关键性的技能、技术、能力和流程等，而不是某个单项资源；②核心能力是多种能力单元的协调与整合。

关于企业能力演进的理论研究，目前已广泛应用于生物进化理论、经济演化理论、社会演化理论、人类文化等领域。国内外学者基于生态演进角度来研究企业能力演进，探讨了通过企业交流、信息技术、学习、创新等促进企业能力演进的方法。国内学者(杨忠直 等,2003)也构建了企业生态学的框架,探讨外部环境与企业相互影响及企业对外部环境变化的反应,揭示了企业的自适应调节机制和演进机制。齐庆祝(2004)指出企业能力的演化过程是企业能力从低级到高级、由简单到复杂、递进式的发展过程,在此过程中,企业对外部环境的适应性不断增强,并且始终伴随着系统的分岔和涌现机制,系统的分岔机理为企业能力发展的多样性和方向性提供了前提条件,而系统的涌现机理则直接导致了企业能力新层次的产生。梁嘉骅等(2005)指出企业生态系统是一个自适应的、复杂的演进系统。丁慧平等(2009)指出建筑企业成长能力是以资源为基础的,受路径依赖的影响,通过经验环与创新环共融以及企业层、项目层和组织间 3 个层面的组织学习与互动,将知识整合成市场开拓流程、组织管理流程、技术创新流程和网络合作流程,构成相应的子能力并进而复合形成的。通过运用基因(DNA)模型诠释了建筑企业成长能力的形成机理和演进过程。赵永杰(2011)指出动态能力演进有企业文化主导型、资源主导型、技术主导型、组织和管理流程主导型以及市场主导型五种模式。国内外学者在基于企业资源的企业能力演进方面做了大量的研究工作,Penrose 指出企业是建立在一个行政框架内的各类资源的集合,企业成长和演进是不断地挖掘和利用资源的无限过程;企业成长和演进实际上也是企业资源动态演化的过程(王庆喜,2004)。在企业能力演进的不同阶段,企业对能力的需求也不尽相同,位于高能力位势的企业具有相对较强的竞争优势,而低能力位势的企业则竞争优势较弱,企业只有发展到一定的阶段才可能培育出相对高位势的能力。刘泳和陈荣耀(2001)从能力本位的角度出发,将企业成长和能力演进分为四个阶段,认为企业成长和演进阶段必须和能力培育阶段相对应,并阐述了从基础能力向核心能力演进的过程;郭斌(2003)指出企业的能力系统是由众多能力要素组成的,在发展的不同阶段会出现主导能力。企业能力的演进方式分别表现为 Penrose 式渐进演进和 Schumpeter 式变革演进,这两种方式在企业的发展过程中交替发挥作用。在成长初期 OEM 阶段,企业需要获取以充沛劳动力、丰富天然资源等为代表的初级资源,通过进行低技术含量的代工生产来实现量化成长,企业成长和能力演进也表现为扩大生产规模的粗放型增长;在竞争的驱动下,企业开始向 ODM 阶段转型,企业功能也实现向创新方向发展,企业成长也开始实现由粗放型向集约型转换,这就需要获取以科技人才、研发资产等为代表的创新资源来支撑成长;当企业成长到 OBM 阶段,就会逐渐成为主导产业链的企业,也开始向精细型转变,其任务和发展目标也更为明确。此时的企业不仅需要实现自我成长,而且还须带动整个产业链或网络的合作伙伴共同成长,这时就需要拥有以信息平台、社会资本等为代表的战略资源。在 OEM、ODM 和 OBM 阶段内,企业能力演变属于前者,而阶段间企业能力的转型属于后者。在 OEM 阶段,企业在外部表现为生产功能,主要活动是为了合理有效地配置和利用生产资源,这就需要相应的技术能力来提升企业效率;在 ODM 阶段,为了具有一定的自主发展主导权,企业必须拥有一定的专有核心技术。尤其是在未来的品牌战略中，更需要有相应的自主核心技术来有效地支撑发展。而与发展核心技术相配套的是企业创新能力，企业只有具有该项能力才可能在此阶段形成竞争优势；在 OBM 阶段，企业在产业链或社会网络中的功能角色都会发生完全转变，开始转型成为一个知识密集型的领导企业，这不仅需要构建以自己为主导的产业链或社会网络，还需要带领其中的合作伙伴共同发展和向其他的链条或网络拓展，这样才能支持企业的持续成长。企业在发展的不同阶段能够获得相对应的企业资源或企业能力以支撑企业成长和演进，即企业所拥有的异质性资源或差异性能力可以为企业提供竞争优势。企业资源是企业成长和演进的基础，二者之间存在密切的关系。企业资源是企业能力的基础，要获得企业能力就必须有相应的企业资源作为保障，而企业能力是企业资源配置和实现资源效率的手段，也能促进企业资源的利用、整合和积累，从而产生新的资源。通过企业能力来对企业资源进行重新配置、加工和利用，可以形成复杂的、稀有的、难以替代的新资源；同时在对企业资源利用的基础上，也培养了更高层次的企业能力。本书认同的观点是：初期的企业资源或企业能力可以为企业提供竞争优势，而企业资源与企业能力的动态同步演进则为企业提供了持续竞争优势，最终推动了企业的顾客价值实现。国内外大部分学者都侧重于基于生态演进角度来研究企业能力演进，前人还没有立足于熵理论角度来研究企业能力演进。

关于企业能力细分的理论研究，国内外学者从不同的维度进行了大量的研究，国内比较有代表性的学者康荣平等(2000)提出，企业战略能力矩阵的纵轴为市场范围，由小至大粗略划分为本地市场、全面市场、全球市场三个阶段，其横轴为时间长度，由短至长粗略划分为短期(1～3 年)、中期(5～8 年)和长期(大于 10 年)三个阶段，从而形成了九个区位的矩阵，将企业能力细分为核心能力、亚核心能力和基本能力。袁泽沛(2002)提到企业能力是一个层次系统，它的结构可以分为三个层次，第一个层次为表层，是企业竞争力的外部表现，可通过市场和财务方面的指标来衡量，如市场占有率等；第二个层次为中层，是企业竞争力的重要来源，主要表现为人才、技术等方面的竞争，如 R&D 经费投入、技术人员数量等；第三个层次是核心层，即企业的核心能力，是企业竞争力的真正源泉，它们决定着企业竞争优势的持久程度。余伟萍等(2003)的实证研究中提出了企业能力组合的 POSTEN 模型，即企业盈利模式运作能力、企业内部运行能力、企业战略管理能力、企业技术能力、企业家能力和企业制度。齐庆祝(2004)提到企业能力关键维度可以分为刚性维度和柔性维度。李辉等(2007)提到在电信运营企业的能力体系框架中，目标层是提升服务能力和建立竞争优势；能力层强调市场管理能力、业务提供能力、资源配置和管理能力、供应链与合作伙伴管理能力；资源层是指资金、场所、设备、信息系统、人力资源、用户、企业文化和企业制度等。何琳等(2007)提到企业能力体系由三个层面构成：运营能力、变革能力和学习能力。Michael

E. Porter(1985)在其《竞争优势》中提到企业每项生产活动都是创造价值的经济活动,企业所有的互不相同但又相互联系的生产环节构成了价值创造的动态过程,即价值链。企业围绕这条价值链展开一系列的价值增值活动,在这条价值链上,基本能力活动是涉及产品的物质制造及其销售,转移给买方和售后服务的各项活动,它是由内部物流、生产经营、外部物流、市场和销售、客户服务五大能力活动组成的;辅助能力活动辅助基本能力活动并通过提高外购投入、技术、人力资源以及各种公司范围的职能来相互支持,对企业价值创造起着支持作用,它是由采购、技术开发、人力资源、企业基础设施四项能力活动组成的。企业的各项能力活动不是一些孤立的活动,它们相互依存,形成一个系统,形成一条价值链。价值链的各环节之间相互关联,相互影响。图 2-1 所示为 X 公司的价值链。

企业基础设施	规划、预算系统　信息技术平台　标准化					利润
人力资源准备	出色的人员培训	技能发展		留住最好销售人员的激励机制	服务人员的招聘培训	
技术开发	信息系统开发	个性化的产品设计; R&D投入	信息系统开发	运用Internet技术		
采购	及时采购	高质量的零部件		信息系统	高质量的备件	
	可靠的配件供应 严格的进货检查 降低库存	装配运作系统 规模经济 产品检查 延次品率 优质低成本生产	精确的订单处理 快速及时交货 摈弃存货 完善的配送体系	专业销售队伍 低位定位 纯直销 体验客户 细分市场	快捷提供新技术 个性化服务 声誉	利润
	内部后勤	生产作业	外部后勤	市场和销售	服务	

图 2-1　X 公司的价值链

企业价值链理论认为,企业与企业的竞争不只是某个环节的竞争,而是整个价值链的竞争,而整个价值链的综合竞争力决定了企业的竞争力。即"消费者心目中的价值由一连串企业内部物质与技术上的具体活动与利润所构成,当你和其他企业竞争时,其实是内部多项活动在进行竞争,而不是某一项活动的竞争"(Porter,1985)。通过对企业能力活动的价值链分析可以看出,只有某些特定价值的能力活动才创造直接价值。这些真正创造价值的能力活动就是价值链上的战略环节,即形成企业竞争优势的环节。企业要保持竞争优势,就是要保持价值链上这些特定战略环节上的优势。与此同时,随着市场竞争的日趋激烈,辅助能力活动的重要性越来越突出,企业通过在辅助能力活动中的各个职能环节(包括产品研发、人力资源管理及企业基础设施等)培育核心能力,赢得了持续发展的竞争优势。本书根据企业价值链的理论逻辑认为,企业能够获得成功取决于企业在该产业中的相对竞争地位,而企业具有吸引力的市场地位则来源于该企业比竞争对手拥有更强的竞争优势。企业怎样来获取竞争优势？如何保持其竞争优势？波特以企业能力活动过程为核心构造了一个价值链分析工具，把企业定义为一个由一系列相互联系的价值增值环节所构成的价值创造系统。为什么有的企业能够比其他企业创造更高的价值使其价值链系统不断增值？波特提出了差异化的驱动因素。驱动因素即是指企业比竞争对手体现出差别优势的结构性决定因素。企业竞争优势的保持和企业可持续竞争优势的形成，要求企业资源和能力具有一种"模仿障碍"，其他企业难以模仿或只能模仿其中的一小部分。竞争优势的可持续性直接决定了企业的相对地位和企业价值，企业价值又影响了企业对资源和技能的再投资，而对企业资源和技能的再投资构成了企业的核心能力，而核心能力又是企业竞争优势的根本所在（如图2-2所示）。

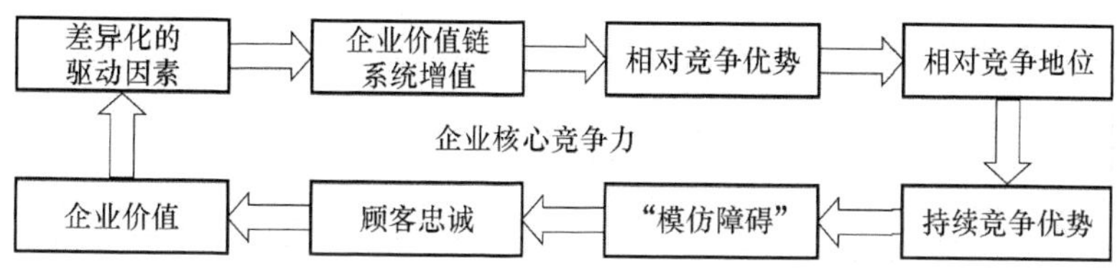

图2-2 基于价值链的价值驱动逻辑示意图

在企业能力识别理论研究方面，国内外学者进行了大量卓有成效的理论研究。其中，比较有代表性的学者及观点如下。陈畴镛（2000）基于模糊综合评判提出了一种企业核心能力的定量识别模型，他提出企业核心竞争能力的识别指标体系应该具有延展性、市场价值性和独特性。冯蔚动等（2002）基于模糊聚类提出了虚拟企业构建过程中伙伴核心能力的定量识别方法。胡晓翔等（2002）基于知识竞争力位势图提出了一种知识竞争力的识别方法。吴价宝等（2002）提到企业核心能力层次自底到顶依次是企业的资源（Resource）、能力（Capability）、竞争能力（Competence）和核心能力（Core competence）。万伦来等（2003）循着核心能力产生和发展的逻辑途径对其进行了层次和维度分析，拟定了一种能够直观地辨析核心能力细节的方法，提出了递阶层次归纳法。王江（2008）构建了动态知识竞争力的识别框架，提出了一种基于"递进层次分析法"的动态知识竞争力识别的方法。朱鹏等（2010）用网络图的形式描述企业能力系统，构造了能力—竞争力—核心能力，即点—图—子图的核心能力识别模型。武建龙等（2011）结合企业动态核心能力培育与战略运用的实际要求，设计了企业动态核心能力识别模型。企业能力是企业获得竞争优势的源泉，如果要清楚地了解企业竞争优势所在，就需要识别与评价企业核心能力。近年来，国内学者对企业能力识别的研究主要有两个方面：一是关于评价指标体系的构建；二是关于定量识别方法的选择。综合研究各类文献，本书认为企业能力的分类与识别评价主要有以下几类方法（详见表2-1）。

表 2-1 企业能力分类与识别评价分类表

序号	类型	角度	举例	优势	劣势
1	能力要素类	企业能力要素	Meyer 和 Utterback(1993)	明确了企业核心能力的具体来源	(1) 忽视了核心能力是要素整合的结果
			郭斌和蔡宁(2001)		(2) 反映不出企业核心能力的异质性、不可替代性
			王永贵、张玉利、杨永恒和李季(2003)		(3) 对要素贡献的权重不明确,缺乏各能力要素之间的关系分析
			王齐(2004)		
2	能力整合类	职能能力的优势性整合	Tommas(1990)	强调了企业核心能力的整合特性	(1) 缺乏明确企业核心能力的来源说明和具体表现
			王毅(2002)		(2) 忽视了体现核心能力的价值性、不可替代性和异质性
			蔡宁和阮刚辉(2002)		
3	业绩表现类	企业业绩表现	瑞士国际管理发展学院	(1) 强调了企业核心能力的业绩表现,体现了企业能力为顾客创造价值	(1) 缺乏明确企业核心能力的来源说明和具体表现
			吕坚、孙林岩等(2002)	(2) 强调了企业核心能力是一种整合的结果	(2) 忽视了体现核心能力的异质性、延展性和不可替代性
4	能力特征类	企业能力特征	陈畴镛、胡隆基(2000)	体现了具有企业核心能力的广泛共性核心能力特征	该类模型为静态识别,无法反映动态性
			魏江和叶学锋(2001)		
			王毅(2002)		
5	能力综合类	综合角度	聂辰席和顾培亮(2002)	具有能力要素类、能力整合类、业绩表现类和能力特征类的优势	(1) 模型之间的逻辑关系不明确
			杜纲、王军平(2002)		(2) 该类模型为静态识别,无法反映动态性

第一类是能力要素类。这类方法主要是立足于企业能力要素的角度展开阐释。Meyer 等(1993)在产品族和产品平台背景下,从产品技术能力、对用户需求理解能力、分销渠道能力、制造能力四个维度对企业的核心能力进行分类和评价;郭斌等(2001)从核心能力审计的角度建立了由企业战略管理能力、企业核心制造能力、企业核心技术能力、企业组织与界面管理能力和企业核心营销能力等组成的五个维度进行分类和

评价；王永贵等(2003)从技术能力、市场营销能力和整合能力三个方面对企业核心竞争力与组织学习、战略柔性和企业绩效的关系进行了测评；王齐(2004)从核心技术能力、核心营销能力、战略决策能力、核心创造能力、核心响应能力五个方面建立了企业核心能力的优选模糊模型和多层次模糊综合评判数学模型。这类模型明确了企业核心的具体来源，但忽视了核心能力是要素整合的结果，反映不出企业核心能力的异质性和不可替代性，并且缺乏对要素贡献权重的明确，缺乏各能力要素之间的关系分析。

第二类是能力整合类。这类方法主要是立足于职能能力的优势性整合的角度展开阐释的。王毅(2002)建立了由战略整合能力、组合整合能力和技术整合能力构成的企业核心能力的评价模型；蔡宁等(2002)从要素吸附能力、整合开发能力、资源运营能力三个维度提出了中小企业的核心竞争力的评价模型。这类模型强调了企业核心能力是整合的特性，但缺乏明确企业核心能力的来源说明和具体表现，并且忽视了核心能力的价值性、不可替代性和异质性。

第三类是业绩表现类。这类方法主要是立足于企业业绩表现的角度展开阐释的。吕坚和孙林岩(2002)构建了以功能、质量、成本、服务、交货期、环保等组成的对中国制造企业核心能力评价的指标体系。该类模型强调企业核心能力的业绩表现，体现了企业能力可以为顾客创造价值，还强调了企业核心能力是一种整合的结果，但缺乏明确企业核心能力的来源说明和具体表现，忽视了核心能力的异质性、延展性和不可替代性。

第四类是能力特征类。这类方法主要是立足于企业能力特征的角度展开阐释的。魏江等(2001)认为，识别核心能力的唯一也是必然的立足点是核心能力的性质或特征，如果识别评价后的结果与这些特征吻合程度较好，就可以初步认定它就是企业的核心能力。他们据此建立了以价值性指标、延展性指标、刚性指标、异质性指标和缄默性指标构成的企业核心能力评价指标体系。陈畴镛等(2000)从延展性、市场价值性和独特性三个维度进行分析，提出了8个具体的指标。王毅(2002)从创造价值性、可扩展性、难以模仿性三个方面对企业核心能力的外部形态进行判断。该类模型体现了企业核心能力的广泛共性特征，但该类模型为静态识别模型，无法反映企业核心能力的动态性。

第五类是能力综合类。这类方法主要是立足于综合角度展开阐释的。聂辰席等(2002)从R&D能力、创新能力、应变能力、组织协调能力、企业影响力五个方面，建立了核心能力的评价指标体系，这些方面则分别属于能力要素、能力整合、业绩表现类的范畴。杜纲等(2002)则认为可以从市场层面、业务与技术层面、资源基础层面对核心能力展开评价，该模型的核心能力评价强调了能力要素，对核心业务的核心技术能力的评价采用了能力特征法。该类模型具有能力要素类、能力整合类、业绩表现类和能力特征类的优势，但内部各要素之间的逻辑关系不明确，并且该类模型是静态识别，无法反映企业核心能力的动态性。

本书将借鉴 Porter“价值链与竞争优势”理论中的“价值链管理”思想，将企业能力细分为九项能力活动，即内部物流、生产经营、外部物流、市场和销售、服务、采购、技术开发、人力资源管理和企业基础设施。在基于顾客价值的企业关键能力识别的理论研究中，将根据以上九项企业能力活动对顾客价值的影响权重进行归类甄别，识别出对顾客价值影响最大的企业关键能力。

2.2 熵理论文献回顾

熵(Entropy)是德国物理学家克劳修斯(R. Clausius，1865)在《热的唯动说》中首次提出的概念，是揭示物质系统状态的一个抽象的物理量。自此之后，熵理论演进从经典热力学的克劳修斯熵到统计力学的玻尔兹曼熵，从生命科学中薛定谔的负熵到信息论中的香农熵，以及其他各种形形色色的电子熵、分子熵、测度熵、地理熵、气象熵、经济熵、文化熵、泛熵、超熵、黑洞熵等。熵的理论研究从热力学的孤立体系发展到开放体系，从平衡态发展到非平衡态，从线性发展到非线性；熵的理论应用被广泛应用于生物学、生命科学、天文学、天体物理学等自然科学领域，近年来又开始应用于心理学、经济学、语言学、政治学、社会学等社会科学和人文科学领域。

克劳修斯于 1850 年在研究制冷机的基础上，在德文版《物理学和化学年报》上发表了名为《论热的动力和能》的论文，提出了热力学第二定律：“不可能把热量从低温物体传给高温物体而不引起其他变化”(R. Clausius，1850)，他指出了一切和热现象有关的实际过程的发展方向。克劳修斯于 1865 年在苏黎世自然科学家会议上，作了题为《关于热的动力理论中主要公式的适于应用的种种形式》的演讲(R. Clausius，1865)，构造了一个用来表示能量、转移和温度三者之间变化关系的函数，给出了热力学第二定律的数学表达式：

$$\mathrm{d}S \geqslant \frac{\mathrm{d}Q}{T}$$

式中，$\mathrm{d}Q$ 表示系统吸收的热量，T 是热源温度，把 S 称作 Entropy，其中等号对应于可逆过程，大于号对应于不可逆过程，这一关系式给出了系统宏观变量温度 T、热量 Q 与熵 S 之间的联系(朱荣华，1987)。克劳修斯指出，在孤立系统中，不可逆过程使熵增加，可逆过程使熵不变，因而 $\mathrm{d}S$ 总是大于或等于零，即 $\mathrm{d}S \geqslant 0$，这就是熵增原理。克劳修斯使熵增原理的应用范围推广到茫茫宇宙，指出在一切自然现象中熵的总值永远只能增加而不能减少，因而“宇宙的熵趋于一个极大值……那时宇宙就会进入一个死寂的永恒状态(张瑞琨，1986)”，这就是著名的宇宙热寂说。

继克劳修斯之后，奥地利物理学家玻尔兹曼(Boltzmann，1872)用统计物理学的方法构造了一个玻尔兹曼熵与概率的函数关系，玻尔兹曼把熵和概率论联系起来，提出著名的关系式：

$$S = K\ln \Omega$$

式中，Ω 是系统的微观状态数；S 是个宏观量。微观状态数 Ω 是描述微观运动状态的热学概率。微观状态数的多少反映了系统混乱度(或无序度)的大小，熵增加的过程是系统混乱度(无序度)增大的过程：熵小意味着系统混乱度小，熵大意味着系统混乱度大。玻尔兹曼揭示了熵的本质：熵代表了一个系统的混乱程度。从统计力学的观点看，熵的增加实质上是分子无序度的增大(傅献彩，1979)。此时的熵就已经脱离了克劳修斯熵的内涵，变成了系统内部分子热运动的无序性的量度。克劳修斯熵是宏观物理量，只适用于热力学封闭系统的平衡态，在远离平衡态的非平衡态区域是不适用的，而且克劳修斯熵只能应用于热力学过程，而涉及热量、能量转换的非热力学过程是不适用的。玻尔兹曼熵是与微观状态数直接联系的，是微观熵，不仅适用于热力学封闭系统的平衡态，对任何非平衡态都成立，即统计熵可以推广到任何非平衡态区域，而且统计熵中的热力学概率还可以推广到非热力学系统。

此后，科学家对熵理论做了进一步的研究。奥地利理论物理学家、量子力学创始人之一薛定谔在《生命是什么》一书中提出了"负熵"的概念，他认为"既然 Ω 是无序性的量度，那么它的倒数 $\frac{1}{\Omega}$ 可以作为有序性的直接量度，因为 $\frac{1}{\Omega}$ 的对数正好是 Ω 的对数的负值，玻尔兹曼关系式可写成 $-S=k\ln(1/\Omega)$，此式阐明了负熵的物理意义：取负号的熵，它本身是有序性的一个量度"。这就是负熵概念的来源(陈宜生，1996)。从内涵本质上看，负熵引入了一个与正熵完全相反的概念：正熵的增加意味着事物向混乱无序的方向发展，是退化的标志；而负熵的增加意味着事物向有序的方向发展，是进化的标志。薛定谔用负熵概念解释生命现象，这对于热力学系统自发过程熵增加与生物系统"自发"过程熵减小的沟通，架起了一座熵概念的桥梁。负熵理论填平了达尔文的生物进化论与克劳修斯熵理论间不可逾越的鸿沟，故负熵理论的建立是熵理论发展史上的一个里程碑。

20 世纪中叶，为了深化熵理论的应用，信息论的创始人香农(1948)把玻尔兹曼熵的概念引入信息论，把熵看作某一随机事件不确定性的度量，从而奠定了信息论的基础。香农的信息熵理论将信息熵定义为

$$S = -k\sum_{i=1}^{N} P_i \ln P_i$$

式中，N 为信号源的信号数；P_i 为第 i 种信号出现的概率；$-\ln P_i$ 是它带来的信息量；k 为比例系数；信息熵 S 反映信号源每个信号带来的信息，它是对信息量大小的量度。信量熵引入解决了信息的定量描述问题，而且为熵概念的进一步泛化奠定了基础。在包括生命科学在内的自然科学乃至社会科学的各个领域，存在着大量的不同层次、不同类别的随机事件的集合，每一种随机事件的集合都具有相应的不确定性和无序度，所有这些不确定性和无序度都可以用信息熵这个统一的概念来描述，因此信息熵可以度量任一物质运动方式的不确定性或无序度。

前面讨论的是热力学平衡态与近平衡态线性区域内的稳定态，下面要讨论以普利高津(Prigogine Ilya)为代表的布鲁塞尔学派创立的非线性非平衡热力学。比利时物理学家普利高津试图把热力学推广到非平衡态与不可逆过程，他于1947年发表了《不可逆现象热力学研究》，在对开放系统的研究中，他发现在远离平衡态以及接踵而来的能流超过某一阈值的条件下，复杂系统会失稳，会发生自组织过程产生新的结构。普利高津把这种从无序中产生的有序结构，叫作耗散结构(Prigogine，1969)，并提出了推广的热力学第二定律的表达形式，使之适用于开放系统，其熵的变化由两部分组成：

$$dS = dS_e + dS_i$$

式中，dS_e 为系统与外界交换物质和能量所引起的熵变，称为外熵变或熵流；dS_i 为系统内部的不可逆过程引起的熵变，称为内熵变或熵产生。普利高津指出，在开放系统中，一方面系统内部的熵不断增加；另一方面系统与环境进行物质能量交换的过程中，向系统输入熵流。当输入的负熵流足够大、系统内的总熵变降低时，系统从无序向有序变化。普利高津在对不可逆过程热力学深入研究的基础上，形成了“耗散结构理论”。耗散结构形成的机制可称为自组织行为。耗散结构理论指出，这种结构与平衡结构产生于开放系统，这个体系必须维持在远离热力学平衡的状态，体系的不同元素之间存在着非线性的机制，通过涨落导致有序。普利高津基于对非平衡态热力学，特别是耗散结构的研究从有序和无序转化的角度将生物进化论为依据的“有序论”同以熵理论为依据的“无序论”两者统一起来。

与国外学者相比，中国学者对熵理论的研究起步较晚。1923年5月25日，德国科学家普朗克来我国讲学时用到Entropy这个词，胡刚复教授从熵是热量变化与温度之比出发，就把“商”字的左边加个“火”字(表示与热有关)译成了“熵”，来代表Entropy，从而在我国的学术圈里首次出现了“熵”这个词。随着熵理论迅速从自然科学到社会科学领域的泛化，我国涌现出了一大批熵理论研究者，并取得了很大成就。顾昌耀和邱菀华首次定义了复熵，并将它应用于决策分析(顾昌耀 等，1992)。鲁晨光将熵应用在股票投资方面(鲁晨光，1997)。宋华岭将熵应用在管理学方面(宋华岭，2003)。邱菀华将熵应用在工程管理方面(邱菀华，2011)。陈忠等将熵应用在哲学方面等。在自然科学领域，我国的何沛平和朱顶余两位学者首次在世界范围内提出了“引力可以导致熵减”这一论断，从而在基础理论方面拓展了经典熵理论，并修正了经典熵理论的有关结论，从理论上否定了人们谈虎色变的“热寂论”，并提出了宇宙中存在熵守恒(冯瑞，1992)。

2.3 顾客价值理论文献回顾

本节着重对顾客价值的概念、顾客价值细分理论及服务利润链理论三个方面进行文献回顾与述评。

关于顾客价值的研究兴起于 20 世纪 90 年代。目前比较重要的顾客价值理论有：美国学者载瑟摩尔（Zeithaml）的顾客感知价值理论（Zeithaml，1990），格隆罗斯（Gronroos）的顾客价值过程理论，Jeanke、Ron、Cnno 的顾客价值模型（Jeanke et al，2001），伍德拉夫（Woodruff）的顾客价值三层次模型，Weingand 的顾客层次模型（Weingand，1997）。另外，Levitt（1969）在提出"顾客导向"的观点时，认为产品取悦了顾客，才会有"价值"。企业的根本使命并不在于获得利润，而在于创造价值，利润则是价值创造的重大结果，是手段和结果而非目标，顾客价值是任何一个成功企业的立业基础。Porter（1985）提到"价值就是顾客愿意为其支付费用的东西，较高的价值源于以低于竞争对手的价格向顾客提供同等的利益，或是提供远远超过价格的独特利益"。最终将顾客价值确立为顾客感知价值的是 Woodruff（1997），他将顾客价值界定为：顾客对那些产品的属性、属性表现以及从使用中引起的有利于顾客在使用状态下取得他们的目的和目标的结果偏好及评估。此界定获得了 Ulaga（2006）等学者的广泛认同，它不仅考虑了顾客的期望价值和实现价值，而且强调价值来源于顾客通过学习得到的感知偏好和评价，并进一步把产品、使用、情景和相应的顾客感知效果紧密联系在一起，因此成为以后学者研究顾客价值的定义基准。我国学者邢顺福（2007）认为顾客价值就是顾客从某一特定产品或服务中感知到的利得与利失之间的权衡。余向平（2008）将顾客价值定义为具有特定需求与意图的顾客个体或顾客群体，在具体使用情景下对企业提供物所感知的总体评价或感知到的利益与效用之和，即顾客价值是基于顾客对企业向市场提供的整体产品的价值感知。刘文波（2008）定义了与顾客价值相关的十个概念：顾客期望价值、顾客预期价值、企业意图价值、企业设计价值、顾客决策价值、顾客感知利得、顾客感知成本、顾客感知价值剩余、顾客满意价值、顾客感知价值。魏巍（2011）提出了新的顾客价值概念，即顾客预知让渡价值、顾客感知让渡价值、顾客预期让渡价值以及顾客价值指数。为了能够全面而深入地理解顾客价值的内涵，本书整理总结了顾客价值的定义：①顾客价值是顾客对提供物的一种感知效用，这种效用是主观的，产生于顾客的判断，而不是由企业或销售者单方确定的；②顾客价值是内在的，或是与企业提供的产品或服务及其使用紧密关联的；③顾客感知价值的核心是顾客所获得的感知利得与付出的感知利失之间的一种权衡；④顾客价值是顾客对产品属性、效用及使用结果的全方位系统感知和评价。

在顾客价值细分理论方面，Zeithmal 和 Valarie（1988）从顾客价值的构成对顾客价值进行定义，认为企业为顾客提供五种价值，即功能价值、经济价值、社会价值、情感价值和认识价值。Sheth 等人（1991）提出了五个维度的顾客价值度量尺度：功能价值、情感价值、社会价值、知识价值和情境价值。孟庆良（2005）提出顾客价值应包含五个关键维度：功能价值、社会价值、情感价值、知识价值和感知价值。张明立（2007）提出顾客价值的子空间包括：产品价值、服务价值、个性化价值和成本价值。其中，产品价值在顾客价值空间模型中主要由质量、创新和品牌三个属性体系构成；服务价值是由咨询培训、现场服务、售后服务组成的一系列服务过程；个性化价值主要由容易接近、迅速回应和关系培养三个要素构成；成本价值则由合理价格与超值价值构成。吴国英等(2009)提出企业应在研究顾客价值的基础上进行市场细分，针对不同价值的客户制定有差别的营销策略。王宝(2010)将顾客价值细分为顾客实际感知和顾客内心标准两方面的投入要素、所得价值和顾客目的。

“效用价值论”也是近些年顾客价值细分理论中比较前沿的观点，我国学者陆家骝(1995)的效用价值论观点如下。

(1) 效用价值概念的内涵。效用价值观念认为不可能用某种纯粹客观的“实体”或纯粹主观的“属性”来对价值加以简单的界说。一般来说，效用价值内含三个方面的因素及其相互关系：同“有用性”因素相对应的自然属性、同“稀缺性”因素相对应的社会属性以及同“需要或欲望”因素相对应的心理属性，即①物质本身客观具有的“有用性”；②经济物品数量的“稀缺性”；③人类对于物质用品的依赖而主观产生的“需要”或“欲望”。

(2) 效用价值的综合理解。首先，对自然属性的物质“有用性”和心理属性的主观“需要”可以先进行第一步的综合。相对于物质的客观“有用性”，人的主观“需要”代表着认同，代表着物品转化为财富或价值的潜在可能性，而相对于人的主观“需要”，物质的客观“有用性”代表着潜在的满足。因此，一旦物质实际地向人的主观“需要”提供“有用性”时，人和物双方各自所代表的潜势就转化为现实的关系。在这种现实的关系中，人的主观“需要”通过消费物品所提供的“有用性”而得到满足。由此，以人类主体为中心便形成了可谓之“万物皆备于我”的人与物的关系。在这种关系中，物质的“有用性”通过人类主观“需要”这一杠杆转化成新的含义或性质——效用。所以，“效用”是一种内含着客观“有用性”和主观“需要”及其两者关系的综合性概念，可以把它视作价值形成之中的第一个综合性要素，代表着价值的自然属性和心理属性两个方面及其相互关系。第二个的综合是指一切能够满足人类的某种需要的物品都可能具有“效用”，但并不是一切有“效用”的物品都有价值，只有那些不仅有“效用”，而且在数量上也是“稀缺”的物品才会有“价值”。所以，社会属性的“稀缺性”因素是效用价值概念本身内含的量的规定性，是对由“效用”要领代表的质的方面所施加的数量限定和约束。

(3) 效用价值的外延层次界定。以物质客观“有用性”为根据的自然属性所对应的概念外延最宽阔，宇宙间一切物质的属性都可以容纳在这个外延之内；以人类主观“需要”为根据的心理属性内涵所对应的概念外延比较狭窄一些，因为人由于生理和心理的原因而形成的对物质世界的依赖性所达及的范围毕竟是相对有限的，所以人类的主观“需要”或“欲望”表征的是一个有限的范围。相对于自然属性，心理属性在外延关系上构成了价值概念的第一层限定。最后，以经济物品的数量“稀缺性”因素为根据的社会属性所对应的概念外延最狭窄，它把由自然属性和心理属性复合而成的“效用”的大部分排斥在“价值”要领的门外，所以社会属性内涵在外延上是对另外两种属性的第二层限定。完成了这两个层次的外延限定之后，得出的那个最狭窄的，包含全部三种内涵属性的外延界定才是“价值”概念的外延界定。效用价值的外延层次递进如图 2-3 所示。

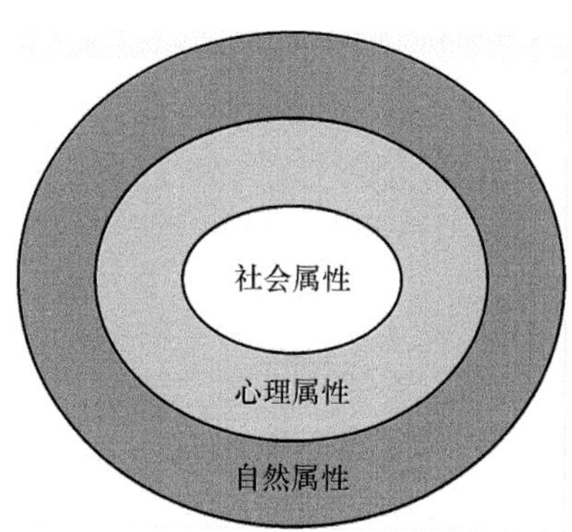

图 2-3　效用价值的外延层次递进

本书在对顾客价值理论进行归纳、总结的基础上，将顾客价值理论分为五大类：“经济”导向、“效用”导向、“价值工程”导向、“竞争”导向和“手段—目的”导向的顾客价值理论，如表 2-2 所示。

表 2-2　顾客价值理论分类表

序号	类型	理论内容	
1	“经济”导向	Zeithaml(1998)的顾客感知价值理论	顾客感知价值就是顾客所能感知到的利益与其在获取产品或服务时所付出的成本进行权衡后对产品或服务效用的总体评价
		Kotler(2001)的顾客让渡价值理论	顾客让渡价值＝总顾客价值－总顾客成本
		Hans Georg Gemunden, Thomas Riter, Achim Walter(2001)	顾客价值＝收益－贡献
2	“效用”导向	Slletll, Newman Cross(1991)	顾客价值可分为功能价值、社会价值、情感价值、认识价值和情境价值
		Burn(1993)	顾客价值可分为产品价值、使用价值、拥有价值和总评价价值
		Slletll, Newman Cross(1999)	顾客价值区分为功能性价值、社会性价值、情感性价值、知识性价值、条件性价值
		王锡秋(2005)	顾客价值可分为经济价值、功能价值和心理价值三方面

续 表

序号	类型	理论内容	
3	“价值工程”导向	James L. Heskett，W. Earl Sasser 和 Leonard A. Schlesinaer(1996)的顾客价值等式	顾客价值=(为顾客创造的服务效用+服务过程质量)/(服务的价格+获得服务的成本)
		Gronroos(2000)的顾客价值过程理论	顾客感知价值(CPV)=(核心产品+附加服务)/(价格+关系成本)
			顾客感知价值(CPV)=核心价值+附加价值
4	“竞争”导向	Jams C. Andersoil 和 Jams A. Narus (1998)	净利益=(Values−Prices)/(Valuea−Pricea)
5	“手段—目的”导向	Tom Reynolds 和 Chuck Gengler	
		Robert B. Woodruff(1997)的顾客价值认知理论	将顾客价值划分为属性价值、结果价值和目的价值三个层次
		Weilagand	将顾客价值划分为基本价值、期望价值、需求价值和未预期价值四个层次

国内外学者在顾客价值理论方面进行了深入和广泛的研究，以上五类顾客价值理论均立足于顾客价值概念、顾客价值效用最大化、顾客价值实现层次等方面进行了深入的研究和阐述，但在如何针对顾客价值关注的企业核心能力因素进行识别、培育和提升方面理论研究不足。另外，国内外大多数学者认为顾客价值是市场交易中顾客对感知利得与感知利失之间的权衡。本书认为这种认识存在若干缺陷：第一，大部分研究只是关注顾客价值创造的结果，而忽略了价值创造过程，没有具体辨别出顾客价值创造过程中企业是如何发挥作用的，不能为企业的管理实践提供很好的指导；第二，目前的观点大部分以资源基础观为基础，认为价值来源于企业的提供物——产品或者服务，忽略了能力在价值创造中的重要作用。另外，大部分研究缺乏行业针对性及实证研究。因此，本书综合前人研究的成果及不足，立足新的研究视角，从顾客价值角度出发来研究企业能力，基于顾客价值来识别企业关键能力，这对于企业实践有一定指导意义。

关于服务利润链的理论研究近些年也逐渐成为顾客价值理论研究领域的新热点。美国哈佛大学商学院教授赫斯凯特(James L. Heskett)、琼斯(Thomas O. Jones)、勒伍曼(Gary W. Loveman)、萨塞(W. Earl Sasser、Jr.)和施莱辛格(Leonard A. Schlesinger)于1994年在《哈佛商业评论》3—4月刊上发表了服务利润链(Service-Porfit Chain)的开山之作——《让服务利润链有效作用(Putting the Service-Profit

Chain to Work)》(James L. Heskett,1994)。赫斯凯特、萨塞、施莱辛格于 1997 年又正式提出了 SPC 理论,《斯隆管理评论》推介了这一理论成果。赫斯凯特等于 2003 年又出版了《价值利润链——对待员工像顾客,对待顾客像员工》。SPC 理论在旅游服务业等许多行业的应用研究中取得丰硕成果。2008 年,SPC 研究与应用成果日趋增多,《哈佛商业评论》于 2008 年刊原文重载,标志着服务利润链理论体系的成熟。服务利润链是阐述了企业、员工、顾客、利润之间关系的链,该理论的逻辑内涵为:企业盈利能力的增强主要来自顾客忠诚度的提高;顾客忠诚是由顾客满意决定的,顾客满意则是由顾客认为所获得的产品或服务价值的大小决定的;顾客所认同的价值大小最终要靠工作富有效率且对公司忠诚的员工来创造,而员工对公司的忠诚又取决于其对公司是否满意;员工满意与否主要应看公司内部是否给予了高质量的内部服务;高质量的内部服务取决于公司的"硬环境"与"软环境"。这一理论要求一方面让外部服务为顾客创造出高的顾客让渡价值;另一方面通过高质量的内部服务为一线员工(内部顾客)创造高的"内部顾客让渡价值"。基于服务利润链的价值驱动逻辑如图 2-4 所示。

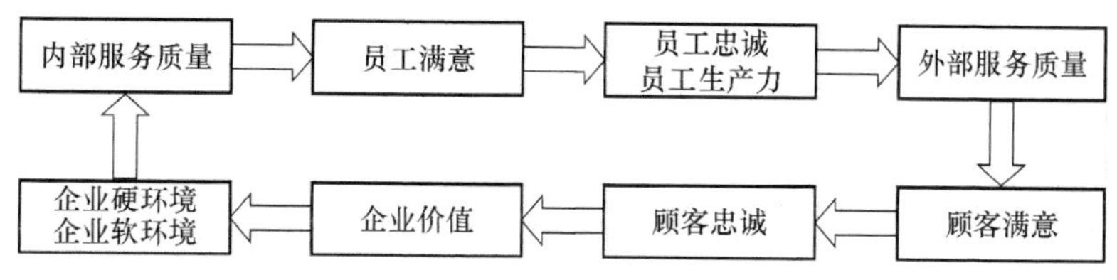

图 2-4　基于服务利润链的价值驱动逻辑示意图

本书通过服务利润链理论承载了顾客价值与企业价值链之间的理论联系,立足顾客价值细分理论的"效用价值论"开展基于顾客价值的企业关键能力识别机理的理论与实证研究。通过对顾客价值的评价,找到对顾客细分价值影响权重大的分项企业能力活动,从而确定影响顾客价值的企业关键能力。

2.4　研究综述与研究主题

2.4.1　熵理论与企业能力演进

在熵理论研究方面,热力学第二定律即"熵增原理"刻画了热力学系统的不可逆过程,玻尔兹曼熵是对熵本质的微观解释,是以微观粒子的分布解释了克劳修斯熵,是以不确定性说明了热力学系统的不可逆现象,并找到了熵与该宏观态相应的系统微观态数 Ω 的对数之间的线性关系。源于热力学及统计力学的信息熵实质上是一个有普适意义的关于不确定性的数学度量,这与后来的测度熵、拓扑熵是一脉相承的。普利高津于 1969 年赋予了熵新的含义,提出熵不仅是一个状态量,也是一个迁移量,研究了系统有机结构的形成机制，即“耗散结构理论”。目前的熵理论应用研究主要有以下两大类：一类是基于熵增原理，通过对熵变过程的分析，以期达到对所研究问题的本质认识。热力学熵是一种普遍性的理论，熵在任何领域的任何应用都会保持它作为状态函数的基本属性，它的研究对象可以是任何方式与其周围介质相互作用的宏观物质系统。热力学熵可以扩展到热现象以外的领域，故应用热力学熵进行跨学科研究是这一领域的理论研究主流，例如，天文学有关于宇宙形成问题的研究、生命问题的研究、资源经济问题的研究等。另一类是主要用于对某种系统不确定性的量度。此类应用的共同点是度量系统的复杂性程度，都属于数学运用，例如信息熵、测度熵、拓扑熵等。本书认为，人们在复杂系统及其演化规律、不确定性的度量和系统复杂性度量等方面的研究中，普遍使用了熵的概念与理论。由于企业是一个多层次的、同一层次中具有多因素的复合结构系统，而且企业还是一个开放系统，只能在一个比它更大的系统中生存发展。对于这样一个开放的复杂结构系统，企业的经营优劣以及如何生存和发展都具有不确定性，本书将引入物理学中熵的概念作为一个特征值，来表示企业的存在状态与运动状态的不确定程度。

在企业能力演进理论方面，从以往发表文献的研究主题和内容来看，其研究的焦点主要集中在以下几个方面：关于核心能力的界定以及表现形式的问题研究，关于动态能力的界定以及表现形式的问题研究，关于企业能力的形成机制以及培育问题的研究，关于具体层面的企业能力与管理行为关系的研究，关于企业能力对组织绩效和竞争优势的影响的研究。国内外对企业能力演进的理论研究有很多，而且企业能力的演进理论具有如下特征：它的研究对象是随着时间变化的某一变量或某一系统，理论探索就是为了理解引起这些变化的动态过程，特别用来解释说明为何变量或系统到达目前这个状态，是如何到达的。这些变量或系统的变化既具有一定的随机性和扰动现象，又有通过筛选机制而呈现出来的一定的规律性。大部分演进理论的预测或解释能力在于其系统筛选过程，通常假设这个筛选过程具有一定惯性，同时这个过程亦潜伏着突变的动力，从而不断地产生新变种或新特征。国内外学者对企业能力的演进研究有多个角度：①基于生态演进角度来研究企业能力演进；②基于企业资源角度来研究企业能力演进。还有国内外学者研究企业能力演进的方式，但目前还没有学者基于熵的角度研究企业能力演进，故基于熵的企业能力演进是一项学术领域的研究空白。

从熵的观念来看企业能力演进，对于一个远离平衡态的、开放的复杂企业组织，不断地与环境进行能量、物质和信息的交换，形成负熵流，这是企业有序发展的首要条件；另外，由于负熵流作用，企业内部的能动型资源对非能动型资源的作用也增强，企业资源的配置得到科学优化和整合，使企业有序度的增加大于自身无序度的增加，形成新的有序结构和产生新的能量过程，推进企业能力的良性演进，同时产生新的企业文化。而企业文化、创新和学习活动有助于企业获得新一轮的外在物质、能量和信息，从而在无序中创造有序，使企业维持一个低熵有序的结构，保持一种长期的竞争优势，从而推动企业能力螺旋上升态势的良性演进,表现了企业组织化与环境之间的相互依存和相互作用(毛道维,2005)。目前理论界还没有基于熵理论提出企业能力演进的理论模型,也无法为各行业提供理论借鉴和实践指导。鉴于此,本书希望能够填补熵理论和企业能力理论交叉研究的空白,定位于基于熵的企业能力演进机理研究,从理论上揭示企业能力的演进机理,还要证明企业演进周期规律的必然性和企业内外部互动的重要性。特提出如下研究主题:

研究主题 1:基于熵的企业能力演进机理。

本研究主题定位于基于熵的角度提出企业能力演进的理论机理。首先构建了基于耗散结构的企业能力框图,然后阐述企业能力演进的一般性规律,并运用能力熵函数和负熵函数解释了企业资源效能递减和递增问题,最后运用基于熵的企业资源效能函数解释了基于能力熵和负熵的企业能力演进机理问题。

2.4.2　顾客价值与企业关键能力识别

关于顾客价值和企业能力之间的关系,国内外学者进行了深入的研究,主要观点大体可分为两类。

第一类是以 Golfetto F. 等为代表的学者,从企业与顾客之间的关系出发,提出了企业能力与顾客价值之间关系的重要性。他们认为企业与顾客之间的良好互动关系有助于企业提高顾客满意度,提高顾客价值。主要理论演进如下:Achrol 和 Kotler(1999)认为:①营销活动正在由以往单纯的对产品或服务的市场销售转变成一项越来越由顾客主导的活动。市场主导权正慢慢转到有良好组织的顾客手中,这样的顾客环境决定了企业需要去解决买方和卖方之间产生的新矛盾。②成功的网络型组织通过定义其组织内各成员的角色和责任,建立价值共享系统,由企业和客户共同创造价值。这种组织类型的企业比以往任何类型的企业都更加注重以顾客为导向,以市场为驱动力,能够传递更好的顾客价值和顾客满意。③焦点企业以提供最好的顾客价值为目标,来实现顾客需求和企业可提供的产品或服务之间的最佳匹配。对网络型组织企业来说,一个主要的营销机会就是降低顾客在寻找、评判最好价值时的顾客付出。Golfetto(2003)基于资源基础论对企业与客户之间的沟通方法进行了理论研究,并且提出了一种能够集中表达供应商特殊竞争优势技能的沟通方法。基于企业与客户之间沟通关系的企业能力,使企业能力可以从企业传递到顾客并变成顾客价值。Menon、Homburg 和 Beutin(2005)从企业与顾客之间的关系角度研究顾客价值,认为企业与顾客之间的良好关系有助于创造良好的顾客价值。Golfetto 和 Gibbert(2006)从企业与顾客关系角度研究营销竞争力,认为企业的营销能力对创造顾客价值发挥着重要作用。Guenzi 和 Troilo(2006)认为企业创造优异顾客价值的能力来自企业的营销能力,企业应该致力于销售功能向营销功能的转变,才能建立差异性的营销竞争优势。Cater 和 Cater(2009)阐述了良好的价值网络对提高顾客满意度的作用,认为通过关系营销可以为顾客提供附加价值,提高顾客满意度和顾客忠诚度。

第二类是在研究企业与顾客之间良好互动关系的基础上,以 Ulaga、Möller 为代表的学者就如何定义及测度企业管理顾客关系及网络的能力展开了实证研究。从创造顾客价值角度构建了模型,提出了在特定市场类型(主要是 B2B 市场)上,研究具体的企业能力对顾客价值创造的影响,从而可以指导企业应着重关注哪些企业能力,来塑造竞争优势为顾客提供更好的价值。主要研究演进如下:企业依靠其各种能力在混乱竞争的市场上创造优异价值时(Slater et al, 1994),以及创造潜在竞争优势时(Hult et al, 2000),企业对各种能力的整合是非常重要的。这些能力对企业为顾客提供持久优异价值发挥着重要作用(Slater et al, 1994)。Hult 和 Ketchen (2000)识别出了 4 种影响创造顾客价值能力的企业能力因素:企业以市场为导向、企业的创业精神、创新能力以及组织学习能力。唐麒(2007)提到顾客的价值战略定位应与企业核心能力相匹配。何元秀(2007)运用赫茨伯格的"双因素理论",构建了能力识别矩阵,来分析顾客价值增值创造所需的关键能力。通过对酒店业进行实证研究,他认为组织文化及组织能力对企业创造顾客价值的能力有重要作用,并识别出了影响企业创造价值能力的六项能力。在企业价值网络合作与管理方面,Brandenburger 和 Nalebuff(1996)认为合作战略能够使得企业充分发挥自身优势获得可持续的竞争优势,互补企业之间可以通过合作为顾客提供更好的产品价值。研究者构建了以企业、供应商、互补企业、竞争企业、顾客为五大要素相互关联的价值网络模型(The Value-Net)。Ritter、Wilkinson 和 Johnston(2004)对 Brandenburger 和 Nalebuff(1996)的价值网络模型进行了改进与深化,新的价值网络模型识别出了 4 种不同类型的企业和组织,认为企业的战略类型会影响企业能力。在这个价值网络模型里,研究者还认为企业应从相互关系的视角来看待企业核心能力,将企业放在这个价值网络中,通过与顾客建立良好的关系来提供更好的顾客价值。Moller 和 Svahn(2003)以动态能力观为基础,采用工业网络方法和战略管理思想对企业网络管理进行了研究,还帮助企业构建了理想状况下的三种价值系统(VSC)。在创造顾客价值的企业能力方面,Ulaga(2003)从顾客角度研究企业的价值创造活动,认为服务支撑能力、企业与顾客之间的互动沟通、企业提供产品的能力、产品上市时间、产品质量、交货表现、运营成本、价格八大要素影响企业创造价值的能力,企业应以这些价值要素为导向,管理整合企业所处的价值网络,为顾客创造价值。Ulaga 和 Eggert(2006)在 Ulaga(2003)研究成果的基础上,研究了如何在 B2B 市场上从不同途径进行价值创造的差异化,对八大要素对企业创造价值的能力的影响程度进行了识别。Berghman 和 Matthyssens(2006)指出营销环境的改变使得企业正逐渐变成以市场为导向,这种改变要求企业应该提高其自身能力来创造新的顾客价值。Nasution 和 Mavondo(2008)基于企业为获得竞争优势会致力于为顾客提供什么样价值的认识,在酒店业选取酒店经理和酒店顾客进行实证研究,研究组织能力对顾客价值的影响。他们研究发现组织学习能力、市场整合能力、创业精神、执行力、人力资源管理能力、创新能力六大因素对企业创造顾客价值产生重要影响，并指出相比与竞争对手进行标杆比较，通过对顾客进行研究了解顾客的真正需求并找到顾客价值的驱动因素是一条更有效的创造顾客价值的途径。企业应该以顾客对价值的实际感知为导向来分配组织资源，建立持续竞争优势，这样企业才能将资源投入到能真正为顾客产生价值的企业能力构建上。

现有理论文献的研究不足如下。

(1) 目前研究主要是从企业与顾客之间良好互动沟通关系的角度来研究企业能力创造顾客价值，还有一些学术观点是以资源基础观为基础，认为价值来源于企业的提供物——产品或者服务，忽略了企业能力在顾客价值创造中的重要作用。

(2) 一些学者研究的企业能力价值活动没有与当前的主流企业能力理论相结合，有些价值能力活动没有得到企业能力理论的广泛认可和接受，例如创新能力、组织学习能力比较抽象，企业实践起来有一定难度。

(3) 现有文献忽略了在当今竞争环境下，企业的采购、内部物流、外部物流、企业基础设施等能力活动对创造顾客价值的重要作用。目前从企业价值链、企业能力活动的角度对顾客价值影响的理论研究还相对很少，因此目前理论研究成果对企业实践的指导能力有一定局限性。在实际的企业实践中，从研发、采购、生产经营、市场和销售到客户服务，以及企业对价值供应链的整合、与顾客之间的沟通等一系列企业能力活动所表现出来的企业能力，都会对企业最终产品或服务价值创造产生影响，从而影响其顾客价值。

(4) 虽然国内外学者实证研究了企业分项能力对顾客价值创造的影响，但没有系统地研究企业能力活动对顾客价值的定量实证，忽略了很多企业能力活动对顾客价值的影响，没有提出基于顾客价值识别企业关键能力的理论模型，从而使实证结果缺乏实践指导性，无法为各行业提供理论借鉴和实践指导。

鉴于此，本书定位于将顾客价值理论与企业能力理论相结合，探讨顾客价值与企业能力之间的互动关系，以及如何基于顾客价值识别企业关键能力。从实证角度提出了企业能力与顾客价值相关关系的研究假设，采用结构方程模型方法进行实证研究，提出基于顾客价值的企业关键能力识别模型和企业关键能力识别图，并应用于电信服务行业的电信运营商。该理论模型方法可迁移到其他行业，通过基于顾客价值识别企业关键能力，来培育和提升面向顾客价值的行业竞争优势。综上所述，本书定位于研究基于顾客价值的企业关键能力识别理论机理与实证方法，即本书的第二个研究主题：

研究主题 2：基于顾客价值的企业关键能力识别机理与实证研究。

本研究主题将理论探讨：顾客价值实现和企业能力强弱是否有关系？存在什么样的相关关系？围绕着基于顾客价值的企业关键能力识别问题，如何定义并识别企业关键能力？如何从顾客价值角度，实证研究基于顾客价值的中国移动企业关键能力识别,指导电信运营商围绕企业关键能力提升其竞争优势?为此,本研究主题将开展基于顾客价值的企业关键能力识别机理和案例实证研究。首先基于服务利润链理论承载了顾客价值与企业价值链之间的理论联系,构建了“基于企业价值链的顾客价值驱动逻辑图”和“顾客价值与企业能力的良性循环关系图”,然后提出理论研究假设,并提出了“基于顾客价值的企业关键能力识别模型”和“基于顾客价值的企业关键能力识别图”的理论方法和实践工具,最后对基于顾客价值的中国移动企业关键能力进行定量识别的实证研究。

2.5 本章小结

本章为文献回顾与研究综述部分。本章在归纳整理了国内外学者在企业能力理论、熵理论和顾客价值理论等方面研究成果的基础上,围绕基于熵的企业能力演进机理和基于顾客价值的企业关键能力识别机理两条理论研究主线进行研究综述,找到了目前的理论研究成果所存在的不足,从理论文献的角度提出了本书的两大研究主题。

第3章　中国移动案例背景与研究主题分析

本章定位于基于中国移动案例的企业能力研究主题分析，引出本书的研究主题1（基于熵的企业能力演进机理）和研究主题2（基于顾客价值的企业关键能力识别机理），这两个研究主题是我国管理理论界和实践界面临的非常紧迫的研究主题。首先，本章立足全球电信产业的发展看中国电信产业的地位和形势，透过中国电信产业的发展成绩来看中国电信产业发展的阶段性，透过支撑电信产业快速发展的中国电信运营商经营状况的对比分析，最终选择中国电信产业的电信运营商——中国移动作为案例研究对象；其次，介绍了中国移动面临的机遇与挑战，中国移动的经营战略定位、战略实施和经营业绩；最后，通过相关文献述评和企业实践研究的必要性，确定了本书的两大研究主题。

3.1　中国电信运营商的产业环境

从全球电信产业的发展来看，随着电信产业步入21世纪，全球电信产业发展的内外环境发生了重大变化。国际电信联盟（ITU）经过对100多个成员国电信产业发展状况的调查研究，正式提出了“新电信环境”的概念，其特点是：民营化、竞争化、移动化、全球化。21世纪初世界电信产业股值大幅上升，是世界公认的“朝阳产业”。从2001年开始，世界电信产业发生了剧烈动荡，由高速增长滑向持续低迷，全球电信产业的业务市场和设备市场都全面走向低迷，世界电信产业的业务收入在2002年10月降至1.2万亿美元。直到2003年，随着全球经济的逐渐复苏，电信产业也开始逐步走出低谷。截至2018年年底，全球有39亿人在使用互联网。在发达国家，有80%的人在线，达到饱和水平；在发展中国家，有45%的人使用互联网；在世界47个最不发达国家中，有20%的人在使用互联网。随着电信市场趋于饱和，加上欧美债务危机的影响，发达经济体电信产业的增速大大放缓。国际电信联盟最新发布的各国ICT发展指数和ICT综合价格指数显示，发展中国家在2010—2018年的ICT产业取得长足进步，价格明显下降，以南亚、拉美、非洲为代表的新兴市场成为新的电信产业亮点。

从中国电信产业的地位和作用来看，在全球经济反复震荡与持续低迷的形势下，以扩大内需为主要特征的中国经济却稳步向前发展。各行各业快速发展的经济环境为中国电信产业提供了良好的发展环境与发展机遇。在当前的中国经济体制改革中，政府已经把传统垄断性产业推向了市场。随着经济体制改革的深入，电信产业打破垄断、走向市场已经成为历史的必然，电信产业在国民经济中的地位与作用越来越大。从中国电信产业对国民经济发展的贡献角度来看，中国电信产业的电信业务总量占GDP的比重由2001年的4.5%提升至2010年7.8%。通信业作为国民经济的基础行业，从弱小到强大，从落后到先进，实现了质的飞跃，目前通信业是国民经济的基础性、先导性、支柱性产业。通信业的发展还带动了相关产业群发展，已成为社会政治、经济、文化和人民生活不可或缺的一部分，是当前及未来社会生产和生活的重要支撑。国内学者（滕勇 等，2001）指出信息化对社会经济的可持续发展有着重要作用，信息化是促进社会可持续发展的重要推动力。通信业在国民经济中的地位不断提高，对经济发展起到了巨大的拉动作用。从定量的角度来看通信业对国民经济GDP的直接贡献，国内学者（李艳燕，2007）指出每多生产一单位的产出，整个国民经济GDP将增加1.764 966单位的产出；与此同时，通信业更大的贡献在于对国民经济发展和人民生活水平提高所产生的渗透作用与倍增作用，尤其是对其他产业的推动和带动作用。国内学者（刘宇，2010）从电信产业与国民经济其他产业的关联性角度进行定量实证发现，由于电信产业的基础性和服务性的特征，电信产业的前向关联影响远远大于后向关联影响，即电信产业对其他行业提供的产品远远大于其对各个产业的需求，电信产业的支撑和纽带作用日益增强。

从中国电信产业取得的发展成绩来看，中国电信产业自改革开放以来一直保持着快速的行业发展速度，电信产业的业务与通信能力等综合水平明显增强，电信产业已成为我国国民经济的先导产业、支柱产业和战略产业。截至2018年12月，中国已初步建成覆盖全国、通达世界、技术先进、业务全面的国家信息通信基础网络。固定电话用户由1978年的193万户增至2018年12月的1.82亿户；移动电话用户从无到有，由1990年的1.8万户膨胀至2018年12月的15.7亿户；全国光缆线路总长度达4 358万千米。随着中国2001年加入世界贸易组织（WTO），中国电信产业总体上保持了快速发展的势头，电信产业的业务总量持续快速增长，电信收入增速稳中趋缓，整体效益水平继续提高，资费水平持续下降，服务质量不断改善，区域之间和城乡之间发展差距逐步缩小，电信产业监管效能继续加强，电信产业对国民经济和信息化的贡献持续提高。具体表现在以下四个方面。

（1）电信业务平稳快速发展，服务水平和能力持续提高。截止到2018年，全国电信产业的业务总量达到65 556亿元，比上年增长137.9%；电信业务收入累计完成13 010亿元，比上年增长3.0%；全国电话用户总数达到17.5亿户。其中，移动电话用户达到15.7亿户，移动电话用户普及率达到112.2部/百人，固定电话用户达到1.82亿户，普及率为13.1部/百人。而2001年的全国移动电话用户仅1.45亿户，移动电话普及率为 11.2 部/百人，固定电话用户达到 1.79 亿户，电话普及率为 13 部/百人。

(2) 整体资费水平不断下降，电信产业的业务量与收入差距继续扩大。电信综合资费水平持续下降，使消费者进一步受益。由于电信产业整体资费水平下降，电信产业 2018 年业务总量的增长速度(137.9%)远远高于电信产业业务收入的增长速度(3%)。

(3) 电信产业的业务收入结构变化较大，互联网和数据业务增长突出。电信各项业务发展速度差异显著，电信产业的业务收入结构变化较大。我国 2018 年基础电信产业固定通信业务收入为 3 876 亿元，移动通信业务收入为 9 134 亿，收入结构占比为 30%：70%。固定数据及互联网业务在固定通信业务收入占比达到 86.3%，而本地语音业务收入则下降至 13.7%。

(4) 固定电话用户不断下降，移动电话用户持续高速增长，互联网用户进一步宽带化。全国 2018 年固定电话用户减少 1 151 万户，而移动电话用户继续保持高速增长的趋势，全国 2018 年移动电话用户新增 1.49 亿户；基础电信企业的互联网用户进一步趋向宽带化，全国 2018 年移动宽带用户(即 3G 和 4G 用户)总数达 13.1 亿人，固定互联网宽带接入用户达 4.07 亿，其中，光纤接入(FTTH/O)用户 3.68 亿户，占固定互联网宽带接入用户总数的 90.4%。由此可见，电信产业已成为我国发展最快、综合效益最好的行业之一(2018 年通信业统计公报，2018)。

从中国电信产业发展的阶段性来看，中国电信产业在逐步消除垄断建立新的商业运营模式、建立新型对外技术合作模式、优化资费结构等诸多方面均取得了较大发展。在国内各个垄断产业中，中国电信产业在市场化改革方面明显超过其他垄断性国有企业。中国电信产业的发展历程划大致可分为四个阶段。

(1) 市场竞争引入阶段(1978—1998 年)。1993 年以前，中国基础电信产业主要由邮电部垄断经营，邮电部既是国家电信政策的制定者和监督执行者，又是国家唯一授权的投资和经营者。中国电信产业市场化进程是从 1994 年开始的，标志性的事件是 1994 年 7 月 19 日中国联通公司的成立与 1998 年信息产业部的组建(王学庆，2001)。中国联通公司的成立打破了邮电部独家垄断国内电信市场的竞争格局；信息产业部的组建使中国电信从政府机构中剥离，彻底打破了原来政企合一的体制框架，使原有电信监管的行政权力与企业的经营权实现了剥离，推动了电信产业市场化的进程。

(2) 垄断竞争阶段(1999—2001 年)。中国电信产业改革将原国家主体电信企业"邮电部电信总局"按业务性质进行了纵向分拆，分别组建了中国固定电话、中国移动通信、中国卫星通信和国信寻呼通信公司，之后又成立了中国网络通信、中国吉通与中国铁通公司，并发放新的基础电信业务许可证，在同一电信服务市场上形成垄断竞争的市场格局。

(3) 专业化经营阶段(2002—2007 年)。随着美国在 20 世纪 90 年代提出"信息高速公路”战略，国际电信产业在21世纪初的总体发展趋势是向“专”演变。此后，中国移动集团于2000年4月正式成立，中国电信集团公司和中国网络通信集团公司于2002年5月16日挂牌成立，自此中国电信产业初步形成了“4＋2”的竞争格局，即4家较大的电信运营商(中国电信、中国网通、中国移动、中国联通)与两家较小的电信运营商(中国铁通、中国卫通)。电信产业进入了快速增长的通道，移动通信的增长率明显高于全球平均增长率，电信产业收入对GDP的贡献日趋提高。2001—2005年，全国电信主营业务收入自3 535.2亿元增长至5 799亿元，增长率达到64%；全国固定电话用户总数自1.79亿户增长至3.5亿户，增长率达到95%；全国移动电话用户总数自1.45亿户增长至3.93亿户，增长率达到171%。自2006年开始，随着世界通信技术的发展，欧美国家电信产业已完成通信融合发展的改造，而我国固定网络经营与移动网络经营分割而导致的分业经营使面向融合的通信业务无法在市场落地，移动网络对固定网络的替代作用加剧，从而使中国电信产业的市场结构进一步失衡。2007年，中国移动营业收入达到3 569.6亿元，同比增长了20.9%，净利润870亿元，同比增长了3.9%；中国联通的营业收入为995.4亿元，同比增长了4.4%，净利润只有93亿元；中国电信的营业收入为786.6亿元，同比增长了1.7%，但净利润却下降了13%；中国网通2007年营业收入仅为840亿元，利润降至147亿元。中国移动净利润几乎接近电信、联通、网通3家净利润之和的2倍，中国移动以绝对优势“一家独大”。从市场规模上看，截至2007年年底，中国移动电话用户已达到3.69亿户，市场占有率约为69.3%；而中国固网电话用户为2.29亿户，固网与移动用户差距达到了1.37亿户。在2007年中国电信和中国网通的固话用户数还首次出现年度负增长。失衡的市场结构已不再适应我国电信产业的发展，需要再一次进行重组改革。

(4) 全业务竞争阶段(2008—2018年)。2008年5月24日，工业和信息化部、国家发改委以及财政部联合发布《关于深化电信体制改革的通告》，此次改革形成了中国移动、中国电信和中国联通三家具备全业务服务能力的基础通信运营商。此次电信产业的改革主要有两个目的：一是重建中国电信产业市场结构，形成电信全业务运营的新市场竞争格局；二是通过3G牌照的发放以及业务和技术上的融合，实现电信企业间差异化的市场竞争。3G技术带来了移动宽带化，移动互联网获得了爆发式增长，呈现出四大趋势：①用户需求日趋多样化，中端客户群快速增长；②终端智能机势不可当；③运营商管道化趋势难以避免，实施精细化流量经营是必然出路；④业务竞争更加激烈，把握信息化就是把握未来。对此，电信运营商需要明确新定位：①打造精品网络，做智能管道的提供者；②推动产业合作，做平台运营的领导者；③探索价值蓝海，做移动信息化的引领者。截止到2018年12月，我国宽带用户总数达到17.17亿，其中移动宽带用户13.1亿户，约占宽带用户总数的76.3%，移动互联网成为拉动中国总体宽带用户规模攀升的主要动力，移动互联网展现出巨大的发展潜力。从电信运营商公布的2018年经营数据来看，电信运营商的话音业务收入占比为13.7%，非语音业务收入则高达 86.3%。由此可以看出，全业务经营阶段使得语音业务占比逐渐下滑，数据业务和流量业务逐步成为电信运营商的收入“现金牛”(2018 年通信业统计公报，2018)。中国电信产业顺应时代潮流，在改革开放中迅速崛起，依靠政策和技术进步以及社会各方面的支持，只用了短短二十几年的时间，就走完了国外几十年甚至上百年的发展历程，构建了一个技术先进、业务齐全、覆盖全国、通达世界的现代电信网络，实现了历史性的跨越。为探究中国电信产业高速发展的原因，接下来要对支撑电信产业发展的电信运营商进行剖析和阐述。

从中国电信运营商的经营状况对比来看，国家电信体制的改革将中国电信、邮政进行分营，对中国电信进行重组，并于 1999 年将中国移动业务从中国电信中剥离出来，在移动通信领域加强专业化经营，打破垄断，促进移动企业向现代企业制度的管理发展。中国电信产业在 2001—2018 年获得了快速发展，电信运营商在推动电信产业发展过程中发挥着重要作用。第一，从业务规模的角度看。全国 2018 年实现电信主营业务收入 14 048 亿元，其中中国移动 2018 年主营业务收入为 7 368 亿元(占比 52%)，2018 年比 2001 年增长 635%；中国电信 2018 年主营业务收入为 3 771 亿元(占比 27%)，2018 年比 2001 年增长 276%；中国联通 2018 年主营业务收入为 2 909 亿元(占比 21%)，2018 年比 2001 年增长 890%(包含 2008 年业务重组因素)。由此可见，中国移动在业务规模贡献方面已经成为推动中国电信产业高速发展的引擎。第二，从企业经营业绩的角度来看。为了引导中央企业增强服务经济社会发展全局的能力，实现可持续发展，根据国务院国有资产监督管理委员会于 2012 年 7 月 25 日公布的《中央企业负责人经营业绩考核暂行办法》，中国移动是中国电信产业唯一入围的、连续 7 年获得国资委考核中最高级别——A 级经营业绩的电信运营商，并获得国资委授予的“业绩优秀企业”称号。第三，从企业取得荣誉的角度来看。中国移动位列 2018 年《财富》杂志世界 500 强第 56 位，品牌价值位列全球电信品牌前列，入选全球最具创新力企业 50 强；在 GSM 协会(GSMA)和无线宽带联盟(WBA)大会上，促成运营商就漫游认证达成一致意见，荣获 WBA 年度价值贡献奖等。由此可见，中国移动经过二十多年的发展，目前拥有全球最大的移动通信网络，占有国内移动通信近 70%的市场份额。中国移动通信已经建成一个覆盖面广、规模和用户数量居于世界前列的先进的移动通信网络，漫游的范围越来越大，网络优势日趋明显，实力大增，创造了一定的网络优势。中国移动通信部分地区的移动通信公司在香港的成功上市，为移动通信企业经营融资拓宽了渠道，同时也给我们带来了很多好的管理方面和国际资本运作方面的经验，为向现代企业发展以及今后参与国际市场竞争做好准备，提供了优越的条件。

综上所述，中国移动是中国电信产业的行业主导电信运营商，研究中国移动的企业能力演进对于探究中国电信产业快速发展的原因具有十分重要的意义。

3.2 中国移动的经营战略

3.2.1 中国移动面临的机遇与挑战

在电信产业改革开放的过程中,通信市场成为竞争的焦点。面对瞬息万变的技术与市场,中国移动既存在着机遇,也面临着挑战。

机遇一:信息时代,中国国内信息产业发展空间大,用户的需求量大。中国经济发展继续保持平稳增长,中国特色新型工业化、信息化、城镇化、农业现代化同步发展,国家实施扩大内需、拉动消费政策等,将给信息服务业提供广阔的发展空间。国家的发展离不开信息的支持,信息化已是大势所趋。

机遇二:国家鼓励自主创新技术,政府全力支持5G作为新一代无线宽带技术,其产业化、商用化、国际化步伐进一步加快。信息通信技术快速发展,以移动宽带、智能终端和云平台构建的移动互联网时代已经到来,信息服务已经广泛融入个人生活和各行各业。信息时代信息产业的发展前景非常广阔。中国移动作为中国通信产业的龙头,将面临更大的发展契机。

机遇三:用户群分布状况变更,用户索求信息量增加。国民素质提升促进通信消费需求增加。自1998年全国高校扩招以来,全国高校毕业生从2000年的107万人增加到2018年的820万人,国民素质和受教育水平的提升有力地推动我国产业转型,就业机会也更多地从第二产业转向第三产业,城市有更多的白领、金领产生,这些高素质人才的移动通信消费额大幅提升,需求更加多元化,这无疑给电信运营商带来更多的机会。

机遇四:国民收入倍增计划促进用户消费。"有钱才能消费,才敢消费",国民收入倍增计划对各家运营商来说也是一个巨大的利好消息,收入增加意味着消费潜力增加和消费信心增长,消费者有意愿、有能力更多地消费。

机遇五:新商业模式带来更多发展空间。电子商务等新商业形式的发展给电信运营商打开了新的发展空间。

机遇六:城镇化进程推动最后的盛宴。从2000年起,中国进入城镇化加速发展期,客户从低消费群体向中高消费群体过渡,这意味着巨大的市场潜力。

机遇七:5G时代的到来给电信运营商一个新的历史发展机遇。

挑战一:同行业竞争越发激烈。信息通信领域正发生颠覆性变革,技术持续创新,新业务不断涌现,新业态加快形成。随着通信市场饱和度的日益提升,电信运营商之间的同质竞争更加激烈;互联网业务异质替代日益凸显,跨行业竞争也日趋激烈。公司市场地位面临挑战,发展的下行压力进一步加大。

挑战二：用户红利步入尾声。进入 21 世纪后，我国移动通信行业进入发展的黄金时期，截止到 2019 年 10 月，我国移动通信用户数就从不足 1 亿户增长到 15.9 亿。随着市场进入饱和期，用户增长速度未来会陡然下降，市场发展将步入平稳期，对于各家运营商而言用户高速增长下的红利时代已经步入尾声，必须尽快适应用户规模缓慢增长甚至负增长时代下的市场竞争。对此，电信运营商需要做好充分的准备，需要将经营思路和重心从如何发展新用户，转向如何维系老用户，提高用户忠诚度。

挑战三：ARPU 值下降是大势所趋。2008 年对于中国通信行业而言意义非同凡响。首先，信息产业部、国家发改委联合下文《关于降低移动电话国内漫游通话费上限标准的通知》，标志着国家对通信行业资费管制开始松动；其次，电信行业重组完成，“五变三”形成势均力敌的“三足鼎立”市场竞争格局，三大运营商均实现移动电话、固定电话、数据网络的“全业务”运营模式，市场竞争更加激烈。中国移动公布的 2018 年报显示，客户 ARPU 值呈现下降趋势，即从 2017 年的 57.7 元降低至 2018 年的 53.1 元。而随着市场竞争进一步加剧，未来 ARPU 值下降趋势会得以延续。

挑战四：电信运营商在传统领域及新兴领域均面临激烈竞争。产业链上下游争相进入电信运营的传统领域和新领域，电信运营商价值份额急剧下降，全球范围内，进入全业务后领先者主导地位均受到冲击，电信运营商在移动互联网产业链中价值占比逐渐降低，同时还要面对电信运营商、内容及服务提供商和终端厂商等移动互联网领域的众多竞争者。

3.2.2　中国移动的战略定位

战略定位就是企业的产品、形象、品牌等在预期消费者的意识中所占据的位置。对企业而言，战略是指导或决定企业发展全局的策略。为更好地抓住发展机遇，同时也为积极应对各项挑战，中国移动的战略定位主要包括以下几点。

（1）战略重点：坚持创新拓展，再造核心能力。中国移动一方面坚持创新拓展，即在努力挖掘新客户、新话务、新业务的基础上，拓展新领域，开创新模式，将创新作为企业增长的根本动力，引领技术标准和业务应用的创新方向，开拓蓝海市场，培育新的增长引擎，确保公司价值的持续增长；另一方面做到核心能力再造，在继续发挥规模优势的基础上，坚持“客户为根，服务为本”，全面提升网络经营能力、客户服务能力和业务创新三大核心能力，构建适应新的产业形态的运营优势。

（2）战略目标：铸就国际领先，实现可持续发展。在同行业中保持国际领先的发展速度，具有国际领先的创新机制、核心能力、业务服务、运营效率、管理水平，并拥有和谐有利的生态环境，实现企业健康、协调、可持续发展。

（3）战略愿景：移动改变生活。通过无处不在的信息网络，创造无所不能的业务应用，引领和满足移动化、宽带化、信息化的市场需求，不断改善社会生活和工作方式，提升人们的生活品质,提高经济效率,成为值得信赖的数字生活伙伴。与此同时注重扩大两个份额,即扩大中国移动对个人客户的生活服务份额和扩大中国移动对社会各行各业的信息服务份额。

3.2.3 中国移动的战略实施

中国移动在不断变化的环境中根据本身的资源和实力选择了适合的经营领域和产品,形成了自己的核心竞争能力,并在竞争中取得胜利。这一切都离不开其出色的战略管理,更离不开其成功的战略实施,具体包括了未来的七个领域:新领域、新模式、新服务、新网络、新管理、新创新、和谐成长。

(1) 拓展新领域:推动移动互联网和物联网的规模发展,实现新一轮价值增长。其意在把握三网融合契机,发挥移动网络与用户规模优势,积极拓展移动互联网、物联网等新领域,探索拓展国际及港澳台电信市场和价值链上下游及相关产业的投资机会,为公司实现新一轮价值增长创造空间。

(2) 探索新模式:打造综合业务平台,创建未来核心竞争优势。中国移动通过整合、构建统一的业务平台,推进电子化营销模式,建立分层、集中的组织体系,强化内外关键资源掌控能力,逐步完成从管道环节向平台环节的拓展,实现企业核心竞争优势的新提升。

(3) 强化客户导向,推进业务与服务创新,巩固市场领先地位。中国移动一直坚持“客户为根,服务为本”的经营理念,强化客户理解,深化业务与服务创新,吸引新客户,提升新话务,持续提高客户满意度,巩固市场领先地位。在这方面,中国移动努力做到:深化品牌运营,拓增新客户与新话务;优化产品创新,提升新业务价值份额;建立标准化服务体系,增强客户服务能力。

(4) 保持网络领先,构建面向未来、融合开放的通信网络,持续提升网络运行效率。紧密结合业务发展需要,建设面向未来、融合开放的通信网络;要以“集中化、标准化、信息化”为抓手,推动网络运维管理体系实现“三个转变”,持续提升网络运行效率;要创新支撑模式,建设世界一流运营支撑体系,提升全方位支撑能力。

(5) 夯实管理基础,推进资源配置与管理模式的适应性转变,支撑低成本高效运营。深入推进企业管理创新,强化统筹规划与协作,合理配置企业资源,推进管理模式和组织流程的适应性转变,提升管理的规范化、精细化和信息化水平,有效防范运营风险,有力支撑企业低成本高效运营。

(6) 推进自主创新,打造5G时代发展引擎。提升网络质量,加快产品研发,提高终端品质,增强用户感知,快速扩大用户规模;要聚集国内外产业力量,加快推进5G商业化进程,推动5G/4G融合,打造中国移动在5G时代的持续发展引擎。

(7) 兼顾各方期望,促进企业与产业、社会、环境和谐共成长,打造受尊重的领先企业。兼顾利益相关方的不同诉求,发挥中国移动在缩小数字鸿沟、助力社会信息化、支持国家自主创新等方面的优势，实现中国移动与社会、经济、环境和谐共同成长。

中国移动的经营业绩是显著的，中国移动对企业资源的合理配置和优化形成了独特的企业能力，从而驱动中国移动高速发展，并取得了辉煌的成绩，所以企业能力对中国移动的发展起着至关重要的作用。中国移动的发展历程体现了其企业能力演进的历程，而掌握中国移动企业能力演进的规律对于提升中国移动的市场竞争能力具有指导作用。与此同时，找到驱动中国移动企业能力演进的企业关键能力，对于企业聚焦资源、改善管理实践具有直接推动作用。

3.2.4　中国移动的经营业绩

中国移动在竞争中不断发展、壮大。从业务规模的角度看，2018 年全国实现电信主营业务收入 14 048 亿元，中国移动主营业务收入为 7 368 亿元(占比 52%)。由此可见，中国移动在业务规模贡献方面已经成为推动中国电信产业高速发展的引擎。图 3-1 显示了中国移动 2001—2018 年的运营收入变化情况，从中我们可以看到中国移动的在运营收入方面的成长趋势状况。

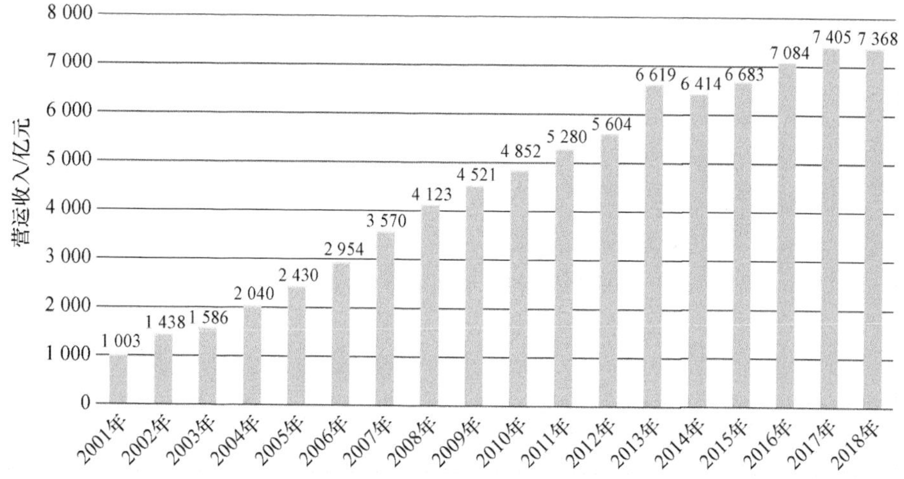

图 3-1　中国移动 2001—2018 年的运营收入趋势

3.3　研究动因与研究主题

面对中国移动的快速发展，我们不禁会产生疑问：中国移动为什么能够在复杂的经营环境中取得如此骄人的业绩？中国移动的企业能力演进机理与规律是什么？推动中国移动企业能力演进的企业关键能力是什么？如何识别基于顾客价值的电信运营商企业关键能力？而解答这些疑问正是我国电信产业的管理理论界和实践界面临的一个紧迫任务。

纵观中国电信产业市场，我们不难发现中国三大运营商之一——中国移动在近些年取得了举世瞩目的成果，确立了国际领先地位。首先，从中国移动的全球影响力来看，中国移动 2018 年运营收入突破 1 000 亿美元，中国移动电话客户数达到 9.25 亿，有线宽带客户到达 1.57 亿户，在 239 个国家和地区开通国际数据漫游业务，在 2019 年全球 300 最具价值电信品牌国际排行榜中排第 3 名。与此同时，它还发起了 NGMN 等国际组织，提升了企业的全球影响力。其次，从中国移动的社会责任来看，中国移动位列“中国企业 300 强 2009—2018 年社会责任发展指数”榜首，荣获“责任十年国企十佳”奖；作为全球 5G 标准制定的重要力量，中国移动在相关国际标准组织中累计提交标准提案 2 700 余篇，在全球电信运营企业中网络领域提案数排名第一，申请 5G 专利超 1 000 项。开展“蓝色梦想”和爱“心”行动项目，累计培训 115 782 名中西部农村中小学校长，帮助救治 5 358 名贫困先心病患儿。中国移动致力于服务社会，着力履行社会责任，连续入选道琼斯可持续发展指数排行榜，企业形象大幅提升。最后，从中国移动的经营业绩来看，中国移动于 2019 年 3 月 21 日公布的 2018 年财务报告显示，2018 年中国移动营业额为 7 368 亿元，净利润达 1 178 亿元，客户总数达到 9.25 亿，有线宽带客户数达到 1.57 亿。从中国移动披露的数据来看，尽管受到宏观经济形势、语音资费下滑、增长空间趋窄等诸多因素的影响，其 2018 年的净利润率仍然高达 15.9%，表现出了较为突出的盈利能力(中国移动 2018 年财报)。

中国移动良好的经营业绩，引发了我们的思考。

主题 1：中国移动的企业演进周期规律是什么？中国移动的经营由兴盛到衰败，或者由衰败到兴盛的理论拐点在哪里？中国移动的企业能力演进机理是什么？

主题 2：支撑中国移动良好经营业绩的企业能力是什么？推动中国移动企业能力演进的企业关键能力是什么？基于顾客价值识别企业关键能力的理论机理是什么？如何基于顾客价值实证识别中国移动的企业关键能力？

本书希望能够以中国移动为研究案例，探析中国移动企业能力的演进机理，基于顾客价值识别中国移动的企业关键能力，从而为更多的企业提升市场竞争力提供理论依据和实践依据。

3.3.1 研究主题 1：基于熵的企业能力演进机理

从传统的企业演进理论来看，企业作为一种社会经济组织，也具有类似生命体的性质，在其成长的过程中会表现出一定的阶段性。阶段性成长主要是从成长过程出发来研究企业可能经历的阶段和路径，及对成长有所影响的关键因素。国内外学者对企业演进的生命周期规律进行了大量的研究。其中，最具有代表性、系统性的是爱迪斯的研究。爱迪斯(1997)在他的《企业生命周期》一书中，指出企业演进的生命周期要经历成长阶段(包括孕育期、婴儿期、学步期、青春期与盛年期)与老化阶段(包括稳定期、贵族期、官僚前期、官僚期与死亡期)。肖海林(2003)指出企业演进的成长与老化主要通过灵活性与可控性这两大因素之间的关系表现出来。他认为,“企业年轻时充满了灵活性,但控制力却不一定总是很强;企业老化时,关系变了,可控性增加了,但灵活性却减少了。”灵活性强,企业变革相对容易,但控制水平较低;控制力强的企业往往缺乏灵活性,缺乏变革的意向。在不同的阶段,企业可能会陷入不同的陷阱中。如在学步期,企业易陷入创业者陷阱;在青春期,会面临新人与元老的矛盾。陈佳贵等(1995)按照企业规模把企业演进过程分为求生存、高速发展、成熟、衰退和蜕变五个阶段。李业(2000)按照企业的销售额把企业演进发展分为初生、成长、成熟和衰退四个阶段。周三多和邹统钎(2002)按照企业的经营战略将企业演进历程总结为专业化、多元化和归核化三个阶段。此外,Greiner(1972)提出五阶段论,认为企业组织是通过演变和变革交替向前发展的;Flamliolt(1998)从企业生命周期的角度把企业演进划分为七个阶段,将企业作为一种生命体的完整过程来进行分析。还有其他一些学者也针对企业演进进行了有效的阶段划分,如Churchill和Lewis(1983)的三阶段论、Steinmetz(1969)的四阶段论、陈佳贵等(1997)的六阶段论等。

从企业演进周期理论研究的局限性来看,本书通过对企业演进理论文献的深入研究与对比,发现企业演进周期理论都是仿生研究的结果。系统理论把企业看作一个开放的系统,企业与环境及其子系统之间应该存在着一致性,这就意味着企业的发展过程就是系统不断动态平衡的过程。群体生态理论指出,企业在环境中的生存与生物学中的适者生存规律一样,企业在其发展过程中必须随着环境的变化进行变革和进化(Hannan et al,1977)。企业组织具有生命属性已经得到了学术界的共同认可。然而,在考虑直接用前人的理论模型研究中国移动的企业能力演进规律时,发现存在以下不足。

首先,企业演进周期理论没有很好地解释企业生命周期演进的机理。现有的企业演进周期理论大多只是对企业成长过程轨迹的一个现象描述,而没有很好地解释企业演进呈现生命周期的机理。例如,按照企业规模划分阶段的企业演进理论(李业,2000)指出,当企业规模较小、增长较慢时处于初生期,企业规模较小、增长很快时处于成长期,企业规模较大、增长缓慢甚至停止增长时处于成熟期,企业规模逐渐减小时则处于衰退期。但是,企业演进周期理论没有说明企业怎样由初生期演进至成熟期,再至衰退期,也没有说明是什么因素导致企业规模开始变小,更没有说明企业如何才能避免规模变小,从而避免走向衰退。如果仅仅观察到中国移动经营业绩的兴盛和衰退现象,而不能深入研究并找到背后的驱动动因和机理,则这种研究分析对企业实质性的指导借鉴意义是有限的。

其次,企业演进周期理论没有给出企业在各阶段的具体实施策略。例如,现有企业演进周期理论指出生命周期的最后一个阶段是衰退,蜕变理论指出企业通过二次创新可以使处于衰退期的企业重获新生，从而实现企业的可持续经营，但蜕变理论的局限性也不能忽视。第一，蜕变理论并没有给出具体可操作的策略组合。它在很大程度上只是指出企业处于衰退期应该采取创新措施实施蜕变，但并不能说明采取哪些措施可以摆脱衰退。第二，蜕变理论没有实践预见性，忽视了局部蜕变对整体蜕变的影响。企业蜕变有整体蜕变与局部蜕变之分，现有演进周期讲的蜕变强调的是一种整体蜕变，但企业管理者需要在其企业演进周期内更多地关注在衰退期之前持续的局部蜕变，企业管理者也希望在衰退期到来之前就能预见到可能的衰退，从而提前开展进化操作。但现有企业演进理论仅讨论了企业处于衰退期时的蜕变策略，还没有论述企业面对可能出现的衰退迹象而进行的蜕变进化问题。同理，目前的企业演进周期理论在导入期、成长期、成熟期等阶段，均存在缺乏对企业各阶段进行具体策略指导的理论研究（魏光兴，2005）。

最后，目前企业演进周期理论没有从企业能力的角度来研究企业演进机理和规律周期问题。企业能力理论目前是研究企业竞争力的主流理论，以企业能力理论为代表的内生论将学者们探索竞争优势的着眼点从企业外部转移到了企业内部，而且企业能力理论经历了一个从资源基础论到核心能力论，再到知识基础论，目前向动态能力论演进的逻辑发展过程，所以从企业能力的角度研究企业演进机理具有非常重要的理论价值。

从本书的研究定位来看，本书在国内外关于企业演进周期规律研究的基础上，尝试从熵的角度研究企业能力的演进过程。人们在复杂系统及其演化规律、不确定性的度量和系统复杂性度量等方面的研究中，普遍使用了熵的概念与理论。由于企业是一个多层次的、同一层次中具有多因素的复合结构系统，而且企业还是一个开放系统，只能在一个比它更大的系统中生存发展。对于这样一个开放的复杂结构系统，企业的经营优劣以及如何生存和发展都具有不确定性，本书将引入物理学中熵的概念作为一个特征值，来表示企业的存在状态与运动状态的不确定程度。本书不仅要从理论上揭示企业能力的演进机理，还要证明企业周期演进的必然性和企业内外部互动的重要性。为此，本书阐述了企业能力演进的一般性规律；分别运用能力熵函数和负熵函数解释了企业资源效能递减和递增问题，并提出了相应的解决思路；还提出了基于熵的企业资源效能函数，解释了基于能力熵和负熵的企业能力演进问题。本书通过理论分析为研究企业的所处状态及有序化提供了定量分析依据，试图为企业的管理从微观方面入手提供决策依据，找出对现今企业发展更具实践性的理论依据和实践指导，这也是本书的主要理论贡献之一。

3.3.2 研究主题2：基于顾客价值的企业关键能力识别机理与实证研究

面对中国移动良好的发展态势，我们想知道：驱动中国移动经营业绩提高的企业能力是什么？推动中国移动企业能力演进的企业关键能力是什么？如何基于顾客价值实证识别中国移动的企业关键能力？带着这些问题，本节首先回顾驱动中国移动发展的企业能力；其次阐述中国移动利益相关者基于利益诉求的企业关键能力判断；最后提出基于顾客价值识别企业关键能力机理研究的必要性和紧迫性。

从驱动中国移动良好发展的企业能力来看，中国移动在企业经营的过程中，根据外部环境的条件对自身资源和管理能力进行客观的分析，明确企业的优势和劣势，以及造成优势和劣势的原因，并从中找到企业内部潜力所在，紧紧抓住了决定合理优化企业资源配置的企业能力价值活动（党云晖，2011）。中国移动的企业能力价值活动主要包括以下五个方面。

（1）市场营销能力：企业的市场营销能力可以分解为市场营销意识和观念、产品竞争能力、销售活动能力、新产品开发能力和市场决策能力等，这多种能力自成系统，又相互联系，相互影响，在一定的市场环境下共同决定着企业的生存和发展。随着市场供求与经济结构的变化，企业生存与发展开始真正步入了竞争制胜的时期，市场竞争的激烈使企业逐步认识到市场营销的重要性，市场营销能力的大小已成为衡量企业实力的一个重要指标（邹建岚，2011）。具体而言，中国移动的市场营销能力主要体现在提升客户对电信运营商提供的移动通信网络服务、资费水平、营销渠道数量与质量以及业务促销效果的满意程度方面。

（2）客户服务能力：主要是指企业根据客户需求偏好，通过提供通信产品或服务使他的需求得到满足，最终使客户感觉自身受到重视，并形成企业忠诚度的能力。中国移动除了针对大众客户提供的普遍通信服务之外，针对集团客户的客户服务也变得越来越重要。随着电信业的重组，同行企业重组整合的步伐远远超乎我们的想象，在这场不可避免的、没有硝烟的战争中，对手第一个发力点无疑是规模效应最高的集团客户市场，集团客户服务能力和水平的提升是电信运营商市场发展的战略重点（朱江玲，2010）。具体地讲，中国移动客户服务能力主要体现在对大众客户的投诉处理满意度和普遍服务满意度，以及针对集团客户和高端客户的个性服务满意度方面。

（3）供应链管理能力：主要是指中国移动对整个供应链系统进行计划、协调、操作、控制和优化的各种活动和过程，其目标是要将顾客所需的正确的产品、在正确的时间、按照正确的数量、正确的质量和正确的状态送到正确的地点，并使总成本达到最佳化的能力（胡建波，2006）。具体来讲，中国移动的供应链管理能力主要是指电信运营商整合内部资源和协同手机终端厂商资源向顾客提供产品和服务的能力，包括内部物流支撑能力和外部物流整合能力，例如终端销售的产品及服务等。

（4）技术开发能力：主要是指中国移动利用从研究和实际运营经验中获得的现有知识，或从外部引进技术，为研究新的产品和业务，建立新的服务系统而进行实质性的工作创新的能力。企业在技术开发工作方面投入大量的人、财、物并设置专门机构，其最终的目的是要使研究开发的成果变成企业的实际运营能力（李新男，1988）。具体来讲，中国移动的技术开发能力主要包括语音网络覆盖广度和质量、数据流量速度，以及提供丰富增值业务的能力。

(5) 基础管理能力:主要是指中国移动提高组织效能的能力,主要包括财务预算管理、人力资源管理等。具体来讲,中国移动的基础管理能力活动主要是指中国移动的内在可持续发展和外在形象影响力两方面。

由此可见,中国移动企业能力价值活动由于能力内涵的不同,能够全面驱动中国移动步入发展的快车道,但哪些价值能力活动是中国移动的企业关键能力呢?中国移动的利益相关者对此有不同的认识。

从中国移动利益相关者认识企业关键能力的角度来看,本书研究的主题是企业关键能力的识别,主要是指能够满足顾客关键需求,实现企业可持续发展的企业关键能力。按照利益相关者理论的观点,企业是“人”的组织,如果企业不能满足这些人——利益相关者的利益,企业就将不复存在(Freeman,1984)。因此,在考虑中国移动的企业发展时,首先应明确企业的主要利益相关者。最早正式将“利益相关者”一词引入管理学界和经济学界的是美国学者安索夫,他认为“要制定出一个理想的企业目标,必须综合平衡考虑企业的诸多利益相关者之间相互冲突的索取权,他们可能包括管理人员、工人、股东、供应商以及分销商”(Ansoff,1965)。弗里曼(Freeman)的《战略管理:一种利益相关者的方法》一书的出版被认为是利益相关者理论正式形成的标志。弗里曼认为“利益相关者是能够影响一个组织目标的实现,或者受到一个组织实现其目标过程影响的所有个体和群体”(Freeman,1984),应基于企业利益相关者之间的复杂关系来研究企业的战略管理问题。弗里曼不仅将影响企业目标达成的个体和群体视为利益相关者,同时也将受企业目标达成过程中所采取的行动影响的个体和群体看作利益相关者,并正式将当地社区、政府部门、环境保护主义者等实体纳入利益相关者管理的研究范畴,大大扩展了利益相关者的内涵。中国移动的利益相关者主体主要包括以下六个。

(1) 投资者。投资者是企业中最重要的利益主体,投资者的利益与企业的利益的相关程度最高,他们是企业的创始者,企业的营利性质直接来源于投资者追求利润的意图。

(2) 员工。企业的目标实现直接依赖于员工的实践活动。员工的内在需求是追求个人效用的最大化,包括物质方面的货币收入和职务消费,精神方面的自我实现的成就感和社会地位。如何使员工的个人动机符合企业和投资者的利益要求,必须依赖企业内部结构的监督、经理人市场的约束。

(3) 政府。作为社会的管理者,政府承担着调整社会成员之间相互关系,维护社会持续稳定发展秩序的重任。

(4) 产业链上下游伙伴。产业链合作伙伴包括上游的设备厂家、下游的销售渠道,以及能够提供替代产品及服务的竞争对手等。

(5) 社会主体。社会主体主要包括社区、媒体、工商支持团体、社会大众和社会利益团体等企业相关者。这些利益相关者关注企业的公害污染、社区安全、社会正义等一系列问题，以新闻报道影响舆论、对政府施压、支持特定的族群等方法和手段，来对待企业的不法行为及不正义行为。

(6) 顾客。顾客关心的利益诉求主要是物超所值、价格合理、安全可靠的产品与服务，诚实的商品信息以及周到的售后服务。

从利益相关者的利益诉求局限性来看，企业的生存和繁荣离不开利益相关者的支持，利益相关者可以从多个角度进行细分，不同类型的利益相关者对于企业管理决策的影响以及被企业活动影响的程度是不一样的(陈宏辉，2002)。企业获取利益相关者的支持是建立在满足各利益相关者利益的基础上的，在资源有限的情况下，有些诉求甚至是相悖的。

(1) 股东对企业的利益诉求主要在于高额利润回报，其局限性是：企业在追逐利润最大化的时候容易产生近视效应而忽略企业发展的长期利益，股东认为能够给中国移动现在带来高额利润回报的市场营销能力和客户服务能力，以及决定未来发展的技术开发能力是企业关键能力。

(2) 员工对企业的利益诉求是高额薪酬、社会地位和稳定的工作，其局限性是：企业一味地满足员工的利益诉求便会与股东利益需求相冲突。员工认为中国移动能够激励员工士气和凝聚力的基础管理能力是企业关键能力。

(3) 政府对企业的利益诉求是税收、稳定提供就业和安全环保，其局限性是：政府看重的是企业的社会责任，而相对忽略企业的经济效益，没有绝对的经济效益就不会有相对稳定的社会责任。政府认为能够体现中国移动企业社会责任的基础管理能力是企业关键能力。

(4) 产业链伙伴对企业的利益诉求是希望能够将产业链价值最大化，其局限性是：产业链合作伙伴过分看重自身在产业链的利益份额而牺牲产业的长期目标。产业链伙伴认为决定产业价值链的中国移动供应链管理能力是企业关键能力。

(5) 社会团体对企业的利益诉求是提供就业，改善经济状况，环保，其局限性是：社会团体过分看重企业的社会建设责任而忽视企业的经济效益责任。所以社会团体认为中国移动的基础管理能力是企业关键能力。

(6) 顾客的利益诉求是合格的产品质量、合理的产品价格、良好的销售服务，所以顾客认为能够决定现在服务质量的客户服务能力是企业关键能力(贾宏辉，2003)。

综上所述，中国移动的利益相关者都有相应的利益诉求，又存在不同的认识局限性，故其对企业关键能力的识别也存在一定的分歧。本书的研究要回答如何使得中国移动的发展既能满足利益相关者的利益诉求，又可以使得企业能够可持续健康运营。

本书要从顾客价值的角度来看如何实现顾客利益诉求，并研究企业关键能力识别的必要性。通过上述对利益相关者的诉求分析，发现满足顾客的利益诉求是中国移动可持续健康发展的基础，所以从顾客角度识别的企业关键能力更能够满足顾客需求。

随着全球竞争日益激烈和深层化，越来越多的企业开始将战略目光转向提供卓越的顾客价值。顾客价值理论认为企业卓越的绩效来自提供卓越的顾客价值，顾客价值是企业保持竞争优势的源泉（Woodruff，1997）。具体来讲，中国移动的运营收入来源于顾客的货币支付，只有中国移动提供满足顾客需求的、高顾客价值的产品或服务后，顾客才会为这种产品或服务支付成本。顾客的重复购买行为、购买的数量以及愿意支付的价格取决于顾客能够从产品或服务中获得的价值。与此同时，中国移动提供的产品或服务中往往包含着满足顾客多方位需求要素的多种服务产品，其中有一些顾客需求要素是顾客的关键需求，如果中国移动能够识别目标客户的关键需求，并针对这些关键需求开发相应的产品或服务，顾客一定会以购买更多的数量或支付更高的价格等方式表达对这种产品或服务的认知及满意程度，企业将为此获得胜于竞争对手的竞争优势（何琳 等，2007），从而实现企业价值的提升，最终从更大程度上满足其他企业利益相关者的利益诉求，并实现企业的可持续健康运营。企业经营者基于细分市场的顾客需求的识别和认识，认为该细分市场顾客需求的满足可以实现企业价值的提升，故企业经营者组织各类资源（能动型资源与非能动型资源）建立企业去满足顾客需求。随着企业能动型资源驱动非能动型资源的资源配置能力和企业辅助能力活动支撑企业基本能力活动的企业能力不断增强，基于企业资源效能的企业能力首先实现了基于产品或服务卓越功能的顾客功能价值，并通过体现产品或服务经济实惠的经济价值来最终实现全顾客价值，与此同时实现了企业价值的提升。由此可见，顾客价值的实现一方面可以实现消费者的利益诉求，另一方面也实现了企业可持续健康运营的目的，所以基于顾客价值识别企业关键能力具有非常重要的理论研究意义和企业实践价值。

本书将在企业能力理论和顾客价值理论文献综述的基础上继续通过以下方面进行深入的研究：首先通过服务利润链理论承载顾客价值与企业价值链之间的理论联系；其次基于顾客价值与企业能力的循环要素关系，提出相应的理论研究假设；最后提出基于顾客价值识别企业关键能力的实践工具，并采用定量实证研究验证理论研究成果的可实践性。

3.4 本章小结

本章通过中国移动的案例研究分析，引出了本书的两大研究主题，为第 4 章研究基于熵的企业能力演进机理，第 5 章、第 6 章研究基于顾客价值的企业关键能力识别机理和实证研究奠定了企业实践研究必要性的基础。

第4章　基于熵的企业能力演进机理

本章定位于基于熵的企业能力演进机理的研究。4.1节构建了基于耗散结构的企业能力框图。该节首先对涉及的基本概念进行定义；然后对电信运营商进行了耗散结构的判别，构建了基于耗散结构的企业能力框图。4.2节阐述了企业能力演进机理。该节首先阐述了企业能力演进的一般性规律；然后分别运用能力熵函数和负熵函数解释了企业资源效能递减和递增问题，并提出了相应的解决思路；最后提出了基于熵的企业资源效能函数，解释了基于能力熵和负熵的企业能力演进问题。4.3节阐述了中国移动的企业能力演进历程。为了探究推动企业能力演进背后的关键驱动要因，4.4节阐述了基于企业关键能力驱动的企业能力演进，从而为后续章节基于顾客价值的企业关键能力识别研究奠定了理论基础。研究路径如图4-1所示。

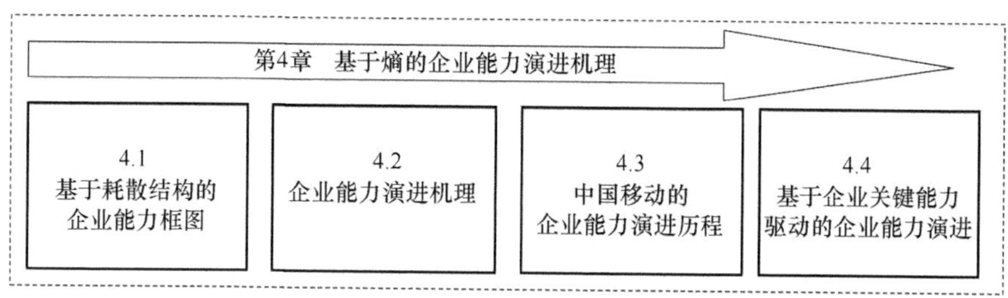

图4-1　“基于熵的企业能力演进机理”研究路径图

4.1　基于耗散结构的企业能力框图

4.1.1　基本概念

首先对本章涉及的企业能力、企业子项能力、企业关键能力、顾客价值、外部环境和熵等相关概念进行定义和界定。

1. 企业能力

Grant(1991)认为企业能力是企业承担和完成一项特殊活动的知识和技能，并依据活动的复杂性将企业能力分为单项任务的能力、专业能力、基于活动的能力、职能内能力和跨职能的能力。何琳等(2007)认为企业能力产生于能动型资源作用于非能动型资源的过程中。能力的强度一方面取决于非能动型资源的数量,另一方面取决于组织智能运用组织知识,对非能动型资源进行操作、积累、更新和创新的效果。资源是能力的来源,能力体现为企业在其行为过程中对资源的利用效果,是导致资源产生竞争优势的根本原因,而竞争优势则是能力强势的外在表征。刘石兰(2008)从顾客价值的角度定义企业能力是一系列为创造顾客价值而蕴藏于各种组织内外流程的知识和技能。丁慧平等(2009)指出建筑企业成长能力的形成主要经历了3个核心环节,即组织学习、组织记忆、创新环与经验环共融。本书对企业能力的概念界定主要是基于Michael E. Porter(1985)的“企业价值链”理论,该理论提到每一个企业都是由材料采购、生产作业和产品销售等构成的一系列价值活动的集合,这些价值活动被称为能力活动。企业能力活动可分为两大类:基本能力活动和辅助能力活动。基本能力活动是涉及产品的物质制造及其销售,转移给买方和售后服务的各项能力活动,包括内部物流、生产经营、外部物流、市场和销售、客户服务五项能力活动;辅助能力活动是辅助基本能力活动并通过提高外购投入、技术、人力资源以及各种公司范围的职能来相互支持,包括采购、技术开发、人力资源、企业基础设施四项能力活动。企业辅助能力活动为企业基本能力活动提供了基础保障。例如,采购预先剪裁好的钢板可以简化生产工序并减少浪费;良好的技术开发有利于改进产品功能和性能,提升顾客感知利得,促进产品销售;成熟的人力资源管理可以提高员工工作积极性,降低产品次品率,创造更多顾客价值,节约生产成本;有序的仓储、车辆调度等入库后勤活动有利于生产作业管理等。此外,企业的各项能力活动不是孤立的活动,它们相互依存,形成一个系统,形成一条价值链。企业价值链的各环节之间相互关联,相互影响。企业基本能力活动的任何一个环节对于产品质量和服务品质都有直接的重要影响,所以五项基本能力活动对于面向顾客和市场进行企业经营起到了关键性作用。基于此,狭义的企业能力可以表述为企业内部价值链的基本能力活动与辅助能力活动之间相互作用的过程,一方面辅助能力活动为基本能力活动提供了价值创造的基础保障;另一方面基本能力活动对提供面向顾客价值的产品质量和服务品质具有决定性作用。企业能力实现跃迁是以企业不断适应外部环境变化,在辅助能力活动的支撑保障下,基本能力活动不断创造和提供具有顾客价值的产品和服务为基础和前提的,最终实现了企业通过创新顾客价值而赢得持续竞争优势目的的过程。广义的企业能力可以表述为是一个由企业辅助能力活动支撑企业基本能力活动为基础,企业能力活动驱动企业子项能力,以顾客价值为目标而组成的系统集合。本书研究的企业能力特指广义的企业能力。

2. 企业子项能力

为了满足顾客的信息服务需求,电信运营商需要不断适应外部环境变化,在不同的阶段保持或提升其作为竞争优势的企业子项能力,其中企业子项能力是指电信运营商的顾客需求识别能力、产品服务创新能力、信息技术开发能力和网络资源整合能力。企业子项能力的定义如下。

(1) 顾客需求识别能力。企业成功与否取决于能否理解并满足顾客的需求，只有正确识别并深度挖掘顾客需求才能为顾客提供满意的产品和服务，通过满足顾客需求使顾客满意，企业才能得到长久发展。顾客需求识别的起源最早被追溯到美国心理学家斯科特(W. Scott)提出的广告应成为一门科学，顾客心理需要可以在其中发挥重要作用的见解，这被认为是第一次提出顾客需求研究的问题。20世纪90年代，由于顾客自我意识不断提高，市场竞争加剧，企业普遍开始关注顾客，重视其具体需求，并根据其需求研发、制造产品。ISO9001：2000标准明确提出了“旨在增强顾客满意”，整个体系形成了以顾客需求为输入，以顾客满意为输出，并对顾客满意的信息进行测量、分析和改进的流程模式。战略管理的研究将顾客需求识别推向高潮(王良元，2003；George S. Day，2003；Dudik E. M.，2003)，企业流程再造(Sudhakar D. Deshmukh，2003)、物流管理(朱道立，2001)、CS战略(特利·瓦伏拉，2003)以及平衡记分卡概念的提出，使识别顾客需求成为研究的前提。顾客需求包括顾客购买动机和顾客具体需求两部分。购买动机就是企业的哪些方面促使他购买公司的产品，理解了顾客与企业的联系中哪些联系对顾客最为重要，就可以知道企业应该采取何种特别的战略来加强顾客价值联系。顾客关键需求应该是顾客心目中必须认为最满意的方面。陈又星(2002)提到顾客需求可分为顾客表面需求、顾客潜在的需求和顾客未发现的需求。龚益鸣等(2003)提出了“顾客需求识别模型”，认为顾客需求识别就是一个过程，输入就是顾客列表，输出就是识别的结果——顾客需求清单。本书所指的顾客需求识别能力是指企业在不断变化的外部环境中，能够基于特定市场的顾客需求动机，了解和识别顾客对于产品或服务最核心需要的能力。

(2) 产品服务创新能力。顾客价值是顾客对企业所提供的产品和服务的主观感知。顾客在对感知利益与感知付出权衡的基础上形成感知价值。顾客价值的感知利得是指顾客在购买和使用产品的过程中，感知到的产品的物理和服务属性以及可获得的技术支持等；感知利失包括买方购买某一产品需要承担的全部成本，如购买价值、获得成本、运输、安装、订购、维修费用以及维护与供应商的关系所花的精力和时间等(白琳，2006)。顾客在接受企业服务的产品过程中，对产品的各项属性进行主观评价，形成感知利益，同时也对所付出的成本进行主观评价，形成了感知付出，综合形成对企业所提供产品的感知价值。另外，顾客价值受很多环境因素的影响。顾客价值理论在价值评价过程中也强调顾客因货币性与非货币性成本的不同、个人经验与特征的不同而对价值的利益成分有不同的感知，从而对服务价值的评估亦有所不同。本书所指的产品服务创新能力是指企业在特定环境和条件下，围绕顾客需求，通过应用新思想和新技术来改善和变革现有产品服务的生产流程，通过新产品服务来实现顾客感知利得最大化和感知利失最小化的能力。

(3) 信息技术开发能力。信息技术产业是20世纪40年代以来发展的新兴技术和高科技产业，该产业具有高知识性、高创新性、高带动性、高增值性以及低消耗等特征，逐步成为国民经济中的战略性与支柱性产业。信息技术能力是控制与信息技术相关的成本以及通过实施信息技术来影响组织目标方面的能力，信息技术本身的先进性并不能为一个企业带来成功，而企业的成功源自其信息技术能力，即企业形成了一种运用信息技术去捕捉稍纵即逝商业机会的能力。信息技术能力综合体现为以下三种资源的有效整合：人力资源、技术资源和关系资源。巴罗瓦(Bharadwaj，2000)定义信息技术能力即组织通过动用和配置自身信息技术资源，来整合组织其他资源的能力，并将信息技术资源分为三类：信息技术基础设施、信息技术人力资源和信息技术无形资产。美国学者穆勒根(Mulligan，2002)以金融服务产业为研究对象，区分了信息技术能力的三个层次，它们是信息管理、网络协调和企业管理，这三个层次与四种信息技术属性(集成、系统范围、系统定位、可访问性)的不同等级相对应。本书所指的信息技术开发能力是指企业通过为行业顾客开发和配置信息技术资源，实现与顾客战略意图及其他优势资源相协调、匹配，从而帮助行业顾客获得持续竞争优势的信息化实施能力。

(4) 网络资源整合能力。企业资源本身是无法产生价值的，企业资源的规模和配置企业资源的能力构成了企业绩效的差异。Grant(1991)提到生产活动需要组合和协调各种资源，各种资源只有结合起来才能发挥作用，而这种结合需要能力，需要把一组资源结合起来用于执行一定的任务或活动的能力。Amit 和 Schoemaker(1993)指出企业利用资源以有效地达到所需要的结果的能力，是企业资源之间通过长期复杂的相互作用发展而来的企业独特的基于信息的、有形或无形的流程，可以抽象地看作是企业产生的以提高其资源的生产率、战略灵活性和保护其最终产品或者服务的“中间产品”。何琳等(2007)指出企业资源的配置取决于企业战略，具体来说，取决于企业的市场定位、对客户关键需求的挖掘以及对关键需求的满足程度，而这些又都是以企业的(客户)价值创造能力为基础的，价值能力与资源利用之间的联系可以反映企业的能力水平和竞争优势。另外，企业通过网络整合企业资源，可以将企业资源的配置思路从企业内部拓展到企业网络资源环境中，沟通了企业的内外环境。首先，可以充分提高企业内部资源的培育配置效率。其次，可以充分利用关系网络的社会资源，提高了企业内外部资源配置的效率。企业的网络资源本身也可以被看作是难以模仿、不可替代的网络资源。最后，企业通过网络不仅可以进行有形资源的配置，还可以完成无形资源的配置。建立企业间的知识与信息的共享机制，能够推动合作创新，为企业与利益相关各方都带来关系租金。本书所指的网络资源整合能力可以表述为企业不断适应外部环境变化，一方面指企业内部价值链中，企业协调基本能力活动和辅助能力活动之间的相互作用，围绕顾客需求，合理配置能力活动资源，通过提供应用新思想和新技术的产品服务来实现顾客价值的能力；另一方面指企业通过开放的网络资源系统，整合利益相关者的有形资源和无形资源，通过提高网络资源系统效率向利益相关者提供价值回馈的能力，最终实现企业通过不断创造和提供具有顾客价值的产品服务来达到赢得持续竞争优势的目的。

3. 企业关键能力

资源基础观的核心内容是：竞争优势主要来源于资源的差异而不是产业环境的差异，创造和维持这种差异的是企业配置资源的能力（涂颖清，2009）。这一能力的实质是以企业内部资源为分析的基础和出发点，通过独特的企业配置资源的能力，达到提升企业竞争优势和赢得顾客价值的目的。从概念定义来看，企业的产品价值是由企业价值链所创造的，因此产品的市场竞争力实质上体现了企业价值链上各个环节的整体协同力，也就是企业竞争力。通过对企业价值链的分析可以看出，企业的能力活动中，并不是每一个能力活动都创造价值。实际上，只有使能动型资源驱动非能动型资源的某些特定能力活动才创造价值，这些真正创造价值的能力就是价值链上的关键能力活动，即形成企业竞争优势的环节。本书认为企业经营者首先是基于对细分市场目标顾客的市场需求识别后，然后组织各类能动型资源和非能动型资源组成企业，由能动型资源驱动非能动型资源形成满足顾客需求的企业能力活动，企业能力活动驱动企业子项能力实现顾客价值。由此可见，企业资源配置对实现顾客需求具有十分重要的作用。故本书认为企业关键能力是在对基于细分市场目标客户关键需求识别的基础上，合理配置企业关键资源（满足目标客户关键需求的能动型资源与非能动型资源），在企业能力活动驱动企业子项能力的过程中所形成的满足顾客关键需求的卓越能力活动。企业关键能力活动对顾客的经济价值和功能价值均有显著的影响。

4. 顾客价值

本章基于顾客价值理论的文献回顾，总结国内外研究对顾客价值认知的共同点：①顾客价值是顾客对提供物的一种感知效用，这种效用是主观的，是来源于顾客的判断，而不是由企业或销售者所单方确定的；②顾客价值是内在的，是与企业提供的产品或服务及顾客的使用过程紧密相连的；③顾客感知价值的核心是顾客对利得和付出的感知基础上对感知利失之间关系的一种权衡；④顾客价值是顾客对产品属性、效用及使用结果的全方位系统感知和评价；⑤顾客价值还受到企业或竞争对手提供的产品或服务预期价值的影响。基于此，本书认为顾客价值就是顾客在购买或使用企业所提供的产品或服务的过程中，对所感知到的利得及所付出的成本的整体效用评估。

5. 外部环境

企业所面临的环境，宏观而言，是指政治、法律、经济、技术、社会文化等外部环境，中观而言是指包括行业内竞争者、替代者、潜在进入者、上游供应商及下游顾客在内的产业环境，微观上讲是指企业内部的组织环境及企业文化环境等。外部宏观环境的不同，横向上表现为不同地理位置上，政策法律不同、经济和技术发展水平不同、社会文化风俗不同等，纵向上表现为随着时间的变化，政策法律会被更改修订，经济及技术水平会发展，社会文化风俗等也会变化。以顾客价值为导向的顾客观是本书的理论研究基础，但以竞争对手行为来判断决策企业经营重点和方向的竞争观也是现代企业主要的战略管理理念，竞争对手会对企业所处的环境产生重大直接影响，而且竞争对手所提供的顾客价值也会影响顾客对自己产品或服务的感知价值。因此，本书基于研究需要，为保证研究的全面严谨，将综合顾客观和竞争观这两个企业的主要战略导向，除了选取宏观环境作为外部环境的影响因素，还将在产业竞争环境中选取行业内竞争环境作为重要的环境变量。影响企业能力和顾客价值的外部环境包括政治、法律、经济、技术、社会文化等宏观环境及行业竞争环境。本书考虑了主要环境因素对企业能力演进的影响作用，更具现实意义和可用性。

6. 熵相关概念

本章定位于基于熵的企业能力演进机理研究，故需要对涉及熵理论的基本概念（能力熵、负熵、总熵变和企业资源效能）进行定义。

从企业能力熵的定义来看，克劳修斯基于卡诺（Carnot，1824）的卡诺定理提出了热力学第二定律，即在与外界不交换能量、信息和物质的孤立系统中，不可能把热量从低温物体传给高温物体而不引起其他变化（Clausius，1867）。与此同时，克劳修斯还引入一个新的状态函数，称为熵函数，用符号 S 表示，并指出在孤立的系统中，系统本身由于不可逆过程引起的熵增加，称为熵变或熵产生。同时还提出了克劳修斯不等式，也就是经典的热力学第二定律数学表达式，即

$$\mathrm{d}S/\mathrm{d}t \geqslant 0$$

该式称为熵增原理（Entropy Increase Principle），即在孤立系统的绝热条件下，体系趋向于平衡的过程使体系的熵增加。它揭示了系统内部一切不可逆过程的自发进行方向是熵增加的方向。由此可见：①任何自发的不可逆过程，总是向熵增的方向进行。因为任何自发的不可逆过程总是可以看成是一个在与外界没有任何交换的孤立系统中所进行的一切不可逆过程，总是使得系统的熵增加。熵增是一切孤立系统不可逆过程的普遍规律。②任何自发过程总是由非平衡态趋向平衡态，熵在其进行过程中不断增加，当到了平衡态，状态不再变化，熵也不再变化，熵取最大值。可见，孤立系统内不可逆过程进行的限度是以达到熵极大为止的。具体来讲，一个孤立系统内的能量不可逆地沿着衰减方向转化，即一个孤立系统内的熵一定会随时间增大；当熵达到极大值时，系统则达到最无序的平衡态。也就是说，熵增过程＝无序化过程，熵增定律的核心就是不可逆性，这种不可逆性是指无论何种初始条件的系统，都将顺着熵越来越大，状态越来越混乱，越来越无序的方向走向终极高熵态，其根源在于系统内部存在能差或系统内要素间的协调出现了问题。本书认为能力熵（S_i）是指在孤立的企业内部系统中，在具有能量差异的不同能力层次之间，或者同一能力层次多能力活动之间，或者同一层次多子项能力之间的相互作用过程中，企业内部的能动型资源作用于企业的

物质、能量与信息等非能动型资源的过程中，随着时间(t)的推移，由于熵增的不可逆特性而产生资源利用损失的度量。这一转化过程呈现出企业资源的利用效果，即企业资源效能不断降低直至最后趋于零的不可逆的过程规律。

从企业负熵的定义来看，耗散结构理论是普利高津教授在 1969 年提出的，即在远离平衡条件下可能发生的结构称为“耗散结构”，它通过在非平衡条件下能量和物质交换而形成和维持(Prigogine，1969)。具体来讲，这是指当体系处于非平衡状态时，通过体系与外界进行能量和物质交换而形成和维持的一种稳定化了的宏观体系结构，即在非平衡态下宏观体系的自组织现象。普利高津(Prigogine，1969)指出，一个可与外界交换能量、信息，又可与外界交换物质的开放系统，在时间间隔 dt 内，体系熵 S 的变化量应该由两部分组成：dS_i 和 dS_e。其中，dS_i(熵变)是由于体系内部本身的不可逆过程所引起的熵产生，必须为正；dS_e(熵流)是由于体系与外界交换能量、信息及物质所引起的熵交换。对于开放的耗散结构系统来说，总熵变(dS)小于零可以使系统形成有序论，即在开放的非平衡耗散状态下，在总熵变为负的情况下，才有可能出现耗散的有序化结构——耗散结构，故“耗散结构只可能出现在总熵变为净负熵流的开放系统中”(湛垦华，1979)。本书将耗散结构理论引入企业，定义负熵(S_e)是指度量开放的企业不断从外部环境交换能量、物质和信息，从而使企业的各个能力层次之间、同能力层次的多能力活动之间以及同能力层次的各子项能力之间的非线性作用，让内部的有序度增加大于自身无序度增加的程度。企业熵(S)是企业负熵(S_e)与企业能力熵(S_i)之和。

从企业总熵变的定义来看，开放企业能力的总熵变(dS)分为熵变(dS_i)和熵流(dS_e)。本书定义熵变(dS_i)是指孤立企业内部由于不可逆过程引起的能力熵(S_i)变化量 ΔS_i；熵流(dS_e)是指开放企业与外界熵交换所引起的负熵(S_e)变化量 ΔS_e；总熵变(dS)是指开放企业的总熵值变化量 ΔS。一方面，企业内部的不可逆过程引起的熵变(dS_i)是企业无序的本因，是企业不稳定的根源，熵增导致企业资源效能的降低；另一方面，企业与外界环境进行能量、物质和信息交换时引起熵流(dS_e)，当熵流(dS_e)为“负熵流”时，负熵流不仅能够抑制系统内部熵变(dS_i)所带来的消极影响，而且还是企业有序的来源。企业只有不断从外界交换“负熵流”来抑制企业内部的熵变(dS_i)，才能使企业能力自身不断趋于有序，实现适应外部环境变化的目的。即在企业熵变(dS_i)和熵流(dS_e)之间存在一种特定关系：当熵流(dS_e)输入强度较低，无法抑制熵变(dS_i)的增加时，企业能力趋于无序化演进；随着熵流(dS_e)输入强度的不断增大，企业能力不断趋于有序；当熵流(dS_e)的输入超过一定阈值，即当总熵变(dS)<0 时，企业能力会成为耗散结构状态，其演进将会实现从低层有序向高层次有序的跃迁。企业作为复杂适应系统，其提高适应性的最佳途径就是成为“耗散结构”。

从企业资源效能的定义来看，企业能力产生于辅助能力活动的支撑保障下，基本能力活动驱动企业子项能力不断创造和提供具有顾客价值的产品和服务的过程中，企业能力强度反映在企业的资源利用效果上，产生于能动型资源作用于非能动型资源的过程中。企业资源效能是指企业辅助能力活动支撑基本能力活动、企业能力活动驱动企业子项能力的过程中，企业的能动型资源对企业的物质、能量与信息等非能动型资源作用的有效利用，即企业资源的利用效果。企业应该最大限度地减少企业资源利用的损失，充分发挥和提高资源利用效果，提升企业能力的水平，使企业向减熵、有序、高效方向发展。本书在企业资源效能定义方面，Y 是指基于企业熵（S）的企业资源效能；Y_i 是指基于企业能力熵（S_i）的企业资源效能；Y_e 是指基于企业与外界熵交换所引起负熵（S_e）的企业资源效能。

4.1.2 电信运营商的耗散结构判别

20 世纪 70 年代以来，美国耶鲁大学学者理查德·纳尔逊和悉尼·温特（1997）借鉴生物进化理论的思想，通过对创新过程和机理的深入研究，创立了演化经济学。自组织理论是由普利高津（Prigogine，1969）在 20 世纪 60 年代末期开始建立并发展起来的一种复杂系统理论，该理论的研究对象主要是复杂系统的自主演进机制问题，即在一定条件下，系统是如何自动地由无序走向有序，由低级有序走向高级有序的。目前把演化经济理论和复杂系统理论结合起来探讨创新问题是创新研究领域的新方向。

自组织理论对事物从简单到复杂、从混沌无序到有序演化过程的探索无疑对于企业能力演进的理论研究具有重要意义。自组织系统可分为平衡态自组织和非平衡态自组织，前者内部结构具有较高的对称性，不需要与外界进行物质和能量的交换；后者是通过不断与环境进行物质、能量和信息交换引起熵流而形成和保持的，普利高津（Prigogine，1969）称这种结构为“耗散结构”。所谓耗散结构，就是指一个远离平衡状态的开放系统与外界环境不断地交换物质和能量，当这一外界条件达到阈值时，系统能从原有的混乱无序状态转变为一种在时间、空间或功能上的有序状态，在远离平衡态形成了新的有序结构。也就是说，在动态演化过程中，它能够使系统长期保持有序并使系统有序程度不断提高。耗散结构能否形成是一个复杂系统能否诞生和进化的关键。要判别电信运营商能否实现由无序走向有序，由低级有序走向高级有序的演进，首先要判断电信运营商是否具备耗散结构形成与维持的基本条件。根据耗散结构理论，复杂系统要形成耗散结构需要具备以下四个基本条件：①系统必须是开放的。开放系统能够与外界环境有不断的物质、能量和信息交换，即不断输入负熵流，只有充分开放才可能驱使系统远离平衡态，使系统由无序转为有序；孤立的体系只会产生一种趋势最终到达平衡态。②系统是远离平衡态的。非平衡是有序之源，这里所说的非平衡是指系统处于远离平衡态的非线性区域，这时其涨落可能被放大，引起质变，形成新的有序结构，并且正是这种非平衡，才使系统产生和具备了与外界进行物质、能量和信息交换的要求和势能，这就是非平衡是有序之源的根本含义。而处在平衡态和近乎平衡态都不会使系统向有序状态发展。③系统存在非线性的相互作用。非线性作用是指事物要素之间以立体网络形式相互作用的机制，只有靠体系内部众多的具有相干性和制约性的非线性作用，使得系统内各要素之间产生协同动作和相干效应，才能形成有序的耗散结构。④系统存在涨落。涨落是对均匀性、不变性、对称性的破坏因素。足够强大的巨涨落将造成系统整体的长时间对称破缺，导致系统有序演化(Prigogine，1969)。开放的电信运营商企业能力演进从无序到有序，从低级到高级必须满足耗散结构的基本条件。下面就电信运营商形成耗散结构的基本条件进行阐释。

1. 基于开放性的电信运营商

电信运营商都是开放的，都需要与外界发生物质、信息和能量等资源的交换。为了保持企业能力的有序演化，满足企业自身生存与发展的需要，电信运营商必须开放。开放性是电信运营商企业能力演化的基础，电信运营商保持与外界接触，如通过建立外部关系，源源不断地实现与外界物质、能量、信息的交换，不仅实现了企业的结构重组，产生新的有序结构，而且能不断地同化外部环境，吸收新的要素，使自己不断复杂化以适应环境的变化。电信运营商开放得越充分有效，越有利于企业的生存发展；开放得不够，则企业生存发展将受到影响，将不能适应外界环境的变化，从而产生负效应，严重时能使企业处于病态或者解体。只有开放才能使企业从外界环境交换熵流，保持和增加企业的生机、活力以及内部的有序，从而确保企业组织得以生存和发展。因此，电信运营商是一个具有输入、输出，且内部有多重正负反馈的复杂开放系统，这是它形成耗散结构的前提必要条件。具体来讲，一方面，随着市场竞争环境和顾客需求的变化，电信运营商要通过顾客需求识别能力，及时将外界环境的需求信息交换至企业，企业的产品服务创新能力要紧密围绕着普遍顾客需求，通过开放性进行服务或产品的竞争优劣势比较，通过产品服务创新能力面向大众顾客，提供具有高顾客价值的、难以模仿的普遍服务或产品；另一方面，针对行业顾客的差异化服务产品需求，企业需要开放地深入了解顾客的行业个性化需求，比较同类有竞争性产品的优劣势，通过信息技术开发能力为行业顾客量身订制行业信息化解决方案。为了提供满足顾客需求导向的服务或产品，电信运营商要开放地立足于网络资源整合能力，一方面要整合企业内部与外部的输入输出资源，实现内部价值链的高效运作；另一方面要整合产业价值链网络的外围资源，通过利益相关者合作伙伴的输入输出资源整合，实现产业价值链利益相关者价值最大化。由此可见，电信运营商的企业能力活动和企业子项能力都需要通过与外界环境的物质、能量和信息交换，提升企业能力适应外界环境的能力，实现电信运营商企业能力的有序演化。

2. 基于远离平衡态的电信运营商

一方面，电信运营商不是孤立的，也不是处于宏观静止状态的，企业子项能力由多种企业能力活动驱动，而且企业能力活动之间存在较大差别，所以企业子项系统与企业能力活动之间的发展也是不平衡的，对企业产生的作用和影响也存在势差。另一方面，企业子项能力创新都从不同方面促使企业能力不断更新变化、不断进步，促使企业将不同渠道的信息不断整理加工成知识，并实现企业的知识共享，打破传统生产经营的旧观念和旧平衡状况，摆脱人们思想上存在的保守意识，促进企业远离平衡态。具体来讲，企业的四项子能力：顾客需求识别能力、产品服务创新能力、信息技术开发能力和网络资源整合能力在某一阶段的发展是不平衡的，而且构成子项能力的企业能力活动之间也存在较大的差别，企业子项能力和企业能力活动由于创新打破了现有的平衡态，使得企业不断地从外界获得物质、资金、人才和信息，使企业不断优化和发展，向更高层次演化，朝着远离平衡的方向驱动。所以，电信运营商是远离平衡态的。

3. 基于非线性机制的电信运营商

电信运营商是一个多层次、涉及多因素、远离平衡态、开放的复杂系统，因此各要素之间必然存在着非线性作用。首先，企业能力活动必然会自觉地相互耦合、非线性相互作用，产生整体效应，使企业形成自组织结构。企业能力演化的根本动力来自企业内部的状况，来自企业各子项能力和企业能力活动之间形成的非线性作用机制，这可以为企业能力的自组织演化提供内在动因。其次，非线性作用机制的动力系统的显著特点是“整体大于部分之和”。非线性增加和非线性输入输出变化是企业能力的重要特征，企业状态变量的总量不能由状态变量增加值的简单叠加来判定，其变化是复杂的，可能对应多个状态。在企业能力演化过程中，非线性效应发挥突出作用，它是企业形成有序结构和产生复杂性的内在动因。自组织理论认为企业能力活动与企业子项能力之间的相互作用必须达到“1＋1＞2”的效果，这才说明企业的企业能力活动与企业子项能力之间的相互作用关系是一种非线性的相互作用关系，它们之间的相互作用能够使企业内各能力层次间产生相干效应和临界效应，这两种效应是推动企业能力走向有序的内部动力，是企业耗散结构形成的重要机理和必要条件。具体来讲，企业能力活动驱动企业子项能力，在面对市场竞争和顾客需求等外部环境时，顾客需求识别能力与基于大众市场的产品服务创新能力，顾客需求识别能力与基于行业市场的信息技术开发能力，企业各子项能力与基于企业内外部资源的网络资源整合能力相互耦合，产生基于非线性作用的相干效应和临界效应，实现“1＋1＞2”的协同增益，最终实现企业能力的自组织演化。

4. 存在涨落机制的电信运营商

涨落机制是有序的契机，涨落是指一些微小的扰动。在经典物理学中的涨落是指平衡态系统仍可能发生离开平衡态的微小偏差。涨落形成是一个随机过程。从来源看，可以把该随机过程分为两种类别：一类是由系统自身产生的，称为内部涨落；另一类是由外部引起的，称为外部涨落。当系统处于远离平衡的非线性区域时，随机小涨落可以通过非线性的相干作用和连锁效应被迅速放大，形成宏观整体上的“巨涨落”，从而导致系统发生突变，形成一种耗散结构。在远离平衡的非线性区，涨落对耗散结构的形成起了触发和激化作用，是耗散结构得以形成的“触发器”。具体来讲，电信运营商处在一个复杂环境中，不可避免地要受到各种外界因素的影响和制约。电信运营商也存在微小涨落因素，例如，在外部涨落方面，竞争对手推出了价格低廉而且功能先进的终端通信服务套餐，则电信运营商面临大批忠诚客户的离网危险等。

由此可见，电信运营商作为有机整体要获得发展壮大，必须具备开放性、远离平衡态、非线性相互作用机制和存在涨落机制的特征，才能使电信运营商保持有序，并且使有序程度不断提高。因此，电信运营商的发展就是由低级有序形态向高级有序形态演变，也就是耗散结构形成、进化的过程。

4.1.3　基于耗散结构的企业能力框图

企业能力可以表述为是一个由企业辅助能力活动支撑企业基本能力活动为基础，企业能力活动驱动企业子项能力，以顾客价值为目标而组成的系统集合。企业能力的演进包括：企业能力活动的演进、企业子项能力的演进，以及企业能力活动驱动企业子项能力的演进。但企业并不是封闭的，需要不断地与外界环境进行良性交互，最终促进企业能力的良性演进。本节要基于耗散结构理论和系统论来构建基于耗散结构的企业能力框图。

1. 电信运营商企业能力系统

系统的概念源于人类长期的社会实践，系统是由某些相互联系的部件集合而成的，任何一个系统都必须具备三个基本要素：系统结构、系统环境和系统行为（齐庆祝，2006）。企业能力是由相互联系的企业能力活动和企业子项能力集合而成的，它们通过彼此作用和相互影响来优化各能力活动与各子项能力的构成关系和作用强度，并通过与外部环境的物质、能量和信息进行互动，通过学习和创新形成顾客价值实现能力。企业能力框图包含系统构成的三个基本要素：系统结构、系统环境和系统行为。

(1) 电信运营商企业系统结构。企业系统结构是指电信运营商具有一定功能的企业能力活动、企业子项能力，及其两者之间关系的总称，其中两者之间的关系是电信运营商企业能力活动与企业子项能力之间物质、能量、信息交换关系的总称。本书将企业能力的构成自下向上分为两个层面。①基础层为电信运营商的企业能力活动层，主要是指企业内部价值链的五项基本能力活动（内部物流、生产经营、外部物流、市场销售和客户服务）和四项辅助能力活动（采购、技术开发、人力资源管理和企业基础设施），辅助能力活动对基本能力活动起到支撑和保障作用，该层是电信运营商企业能力的基础。②最高层为电信运营商的企业子项能力层，主要指基于企业能力活动构建的顾客需求识别能力、产品服务创新能力、信息技术开发能力和网络资源整合能力，该层是电信运营商的企业能力驱动层。其中，顾客需求识别能力是电信运营商沟通外部环境和顾客需求的能力，属于关系层面的能力；产品服务创新能力是电信运营商面向普遍顾客需求而提供标准化的信息产品服务的能力，属于市场层面的能力；信息技术开发能力是电信运营商面向行业顾客需求而提供定制化、差异化的行业信息化解决方案的能力，属于技术层面的能力；网络资源整合能力是电信运营商配置和优化内部资源、整合外部产业链利益相关者资源的能力。电信运营商的企业能力主要是指基于企业能力活动的企业子项能力构成了“顾客需求识别—产品服务创新—信息技术开发—网络资源整合”的企业能力良性循环路径，企业子项能力驱动顾客价值，在实现顾客价值创新的同时，建立了企业的可持续竞争优势。电信运营商的企业能力在各个层面间的关系体现为各层面企业能力活动和企业子项能力之间的物质、能量、信息交换。

（2）电信运营商企业系统环境。企业系统环境是电信运营商所直接面对的，可与电信运营商发生直接或间接关系的所有系统的总称。电信运营商与外部环境密不可分，二者之间的相互作用主要表现在两个方面。一方面，外部环境为电信运营商的发展提供了动力源泉，电信运营商通过与外部环境的不断交互作用，从外部环境中交互物质、能量和信息，实现电信运营商企业能力的演进发展；另一方面，电信运营商也通过自身的行为方式对外部环境产生影响，使之向着有利于自己的方向发展。电信运营商所面对的外部环境主要有如下方面。从宏观环境看，主要有：①政治，主要考虑政治环境的稳定性对企业发展的影响等；②经济，主要考虑目标顾客群可支配的经济购买能力；③社会，主要考虑社会各层面对本企业的认可度等；④技术，主要考虑技术变革对企业的影响；⑤其他因素，如法律等。从微观环境看，主要有：①供应商，主要考虑供应商对企业原材料供货的低成本、高质量、快速高效；②销售商，主要考虑销售商快速便捷、规模化、低成本的渠道销售能力；③消费者，主要考虑消费者市场需求的个性化对企业顾客价值实现能力的影响；④竞争者，主要考虑竞争者的产品和服务相对于本企业的市场份额影响等；⑤其他因素等。

（3）电信运营商企业系统行为。企业系统行为是电信运营商的内在运行机理及其与外部环境进行物质、能量、信息交换的方式和规模，包括输入、转换、输出的全过程。电信运营商通过对与外部环境所交换的物质、能量和信息等进行分析研究和加工处理后，在确定目标的基础上，在内部进行系统性的转换和处理，最终输出顾客所需要的高顾客价值的产品和服务。具体来讲，在电信运营商的企业能力输入层面，企业采购原材料，通过外部物流配送至仓库，满足企业的产品生产需求；企业通过信息共享，实现外部信息和知识的内化，帮助企业提升技术开发水平；企业通过顾客需求识别能力，不断挖掘顾客的潜在和现实需求。在电信运营商的企业能力转换层面，企业紧密围绕着顾客需求，整合企业能力活动资源，通过产品服务创新能力和信息技术开发能力满足公众顾客和行业顾客的信息服务需求。在电信运营商的企业能力输出层面，企业通过整合企业内部资源和社会网络资源，向顾客提供高顾客价值的产品和服务，在实现顾客价值的同时，企业也获得了可持续竞争优势。

2. 创新与电信运营商耗散结构

从创新与电信运营商系统开放性的关系来看，电信运营商耗散结构只有在开放系统中才能形成，创新将促使电信运营商形成更加开放的系统。电信运营商的创新就是在生产经营体系中对企业的生产要素进行“新组合”，主要包括：采购新设备、采用新技术、研发新产品、开辟新市场、实现新组织等。激烈的市场竞争机制使电信运营商加快了与外界的能量、信息和物质的交换，创新的机制使电信产业获得了快速的发展。由此可见，创新是打破封闭，建立和扩大系统开放性的重要手段。创新可以使电信运营商建立有效的信息反馈系统，大量吸收外部输入的信息，如市场信息、技术信息和人才信息等，促进电信运营商加强与外部环境的能量、信息和物质交换。另外，创新可以直接引起电信运营商系统内部的变化，创新可以使电信运营商系统内部的生产要素组合方式进行优化，经营目标更新，从而影响电信运营商系统的整体功能。企业内部系统的优化必然导致企业系统与外界环境进行物质、能量交换的方式和内容再进行科学优化。因此，创新能形成、维持和扩大电信运营商的系统开放性。

从创新与电信运营商远离平衡态的关系来看，电信运营商的耗散结构只能在远离平衡态的非平衡态下出现，而创新能有效地打破旧的相对平衡态，创造新的非平衡态。电信运营商的企业系统存在一个临界约束值，在达到临界值之前，电信运营商将演化到一个与平衡态行为没有多大区别的非平衡定态上，达到与外界环境约束相适应，电信运营商从非平衡定态过渡到远平衡态，是通过外界环境对电信运营商企业系统施加的非平衡约束来实现的。创新可以通过引入生产要素的组合，引起电信运营商内部系统的变化，也引起与外界环境非平衡约束的变化。一方面，创新直接改变了外界环境约束力与电信运营商企业系统适应力的差值；另一方面，电信运营商企业系统与外界环境的作用是交互的。企业系统接受外界环境作用，必然反作用于外界环境。若干企业系统对外界环境的共同反作用，必然使外界环境发生变化，改变环境约束值。具体来讲，电信运营商基于创新实现远离平衡态。主要包括企业辅助能力活动要创新支撑基本能力活动，实现企业能力活动远离平衡态；企业能力活动要创新实现驱动企业子项能力，实现企业能力成长远离平衡态。这一切都是为了引出内部的竞争机制和激励机制，目的在于增大系统内部的势能差，造成非平衡态，创造有积极性、富有活力的发展局面。因此，创新是促使电信运营商企业系统远离平衡态的主要因素。

从创新与电信运营商非线性作用的关系来看，只有当电信运营商具有适当类型的非线性作用时才可能形成耗散结构。非线性作用的显著特点是“整体大于部分之和”，创新是形成电信运营商非线性作用的根本机制，不同的创新造就电信运营商不同的非线性作用。创新的主体是企业家，创新活动是企业家的活动。具有战略眼光的企业家们针对外界环境的变化和时代的要求开展创新。创新可以将输入的物质、能量和信息等企业资源，通过企业能力活动驱动企业子项能力，使电信运营商能够输出具有高顾客价值的服务与产品，从而使电信运营商形成与外部环境相适应的非线性反馈机制，最终引起和增强了企业的非线性作用。例如，电信运营商推出的技术创新服务——短消息服务，该信息服务改进了生产要素的组合方式，提高了非线性。该信息服务以便捷、便宜的沟通方式迅速占领市场，使得电信运营商迅速取代了寻呼机市场，从而使电信运营商投入相同的成本，比技术创新前取得了较高的社会效益和经济效益。

从创新与电信运营商涨落机制的关系来看，电信运营商的有序演化是通过涨落来实现的，但创新在涨落中发挥了主导作用。电信运营商在与外界环境相互作用的过程中，针对环境阶段性的特征，形成短暂的相对稳定的适应机制。对于外界环境一定程度的变化，电信运营商要依靠适应机制消除或减弱外界不稳定因素的消极作用，维持系统结构有序性。电信运营商不可能稳定在某一个水平的有序结构上，电信运营商必须针对时代的特征、环境的变化，形成新的有序结构。但新态是建立在旧态之上的，只有打破旧的稳定性才能建立新的稳定性，这种演化是通过涨落来实现的。涨落是对电信运营商原有对称性和稳定性的破坏，一种涨落实质上代表系统一种随机探索新结构的趋势。电信运营商的创新就是针对外界环境的变化探索内部系统新结构的活动，创新必然引起企业系统内部的涨落，小的创新引发企业系统内部的小涨落，大创新引发企业系统内部的大涨落。当创新活动引发的涨落在宏观尺度上相互关联时，在企业系统非线性机制作用下，涨落急剧放大，形成巨涨落，引起电信运营商企业系统整体的对称破缺，导致企业系统整体发生有序演化，形成一种较高级的有序结构，即较高序的耗散结构。具体来说，当电信运营商的一项技术革新给企业生产经营造成局部影响时.带来微额的经济效益，引起电信运营商小范围短时间内的对称破缺；当电信运营商一系列的技术创新同时作用时，其生产成本大大低于其他同行企业，如果该企业利用明显的低成本优势击垮并且兼并竞争对手，实现了对市场的垄断，则这种新的组织方式就是一种新的耗散结构。

综上所述，创新是形成和维持电信运营商耗散结构的重要条件。创新将使企业从无序走向有序，从低序走向高序，是企业生存和发展的力量源泉。电信运营商企业本身是一个动态系统，企业所处的外界环境也是一个不断变化的动态系统。企业时刻与外界环境发生物质、信息和能量的交换，面对外界环境的变化，企业通过相应的局部调整和小范围创新，维持企业的现存有序结构。当外界环境变化使企业内部参量变化达到一定临界值时，企业通过大创新或者系列创新重建企业系统元素或子系统的关联方式，使企业在时间上、空间上或功能结构上形成新的有序结构，从而与变化了的外界环境达到新的适应。所以说，创新是维持企业耗散结构的唯一的耗散能量。

通过对电信运营商企业能力框架构成要素与形成耗散结构所需要条件的详尽分析，本书构建了基于耗散结构的企业能力框图，如图 4-2 所示。

企业能力演进的核心目标是实现顾客价值。基于耗散结构的企业能力演进过程是需要企业不断加强适应外部环境的能力，通过不断加强企业资源配置，提升企业价值链辅助能力活动支撑基本能力活动的企业资源效能，使企业子项能力驱动企业能力实现良性循环演进，形成螺旋式提升的态势，最终使企业在提升企业能力的同时，也达到了实现顾客价值的目的。

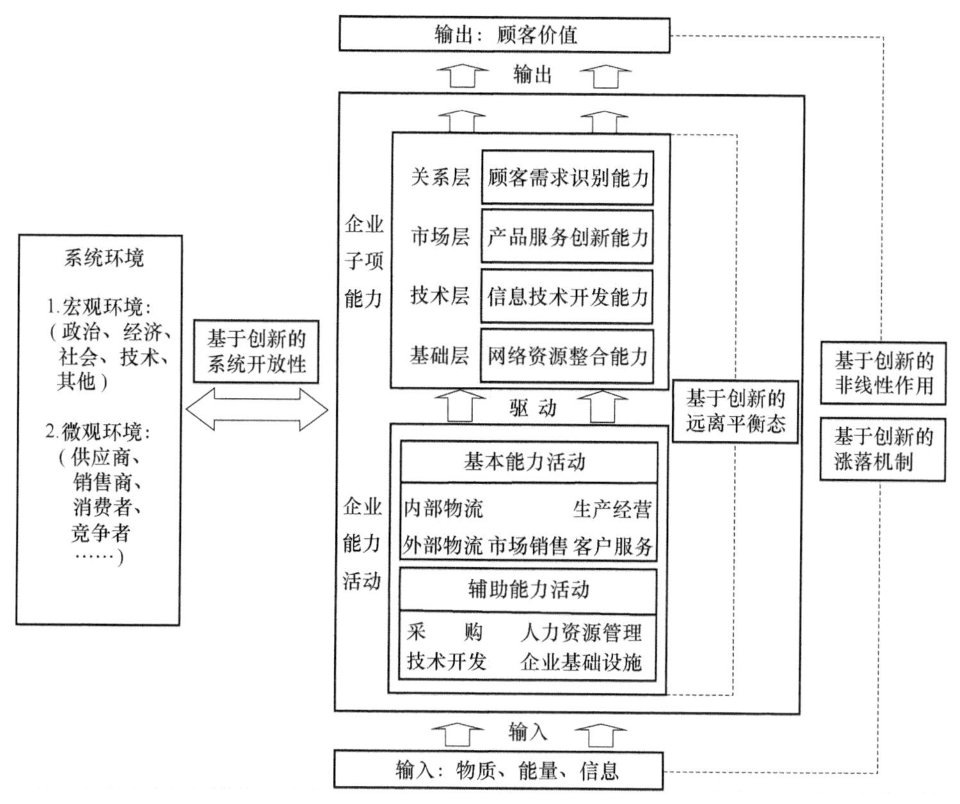

图 4-2　基于耗散结构的企业能力框图

企业能力活动奠定了企业子项能力提升的能力基础。随着中国电信运营商外部的政治、经济、社会、技术、文化和竞争环境不断发生变化，国家在 2008 年对中国电信运营商进行了行业重组，通过 3G 牌照许可制度，重新配置了电信运营商的经营资源，导致中国电信产业的竞争环境发生了巨大变化。面对这一新形势，一方面电信运营商需要加快外部环境的监测力度，不断根据外部环境调整经营战略；另一方面电信运营商需要在内部重新配置企业的能动型资源和非能动型资源，并在能动型资源作用于非能动型资源的同时促进电信运营商企业能力的提升，使得企业的辅助能力活动（采购、技术开发、人力资源、基础设施）不断巩固，从而促进基本能力活动（内部物流、生产经营、外部物流、市场销售、客户服务）的增强。

企业子项能力形成了企业能力良性演进的基础。电信运营商的生存和发展要从"以顾客需求为导向"的外部市场机制和"以企业能力提升为导向"的内部运行机制两个维度进行分析。在市场竞争日趋激烈的中国电信产业中，电信运营商面临着两个基本的问题：一个是电信运营商向顾客提供什么样的产品或服务；另一个是电信运营商如何提供有持续竞争优势的产品或服务。前者问题的实质是电信运营商如何准确识别顾客需求，并围绕顾客需求进行产品服务创新，在产品或服务供给与市场消费需求之间形成默契，该问题反映的是电信运营商对市场的顾客需求识别能力。后者问题的实质是电信运营商如何开发出满足顾客需求的信息服务，即研究电信运营商如何围绕顾客信息服务需求进行横向的产品服务创新和纵向的信息技术开发，如何配置内部资源、优化内部资源，整合企业上下游的网络资源，面向市场提供具有顾客价值的信息服务，该问题体现了电信运营商的产品服务创新能力、信息技术开发能力和网络资源整合能力，是企业的管理机制、动力机制。最终建立起“顾客需求识别—产品服务创新—信息技术开发—网络资源整合”的良性循环路径。根据系统论的观点，电信运营商与市场之间的“顾客需求输入—信息服务输出”这一循环是电信运营商企业小系统与社会大系统之间的必然联系，电信运营商在这一循环中得以生存和发展，社会在这一循环中获得信息服务，顾客的消费需求得到满足。具体来讲，为了应对行业领先新技术和行业竞争新格局，电信运营商需要依赖现有的客户服务渠道和服务营销渠道，通过顾客需求识别能力来不断识别日趋差异化和个性化的顾客信息需求。一方面，通过对公众消费者的信息服务需求进行深入分析，利用企业的产品服务创新能力，设计和开发高顾客价值的信息服务来满足公众顾客需求；另一方面，通过对行业顾客的信息化需求分析，利用企业的信息技术开发能力，定制开发个性化的行业解决方案来满足行业顾客需求，电信运营商从横向、纵向两个层面解决电信产业的普遍顾客需求和行业顾客需求。与此同时，企业还通过整合产业上下游网络中利益相关者的资源，提高外部网络资源的效率，一方面支撑企业能够生产和销售出高顾客价值的产品或服务，另一方面从更广阔的网络资源平台，培育企业再次识别和发掘顾客需求的能力，最终形成了企业和市场之间的良性正向循环。

关于企业能力与顾客价值之间的关系，本书认为，一方面顾客价值是构建企业能力的基点。企业能力是一种能为企业进入各类市场提供潜在机会，能够借助最终产品为所认定的顾客利益做出贡献而且不易为竞争对手所模仿的能力。企业只有将能力用于满足消费者的种种欲望和需求，社会才会把创造财富的资源交给企业。企业能力不仅在于技术研发、营销资源、企业文化等方面，更在于它能提供多少顾客价值，如何将资源最大限度地转化为顾客价值并提供给顾客，这将是企业构筑企业能力的基点。另一方面企业能力是实现顾客价值的平台。企业是否能够为顾客提供更多的价值主要依赖于企业自身拥有的能力大小。企业只有拥有了强大的企业能力，才能为顾客提供更好的顾客价值。如果一个企业的核心能力不强或者能够被竞争对手轻易模仿其产品或被其他企业取代，那么该企业所服务的目标市场顾客也会被竞争对手轻易所吸引，这样企业赖以生存的基础就不复存在。只有企业具有相当强的企业能力时，才能够在该平台上为顾客提供更加独特的顾客价值，企业才能够得以生存和发展。

4.2　企业能力演进机理

4.1 节多角度、分层面地构建了基于耗散结构的企业能力框图。本节首先阐述企业能力演进的一般规律；然后分别运用能力熵函数和负熵函数解释企业资源效能递减和递增问题，并提出相应的解决思路；最后提出基于熵的企业资源效能函数，通过阐述企业的能力熵（S_i）、负熵（S_e）和企业资源效能（Y）三者之间的定量关系，解释基于能力熵和负熵的企业能力演进机理。

4.2.1　企业能力演进的一般规律

企业能力是一个由企业辅助能力活动支撑企业基本能力活动为基础，企业子项能力驱动顾客价值，以创新顾客价值为目标而组成的系统集合。企业能力是稀缺的、难以模仿和替代的，是企业经过长期的创新学习和经验惯性而积累形成的。企业能力的演进来源于三个阶段：创新学习、经验惯性和管理衰退。其中，创新学习是企业保持竞争优势的原动力，企业通过知识学习和吸收创新而形成能力，该阶段的企业资源效能（Y）会随着时间（t）的推移而递增；经验惯性是企业能力形成的基本途径，它通过对经验的积累和执行而形成企业能力的成长，该阶段的企业资源效能（Y）会随着时间（t）的推移而递增；管理衰退是指企业自身过分强化和依赖原有组织惯性行为，导致企业僵化执行原有惯性行为而无法适应环境变化，从而造成企业的资源配置效率降低，引起企业能力演进的停滞甚至衰退，该阶段的企业资源效能（Y）将随着时间（t）的推移而递减。与此同时，企业将面临下一轮的再创新学习、再经验惯性和再管理衰退的周期循环。具体来讲，企业的辅助能力活动对基本能力活动的支撑保障，以及企业能力活动对企业子项能力的驱动，企业子项能力推动实现顾客价值等，这些关键环节都是经过前期的创新学习、长时期的经验惯性而形成的企业能力，这些过程非常注重将企业的日常流程转化为经验积累，将实践经验形成组织执行惯性，并在一定条件下转化成企业能力，这一切构成了企业能力演进的能力基础。随着时间（t）的推移，企业的外部环境发生了巨大变化，企业原有经验管理模式和执行惯性无法满足市场和顾客需求时，甚至由于组织惯性的僵化执行而导致企业资源效能（Y）降低，引发企业能力演进的停滞或衰退，此时的企业就要充分利用与外部环境交互的机会，将外部先进的知识和经验进行学习、消化、吸收、再创新，提高企业能力活动驱动企业子项能力的资源利用效果，最终二次形成基于创新学习和经验惯性的企业能力。经过上述过程，企业就经历了“创新学习—经验惯性—管理衰退—再创新学习”的周期演进。但在不同的条件下，不同时期暂时的主导作用导致了企业资源效能（Y）或上升或下降，从而使企业的演进轨迹呈现出如图 4-3 所示的曲线。

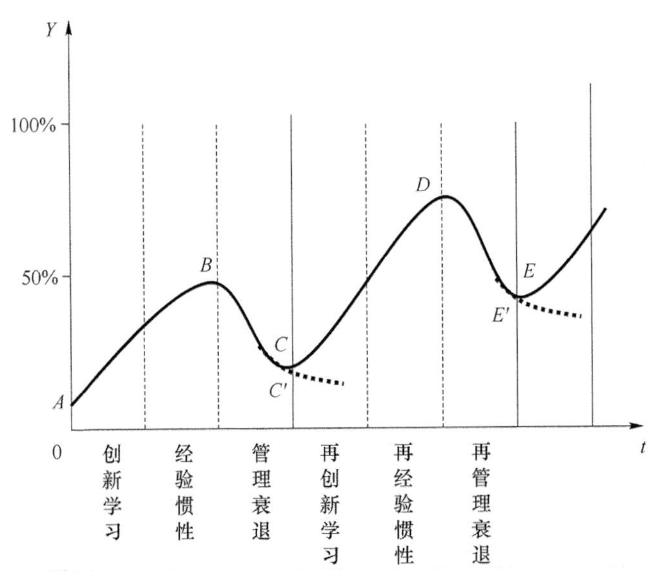

图 4-3　企业能力演进规律示意图

企业处于不同的发展阶段，企业资源效能(Y)会随着时间(t)的推移而变化，那么企业能力为何会沿着这样的路径演进呢？企业资源效能(Y)、熵(S)与时间(t)是何关系呢？这背后的深层动因是什么呢？本书借助热力学的耗散结构理论来阐释这一问题。

普利高津于 1969 年提出熵不仅是一个状态量，也是一个迁移量，提出了"耗散结构理论"。该理论研究了系统有机结构的形成机制，并指出在远离平衡条件下可能形成的结构称为"耗散结构"，它通过在非平衡条件下能量和物质交换而形成和维持(Prigogine，1969)。具体来讲，这是指当体系处于非平衡状态时，通过体系与外界进行能量和物质交换而形成和维持的一种稳定化了的宏观体系结构，即在非平衡态下宏观体系的自组织现象。普利高津(Progogine，1969)用熵变方程解释了耗散结构理论，即在热力学系统中，开放系统的总熵变(Entropy Transition) $\mathrm{d}S=\mathrm{d}S_i+\mathrm{d}S_e$。其中，$\mathrm{d}S_i$ 表示由系统内部不可逆过程引起的熵产生，叫作熵变，$\mathrm{d}S_i$ 不能小于零(熵增加原理)；$\mathrm{d}S_e$ 表示在热力学系统中，开放系统与外界环境进行能量、物质和信息交换时引起的熵交换，叫作熵流。类比而言，在企业中也存在类似的耗散结构。具体来讲，孤立企业的能力熵(S_i)随着时间(t)的推移而递增，但企业资源效能(Y_i)随着能力熵(S_i)的递增而递减，企业能力从有序演进到无序演进，而最终走向衰退，它揭示了企业资源效能递减的原因；而当企业与外界交换引起的熵流($\mathrm{d}S_e$)不仅可以抵减熵变($\mathrm{d}S_i$)，而且还可以使企业能力的总熵变($\mathrm{d}S$)小于零，亦即开放企业能力的熵(S)随着系统与外界交换引起的净负熵流($\mathrm{d}S_e<0$)流入强度的增加而递减。鉴于此，就代数值而言，开放的企业与外界熵交换所引起的负熵($S_e<0$)随着时间(t)推移而递减，企业资源效能

(Y_e)随着负熵(S_e)的递减而递增,这说明企业在一定条件下将实现无序演进向有序演进、较低的有序向较高的有序的变化,形成一个充满生机的、稳定有序结构的规律性,它揭示了企业资源效能递增的原因,也从理论上证明了企业外部影响因素的重要性。

在任一时刻,当企业符合耗散结构条件时,企业资源效能(Y)随着企业的熵(S)的递增而递减,两者呈负相关关系。以上关系阐述可用公式(4-1)表示。

$$Y = e^{-S} \tag{4-1}$$

式中,Y 表示企业资源效能;S 表示企业的熵。

本书通过耗散结构的概念来分析企业能力演进规律(图 4-3)如下。

(1) 若企业与外部交换所引起的负熵(S_e)流入强度大于内部的不可逆过程引起的能力熵(S_i),即 $|S_e| > |S_i|$,那么企业能力的有序演进趋势大于无序演进趋势,总趋势是走向有序化演进,企业能力的演进处于创新学习阶段和经验惯性阶段(图 4-3:从 A 点到 B 点,或从 C 点到 D 点),则企业会形成一个较以前更加复杂、更加规范有序、充满活力的能力耗散结构。就如同生物进化一样,复杂、有序、高效是其进化的方向。

(2) 若企业内部的能力熵(S_i)大于企业与外部交换引起的负熵(S_e),即 $|S_i| > |S_e|$,那么企业能力的无序演进趋势大于有序演进趋势,总趋势是走向无序化演进,企业能力演进处于管理衰退阶段(图 4-3:从 B 点到 C 点,或从 D 点到 E 点)。当企业能力演进处于 C 点或 E 点时,企业自身过分强化和依赖原有组织惯性行为,导致企业僵化执行原有惯性行为而无法适应环境变化,从而造成企业资源效能降低,导致企业能力演进的停滞甚至衰退。这时的企业便到了必须采取措施的时候了,企业应马上检查企业能力活动或企业子项能力有无潜在加大能力熵(S_i)的弊端,阻止或延缓能力熵增。另外,企业应该立即加强与外界交换负熵(S_e),尤其要大力引进对负熵产生积极影响的因素,使企业的资源利用效果得以保持或提升,实现企业资源效能从 C 点到 D 点,或从 E 点向更高演进的路径前进,从而促使企业更快走向发展和繁荣。否则,企业资源效能将滑向更低(图 4-3 中的 C'点或 E'点),直至企业经营的最终失败。

企业能力演进正是在资源效能递增和资源效能递减这两个规律的复杂交互影响下共同作用的结果。当负熵起主导作用时(图 4-3:从 A 点到 B 点,或从 C 点到 D 点),即在企业的创新学习阶段,企业将外部先进的知识和经验学习、消化、吸收、再创新取得的实效形成能力;在企业的经验惯性阶段,企业将日常流程转化为经验积累,将实践经验形成组织执行惯性转化成能力,使得企业与外部环境交换的负熵发展,使企业资源效能递增,企业组织将从兴起走向繁荣;当能力熵起主导作用时(图 4-3:从 B 点到 C 点,或从 D 点到 E 点),即在企业的管理衰退阶段,企业执行的僵化流程和实践惯性阻碍了企业的资源利用效果,使得企业的能力熵不断增大,此时的企业应该通过及时优化企业能力活动和企业子项能力的资源配置,提升企业资源利用效果,加强与外部环境进行必要的物质、能量和信息交换,使得企业的不同能力层次之间、同能力层次的各能力活动之间以及同能力层次各子项能力之间的资源利用效果得到提升，避免企业资源效能滑向更低效率（图4-3中的C'点或E'点）。由此可见，企业资源效能正是在负熵与能力熵的交互影响、相互作用下，进入了创新学习—经验惯性—管理衰退—再创新学习的周期演进循环圈，伴随的是企业能力演进成更高层级的企业能力，并一直持续演进下去。

4.2.2 基于能力熵的企业资源效能递减

法国物理学家克劳修斯在《热的唯动说》一书中，首次提出一个新的物理量、一个新的态函数——熵。他发现，如果一个物体的绝对温度为T，给该物体加热ΔQ，该物体增加的熵为$\Delta S=\frac{\Delta Q}{T}$。$\Delta S$表示吸进热量之后，物体的熵$S_2$与吸进热量之前的熵$S_1$之差，或表示$\Delta S=S_2-S_1$（Clausius，1865）。

能力熵（S_i）的数学模型建立如下。

1. 模型假设条件

(1) 企业是一个孤立系统，不与外部环境进行能量、信息和物质的交换。

(2) 企业内存在能量差异，处于一种不平衡状态。

2. 数学模型的表示方法

$$S_\mathrm{i}=\sum_{i=1}^{n}K_iS_{\mathrm{i}i} \tag{4-2}$$

式中，i为影响企业能力熵的各种因素，如采购、市场销售、客户服务等企业能力活动，或顾客需求识别能力、产品服务创新能力等企业子项能力；K_i为企业在特定时期时，第i个影响因素的权重；$S_{\mathrm{i}i}$为孤立系统中第i个影响因素所产生的熵值。

玻尔兹曼（Boltzmann，1872）把熵和概率论联系起来，提出著名的关系式：

$$S=K\ln\Omega \tag{4-3}$$

式中，Ω是系统的微观状态数；S是个宏观量，而微观状态数Ω是描述微观运动状态的热学概率。其中，微观状态数的多少反映了系统混乱度（或无序度）的大小，熵增加的过程是系统混乱度（无序度）增大的过程：熵小意味着系统混乱度小，熵大意味着系统混乱度大。玻尔兹曼揭示了熵的本质：熵代表了一个系统的混乱程度。相类比，我们可以用熵（S_i）来度量在企业具有能量差异的不同能力层次之间，或者同一能力层次的多能力活动之间，或者同一层次的多子项能力之间的相互作用过程中，企业内部的物质、能量与信息随着时间（t）推移，由于熵增的不可逆特性而产生的资源利用损失，即熵（S_i）是一个度量孤立企业的资源利用效果混乱状态的函数。根据玻尔兹曼（Boltzmann，1872）关系式，本书提出企业的影响因素与熵的关系如下：

$$S_{\mathrm{i}i}=-K_{\mathrm{BI}}\ln P_i \tag{4-4}$$

式中，K_{BI}是能力熵的经验系数，在本书研究的电信运营商的特定行为中，假设K_{BI}为每增加单位成本投入所能够带来的企业资源效能产出；P_i 为第 i 个企业影响因素所影响熵值变化的概率。

由式(4-2)、式(4-4)可求出企业能力熵(S_i)。企业的熵增过程是企业逐渐由有序状态向无序状态演变的过程。熵增定律的核心就是不可逆性，这种不可逆性是指无论何种初始条件的企业能力熵(S_i)随着时间(t)的推移会越来越大，系统状态越来越混乱，走向越来越无序的方向，最终走到终极高熵态(杰里夫，1987)，此过程可由图 4-4 表示。

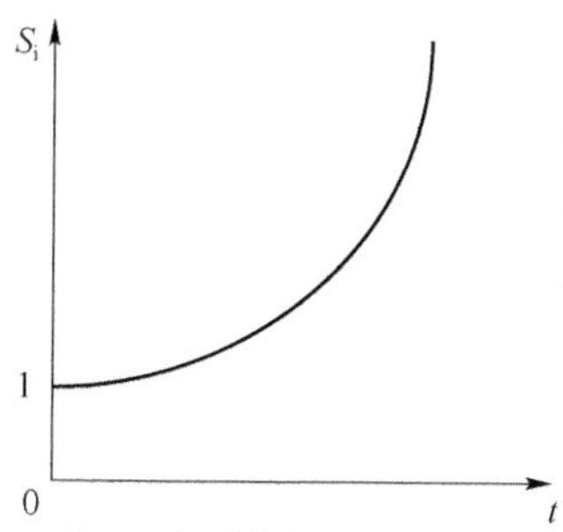

图 4-4　企业能力熵增示意图

3. 企业资源效能递减定律的表示方法

由图 4-4 可知，企业能力熵(S_i)是随时间(t)的推移而逐渐增加的，而企业资源效能(Y_i)会随着企业能力熵(S_i)的递增而递减。用如下公式定义：

$$Y_i = e^{-S_i} \tag{4-5}$$

式中，S_i 表示企业的能力熵；Y_i 是基于能力熵(S_i)的企业资源效能。此时，企业资源效能(Y_i)就随着能力熵(S_i)的递增而递减。则式(4-5)的对应的图形如图 4-5 所示。

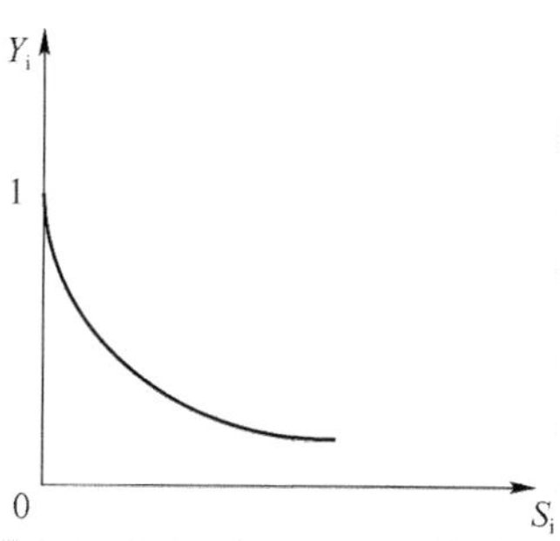

图 4-5　企业资源效能递减示意图

式(4-5)是用数学表达式描述企业资源效能(Y_i)将随着能力熵(S_i)的递增而递减，该过程揭示了企业的各个能力层次之间、同能力层次的各能力活动之间以及同能力层次的各子项能力之间的企业资源效能递减趋势，从而找到了企业资源效能降低的根本原因，这为解决企业资源效能降低提供了一种思路：通过延缓企业能力熵(S_i)的增加速度来提升企业资源效能。

4. 影响企业能力熵的因素

本书认为影响企业能力熵的因素主要包括企业能力活动引起的能力熵和企业子项能力引起的能力熵。

(1) 企业能力活动引起的能力熵。企业能力活动是企业的基础层，是影响能力熵的重要因素之一。在辅助能力活动中，企业关于采购、技术开发、人力资源和企业基础设施管理方面都有明确的规章制度，在初始时是有效的，随着时间的推移，辅助能力活动的支撑保障效率开始下降，并且制约了基本能力活动资源效能的发挥。在这个从有效到无效的过程中，企业内部的能力熵将逐渐增加。在基本能力活动中，企业在初期时，建立内部流程，提升企业外部物流、内部物流、生产经营、市场销售和客户服务等能力活动的效率，并取得了显著的效果。随着时间的推移，企业的组织架构无法满足企业战略目标的实现时，将导致企业基本能力活动的各能力活动间的相互作用产生内耗，合作效率大大降低，这一过程进一步加速了能力熵增加。由此可见，在孤立的企业中，基本能力活动(内部物流、生产经营、外部物流、市场销售和客户服务)和辅助能力活动(采购、技术开发、人力资源管理和企业基础设施)都将随着时间(t)的推移，存在着企业能力熵增的规律。

(2) 企业子项能力引起的能力熵。企业子项能力是企业的驱动层，也是影响能力熵的重要因素之一。顾客需求识别能力一方面由于信息系统支撑效率的下降导致需求识别能力下降，另一方面由于信息反馈渠道过长，节点过多，信息在传递过程中耗损和扭曲，影响需求信息的有效性、真实性和及时性；产品服务创新能力由于需求调查与技术开发部门的脱节，使得简单的新产品始终无法推向市场和消费者；信息技术开发能力由于创新奖励机制的缺位，影响信息技术研发进度，无法满足行业顾客的信息化解决方案需求；网络资源整合能力由于企业缺乏整合利益相关者的资源和经验，企业间的合作成本居高不下。由此可见，四项企业子项能力的发展与环境发展的要求不同步，与组织战略定位不同步，最终会导致孤立的企业能力熵增规律。上述企业能力活动和企业子项能力的诸多方面对企业的不利影响都在不同程度地存在着。孤立的企业能力熵将随着时间的推移而递增，企业资源效能将会随着能力熵的递增而递减，因此，企业应该通过提升企业资源效能的方式来达到延缓能力熵增的目的。

4.2.3 基于负熵的企业资源效能递增

耗散结构理论是普利高津教授在1969年提出的，即在远离平衡条件下可能出现的结构称为“耗散结构”，它通过在非平衡条件下能量和物质交换而形成和维持(Prigogine,1969)，故耗散结构只可能出现在总熵变为净负熵流的开放系统中(湛垦华,1979)。本书将耗散结构理论引入企业，指出负熵(S_e)是指度量开放的企业不断从外部环境交换能量、物质和信息，从而使企业的各个能力层次之间、同能力层次的多能力活动之间以及同能力层次的各子项能力之间的非线性作用让内部的有序度增加大于自身无序度增加的程度。

负熵(S_e)的数学模型如下。

1. 模型假设条件

(1) 企业是远离平衡态的开放系统。

(2) 企业的各能力层次之间、同能力层次的各能力活动之间以及同能力层次的各子项能力之间存在着非线性的相互作用。

(3) 企业同外部环境之间不断进行能量、信息和物质的交换。

2. 数学模型的表示方法

$$S_e = \sum_{j=1}^{m} K_{ej} S_{ej} \tag{4-6}$$

式中，j 为影响企业与外界熵交换所引起负熵(S_e)的第 j 个因素，如企业从外部交换的新政策环境、新技术环境、新经济环境、新供应商、新消费者等因素；K_{ej} 为企业与外界熵交换所引起负熵(S_e)的第 j 个因素的权重；S_{ej} 为第 j 个影响因素所产生负熵(S_e)的值。

同理，借鉴玻尔兹曼(Boltzmann，1872)关系式，用熵(S_e)来度量一个开放的企业不断从外部环境交换能量、物质和信息，从而使企业的各个能力层次之间、同能力层次的多能力活动之间以及同能力层次的各子项能力之间的非线性作用让企业内部的有序度增加大于自身无序度增加的程度，如基于耗散结构的电信运营商。衡量开放的企业与外部环境的交换所能给企业带来的企业资源效能，本书提出：

$$S_{ej} = K_{BE} \ln P_{ej} \tag{4-7}$$

式中，K_{BE}是开放企业负熵的经验系数，在本书研究的电信运营商的特定行为中，假设K_{BE}为每增加单位成本投入所能够带来的企业资源效能产出；P_{ej}为企业第 j 个影响因素所影响熵值变化的概率。

由式(4-6)和式(4-7)可计算出在企业与外界熵交换所引起的负熵(S_e)中各影响因素所产生的熵值。企业资源效能(Y_e)随着负熵(S_e)流入强度的增强而递增，故企业资源效能(Y_e)与负熵(S_e)($S_e<0$)呈负相关关系。用如下公式定义：

$$Y_e = e^{-S_e} \tag{4-8}$$

式中，S_e 表示企业与外界环境熵交换而引起的负熵；Y_e 是基于企业负熵(S_e)的企业资源效能。此时，企业资源效能(Y_e)随着负熵($S_e<0$)的递减而递增，企业资源效能(Y_e)与自变量负熵($S_e<0$)呈负相关关系。则式(4-8)对应的图形如图 4-6 所示。

式(4-8)描述了企业负熵(S_e)的强增效应，揭示了外部环境因素在企业失衡的情况下，随着时间推移，企业资源效能(Y_e)将随着与外部环境的负熵(S_e)流入强度的增加而递增的过程。这不仅证明了与外部环境的负熵(S_e)是企业能力良性正向演进的关键因素，而且也证明了企业内外互动的重要性。这为企业资源效能提升提供了思路：通过强化企业与外部环境的负熵（S_e）的流入强度来提升企业资源效能。

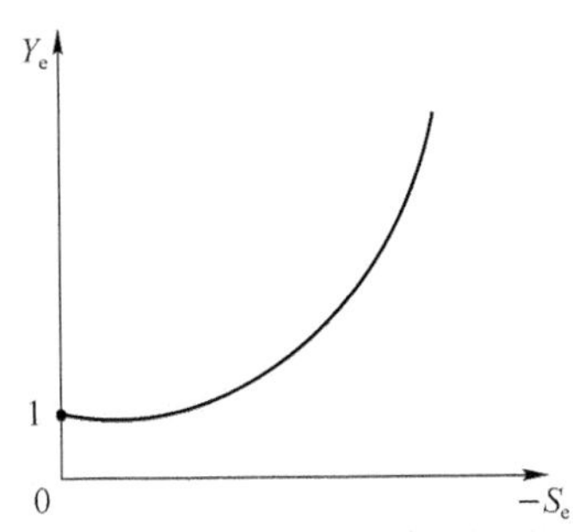

图 4-6　企业资源效能递增示意图

3. 影响企业负熵的因素

本书认为负熵（S_e）是指度量开放的企业不断从外部环境交换能量、物质和信息，从而使企业的各个能力层次之间、同能力层次的多能力活动之间以及同能力层次的各子项能力之间的非线性作用让内部的有序度增加大于自身无序度增加的程度。企业通过与外界环境实现物质、能量和信息的交换，从而实现企业与外界熵交换而带来负熵，这为企业的发展和演进提供了基本的支撑保障作用。外界环境的宏观环境和微观环境是企业熵交换所引起负熵的主要来源。有利的外界环境因素能够给企业带来良好的发展机会，例如，稳定的社会政治环境、良好的经济环境、快速进步的技术环境是企业发展的基础条件；基于合作的企业供应链上下游环境将大大节约企业间的交易成本，为企业的发展创造了双赢发展的基础；面向稳定的消费顾客群的价值营销将大大提升营销效率；面向激烈的市场竞争将大大提升企业集约化管理效率，基于顾客价值的企业竞争为企业提供了发展动力等，这些外部环境因素将增强企业的负熵强度。反之，动乱的社会政治环境、不稳定的经济环境、停止不前的技术环境阻碍了企业发展，基于自身利益最大化的供应链合作、基于恶性竞争的企业竞争等外部环境的不利因素将会抵减企业的负熵。企业能力演进是一个以企业能力活动为支撑基础，企业子项能力驱动顾客价值不断提升与完善的过程。这一提升过程需要各项企业能力活动支撑准确的顾客需求识别能力、动态的产品服务创新能力、专业的信息技术开发能力、持续的网络资源整合能力，最终促进了围绕顾客价值创新的企业能力演进，演进的企业子项能力是企业增强负熵的最直接手段。不同的企业能力活动对于支撑不同的企业子项能力具有不同的作用。例如，客户服务能力为顾客需求识别能力提供了包括自主营业厅、社会渠道合作网点、10086 客户服务热线和电子互动渠道等在内的顾客需求信息收集渠道；技术开发能力活动是信息技术开发能力实现的条件，电信运营商立足于通过客户服务渠道收集的行业顾客需求，配置企业的纵向信息技术开发资源和能力，开发适合该类行业顾客的增值信息、增值业务和数据业务，通过信息技术开发能力实现行业顾客战略意图；电信运营商的基础管理能力活动和供应链管理能力是网络资源整合能力实现的前提等。反之，如果不进行周密的市场调查与分析，企业能力活动不能够支撑企业子项能力的演进。例如，采购的原材料质量不能够满足企业产品服务创新能力的需要，那么开发出来的产品或服务不能具备较高的顾客价值，不能产生应有的社会经济效益。这种能力活动不仅不能促进企业负熵流的输入，反而影响企业能力的良性演进，影响企业的生存和发展。企业需要从外界环境交换的熵流（dS_e）来抵消体系内部由于不可逆过程而产生的熵变（dS_i），只有满足了总熵变为负值的条件，才能符合耗散结构的条件与特征，才谈得上企业能力的演进与发展。

4.2.4　基于熵函数的企业能力演进机理

企业能力是一个由企业辅助能力活动支撑企业基本能力活动为基础，企业子项能力驱动顾客价值，以顾客价值为目标而组成的系统集合。企业资源效能在能力熵（S_i）与负熵（S_e）的交互影响、相互作用下，其演进符合“创新学习—经验惯性—管理衰退—再创新学习”的周期演进规律特征。本书针对符合能力耗散结构的企业，基于熵函数进行企业能力演进机理阐述。由式(4-5)可知，企业资源效能（Y_i）随着企业能力熵（S_i）的增加而递减，两者呈负相关关系；由式(4-8)可知，当企业符合耗散结构条件时，企业资源效能（Y_e）随着企业负熵（S_e）流入强度的增强而递增。从代数值意义看，企业资源效能（Y_e）与负熵（$S_e<0$）呈负相关关系。以上关系阐述可用公式(4-9)表示。

因为

$$Y=e^{-S},\ Y_i=e^{-S_i},\ Y_e=e^{-S_e}$$

所以

$$\begin{aligned}&Y_i \cdot Y_e\\&=e^{-S_i}\times e^{-S_e}\\&=e^{-(S_i+S_e)}\\&=e^{-S}\\&=Y\end{aligned}\tag{4-9}$$

式中，Y 是指基于企业熵（S）的企业资源效能；Y_i 是指基于企业能力熵（S_i）的企业资源效能；Y_e 是指基于企业与外界熵交换所引起的负熵（S_e）的企业资源效能；能力熵（S_i）是指孤立的企业在具有能量差异的不同能力层次之间，或者同一能力层次的多能力活动之间，或者同一层次的多子项能力之间的相互作用过程中，企业内部的物质、能量与信息随着时间（t）推移，由于熵增的不可逆特性而产生资源利用损失的度量；负熵（S_e）用来度量一个开放的企业不断从外部环境交换能量、物质和信息，从而使企业的各个能力层次之间、同能力层次的多能力活动之间以及同能力层次的各子项能力之间的非线性作用，让系统内部的有序度增加大于自身无序度增加的程度。企业资源效能（Y）随着自变量能力熵（S_i）、负熵（S_e）的变化而变化。

当企业符合耗散结构条件时，式(4-9)的对应图形如图 4-7 所示。图 4-7 是基于熵的企业能力演进三维图，该图表示了企业能力熵(S_i)、负熵(S_e)和企业资源效能(Y)三者之间的关系。

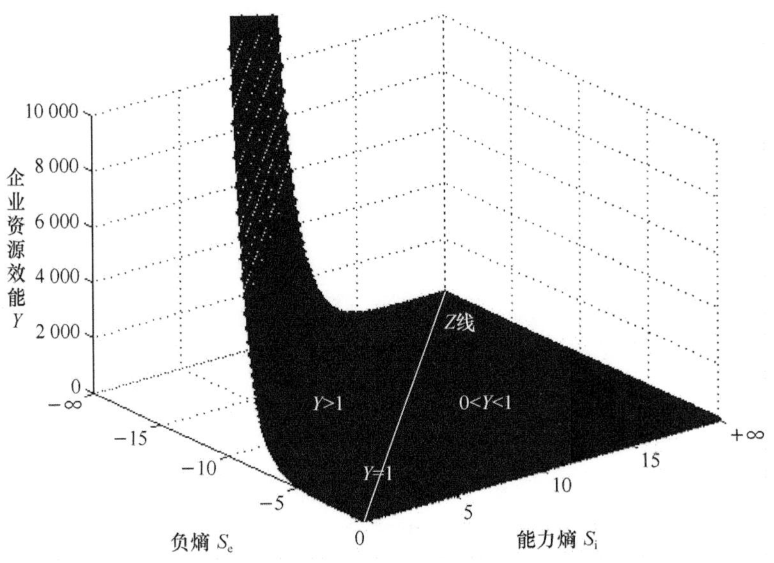

图 4-7　基于熵的企业能力演进三维图

通过图 4-7 可以看出，企业资源效能(Y)随着能力熵(S_i)的递增而递减，两者呈负相关关系；企业资源效能(Y)随着负熵(S_e)的递减而递增，两者呈负相关关系，故企业资源效能(Y)与熵(S)呈负相关关系。若$|S_e|>|S_i|$，表示负熵绝对值大于能力熵(熵 $S<0$)，企业资源效能大于 1(处于 $Y>1$ 区域)。这表示外界环境变量的改变或企业的主动变革使得企业更加适应环境的变化，企业与外界交换的负熵(S_e)的流入强度大于内部能力熵(S_i)，使企业资源效能较原来有一个大的突变，从而使企业资源效能有序向上演进。若$|S_e|=|S_i|$，表示负熵等于能力熵(熵 $S=0$)，企业资源效能为 1($Y=1$)。这表示企业内部和外部环境的作用相对稳定，企业不能获得足够的资源和能量进行扩展，只能维持现有稳定状态，即企业资源效能稳定在 Z 线路径。若$|S_e|<|S_i|$，表示负熵绝对值小于能力熵(熵 $S>0$)，企业资源效能小于 1(处于 $Y<1$ 区域)。这表示企业面临的外部环境更加恶劣，企业不能够适应外部环境的发展，企业能力熵(S_i)大于与外界交换的负熵(S_e)，致使企业有序度降低，企业能力无法进行演进，直至被市场淘汰。

本书探究符合耗散结构条件的电信运营商，如何基于能力熵(S_i)与负熵(S_e)实现企业资源效能的阶跃演进，故将图 4-7 所示三维图投影至横坐标和纵坐标分别由负熵(S_e)与能力熵(S_i)组成的二维图中，如图 4-8 所示。

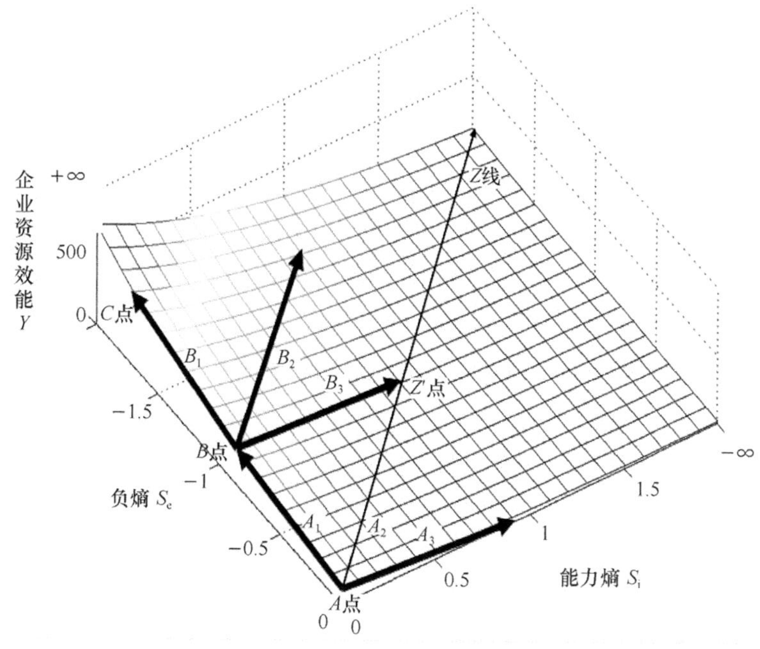

图 4-8　基于熵的企业能力阶跃演进示意图

为了探求基于熵的企业能力演进机理，本书在投影图中取自变量(能力熵 S_i、负熵 S_e)绝对值之间的差值为最大值时所对应的企业资源效能(Y)变化情况。当 $S_i=0$，$S_e=0$，$Y=1$，即 A 点时，企业能力系统有 N 种路径发展，我们选取最有代表性的三种路径(A_1 线、A_2 线、A_3 线)。

1. 企业能力的第一次阶跃演进

首先，第一种路径 A_1 线表示熵值为负(即 $|S_e|>|S_i|$)，而且 $|S_e|-|S_i|$ 的差值在 A_1 线与 A_2 线夹角的投影范围内取值最大。外界环境变量的改变或企业的主动变革使得企业更加适应环境的变化，企业与外界交换的负熵(S_e)大于内部能力熵(S_i)，使企业资源效能较原来有一个大的突变，从而使企业有序发生一次阶跃演进。其次，第二种路径 A_2 线表示熵值为零(即 $|S_e|=|S_i|$)。企业内部和外部环境的作用相对稳定，企业不能获得足够的资源和能量进行扩展，只能维持现有稳定状态，沿 A_2 线路径演进。最后，第三种路径 A_3 线表示熵值为正(即 $|S_e|<|S_i|$)，而且 $|S_e|-|S_i|$ 的差值在 A_2 线与 A_3 线夹角的投影范围内取值最大。由于企业面临的外部环境更加恶劣，企业变得不能适应外部环境的发展，企业的能力熵(S_i)大于与外界交换的负熵(S_e)，致使企业有序度降低，企业无法进行演进，直至被市场淘汰。

2. 企业能力的第二次阶跃演进

若企业通过与外界交换足够的物质、能量和信息，或者通过加强内部管理，提升管

理效率，对企业进行有效的内部控制，使企业的负熵(S_e)大于能力熵(S_i)(即$|S_e|>|S_i|$)，则可促使企业正向演进，由A点到达B点。这时，企业资源效能随着能力熵(S_i)的递减而递增，随着负熵(S_e)流入强度的增强而提升。基于B点的诸多演进路径($B_1,B_2,B_3,\cdots,B_n$)表示形成了新的有序稳定结构。需要注意的是，当B_3线沿着路径进行演进，未来与Z线相交于Z'点(即$|S_e|=|S_i|$)时，企业能力系统在Z'点有可能向三种路径发展，演进原理如A点，此处不再赘述。

依此类推，随着企业熵值的变化，企业未来将出现第三个分叉点——C点，C点之后有$C_1,C_2,C_3,\cdots,C_n$等n个分叉，企业会遵循这种无限序列的分叉图进行演进，形成多种可能的有序稳定结构。A点、B点和C点是企业良性演进的过程点。企业如果按照A点—B点—C点的发展路线演进和阶跃，说明企业在经过创新学习、经验惯性积累后发生了可持续的演进，企业由低级有序的耗散结构到高级有序的耗散结构。反之，如果企业不采取变革，将越来越不适应环境的发展变化，最终会走向类似A_3(即$|S_e|<|S_i|$)的演进路径，企业将逐渐衰退，或者直至走向经营倒闭。

4.3 中国移动的企业能力演进历程

4.2节揭示了企业能力演进的周期规律性，即创新学习—经验惯性—管理衰退—再创新学习的周期演进循环圈，而且从能力熵函数和负熵函数的角度解释了企业能力的演进机理。本节定位于通过阐述中国移动2000—2018年的发展历程，归纳总结中国移动的企业能力演进发展历程。

中国移动2000—2018年的快速发展可分为以下四个阶段。

第一阶段：语音通信发展期(2000—2004年)。自2000年以来，随着移动通信技术的成熟和中国加入WTO后，中国电信产业通过重组改革抓住这一历史机遇实现电信产业的跨越性发展，以满足人民群众日益增长的通信服务需求。中国移动在这一历史时期通过移动通信全覆盖网络实现了手机客户的快速规模增长，满足了客户的语音通话需求。中国移动通过移动梦网计划实现了手机客户短消息服务的规模增长，满足了客户的信息沟通需求。这一时期是中国移动的企业能力形成期。

第二阶段：行业应用发展期(2005—2007年)。为了满足政府及企业的行业信息化应用需求，中国移动定位于移动信息化解决方案专家，通过挖掘行业信息化需求，提供行业信息化整体解决方案，实现企业的可持续发展。该时期是中国移动的企业能力增强期。

第三阶段：移动互联网发展期(2008—2011年)。互联网技术的发展从根本上提供了人人参与互联网发展和创新的机会，使各种互联网产品出现在手机桌面上，移动互联网的数据流量需求发生井喷，中国移动本身也被要求不断创新，推出符合用户需求的移动互联网新产品，自此中国移动的 3G 业务步入快速发展的轨道。该阶段是中国移动的企业能力升级期。

第四阶段：移动宽带发展期(2012—2018 年)。随着第四代移动通信技术(4G)的不断成熟，国内各电信运营商纷纷将目光盯向了决定未来发展的 5G 网络，中国移动在国内也已将 5G 规模试验网部署完毕，希望客户未来能够使用更加快捷的移动通信 5G 网络服务。该阶段是中国移动企业能力的二次发展期。

通过分析中国移动自 2000 年以来的成长历程，发现顾客的通信需求经历了语音及短消息通信阶段、行业应用发展阶段、移动互联网阶段和移动宽带阶段，而中国移动提供的资源要素也经历了由 2G 网络、2.75G 网络、3G 网络、4G 网络，向 5G 网络升级的企业能力演进逻辑，所以中国移动的资源要素增长相对于客户日趋增长的通信需求要素是适度超前、动态匹配、密不可分的。图 4-9 描述了中国移动以满足实现客户通信需求为出发点，以中国移动提供的资源要素与客户需求要素匹配的发展历程。

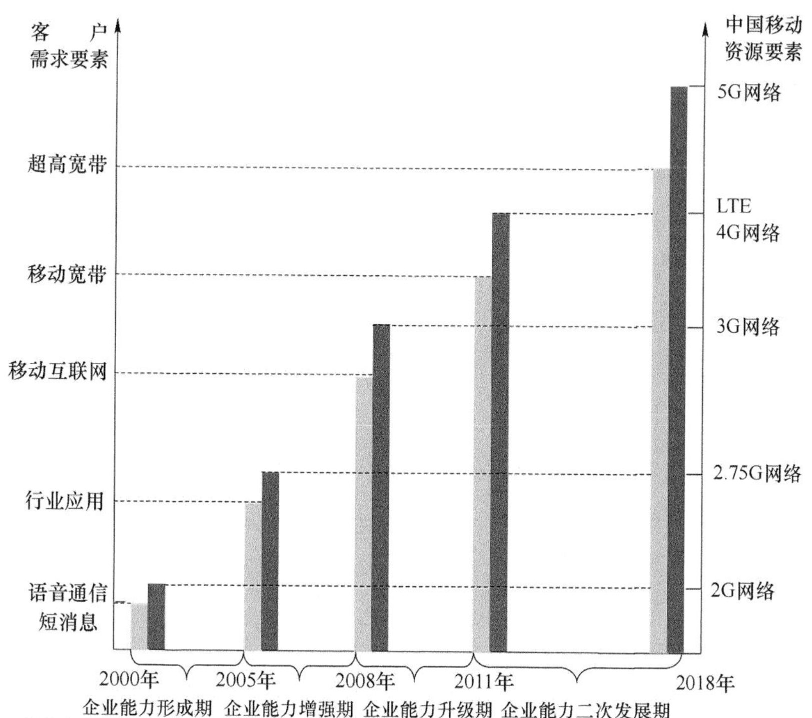

图 4-9　中国移动资源要素与客户需求要素匹配图

从中国移动的企业能力形成期(2000—2004 年的语音通信发展期)来看，随着中国移动通信集团于 2000 年 4 月挂牌成立，中国移动伴随着以下原因开始了语音通信时代。①移动通信技术的成熟。我国数字蜂窝移动通信系统的发展较晚，1993 年在浙江嘉兴建立了 GSM(Global System for Mobile)数字蜂窝移动通信试验网，1995 年下半年开始向大部分省、市开通 GSM 业务，并实现全国联网漫游。2000 年后成熟的移动通信技术使得业务发展迅猛，使我国建成了世界上最大的数字蜂窝移动通信网，移动用户数量已居世界第一。②外部竞争压力。随着全球经济一体化进程的加快，尤其是我国加入 WTO 后过渡期的结束，国内电信企业面临着要迎接实力雄厚、管理先进的国际竞争对手的挑战，所以中国移动需要按照世界一流企业的标准打造现代企业制度，加快发展的步伐以适应新形势的需求。③客户通信需求驱动。移动通信技术能够满足客户通信实时性、移动性的需求特点，从而使移动通信走入了千万百姓家，获得了快速的发展与增长。因此，从用户规模上看，中国移动的移动电话用户总数由 2000 年的 4 513 万户增长至 2004 年的 20 429 万户，增长率达到 353%；从用户通话量来看，中国移动的全年总通话分钟数由 2000 年的 1 251 亿分钟增长至 2004 年的 6 609 亿分钟，增长率达到 428%(摘自中国移动财务年报)。中国移动的发展速度创造了世界通信发展史上的奇迹。截止到 2004 年年底，中国移动已经实现移动通信网络覆盖 100%全国县(市)，主要交通干线实现连续覆盖，城市内重点地区基本实现室内覆盖，客户总数超过 2 亿户，与 206 个国家和地区的 271 个运营公司开通了 GSM 国际及我国港台澳地区漫游业务，与 101 个国家和地区的 93 个运营商开通了 GPRS 国际及我国港澳台地区漫游业务，国际及我国港澳台地区短信通达 106 个国家和地区的 214 家运营商，彩信通达 6 个国家和地区的 21 家运营商。由此可见，中国移动在 2004 年年底已建成一个覆盖范围广、通信质量高、业务品种丰富、服务水平一流的移动通信网络，网络规模和客户规模列全球第一。从短消息的信息应用发展来看，2000 年互联网泡沫破灭，大批的互联网公司倒闭，随后使互联网企业经营重返春天的是中国移动推出的“移动梦网”合作共赢商业合作模式。2000 年 9 月，中国移动在北京在提出“移动梦网计划”，邀请百家内容提供商(ICP)研讨商业合作模式。同年 11 月 10 日“移动梦网创业计划”正式发布，并以开放、合作、共赢的产业合作模式，第一次将终端厂商、应用软件提供商、内容提供商、网络运营商等互联网产业的各个环节有效地串在了一起，形成了一个紧密团结的利益共同体。中国移动的移动梦网计划极大地激发了互联网产业链各环节的活力，使中国巨大的短信市场呈现出井喷态势，并初步形成了移动信息类、移动互联类、移动商务类、移动定位类和移动交互类为主的五大类移动数据业务，使原本单一的移动通信业务向新闻、娱乐、游戏等信息应用业务演进，数据业务时代宣告来临。中国移动的短信业务自 2000 年的 4.4 亿条迅速发展到 2004 年 1 725.7 亿条，增长约 390 倍(摘自中国移动财务年报)。短信业务的成功主要有三大原因：计费简单，资费便宜；终端均支持；效率和个性化。这些特征能够满足客户的基本通信要求。从中国移动对国民经济的贡献来看，中国移动在 2001—2004 年所创造的价值在国内生产总值(GDP)的占比持续保持在 1.1%以上，同期对国民经济总需求的拉动保持在 2.2%以上。由此可见，中国移动在语音发展期的快速增长是企业能力形成的过程。

从中国移动的企业能力增强期(2005—2007 年的行业应用发展期)来看，经过数年的发展,移动通信服务已进入千家万户,广泛应用于经济、社会生活的各个领域。随着移动通信网络的全覆盖,移动通信技术促进行业信息化发展逐渐成为一个新的发展方向;另外随着竞争加剧、替代技术出现等因素,语音低值化已经成为不可逆转的趋势。根据微笑曲线理论(张辉,2004),电信运营商的高利润区集中于温特曲线的两端,一端是客户资源的掌控,另一端是创新与内容设计。所以电信运营商一方面要基于客户规模深入挖掘细分市场的价值,另一方面要通过业务和服务创新,定位于移动信息化解决方案专家角色,通过挖掘行业信息化需求,提供行业信息化整体解决方案,实现企业的可持续发展。行业信息化市场是一个蕴藏着巨大能力和创造无尽信息需求的资源市场,同时也是一个需要大量软硬件产品、解决方案和信息化服务的需求市场。为了给面向政府及企业的行业信息化综合应用提供更广泛、更深层的移动通信服务,一方面,中国移动在国家部委层面通过战略合作推动全国各专业口的信息化应用合作。例如,中国移动与农业农村部按照"政企联动,着眼长远,共同发展,实现共赢"的原则,签署了"共同推进农业农村信息化战略合作框架协议",大力推进以"农信通"为应用的农业行业信息化服务。中国移动与教育部本着"政企联动,优势互补,支持教育,战略共赢"的原则签署了战略合作框架协议,大力推进以"校讯通"为应用的教育行业信息化服务。另一方面,中国移动通过与各省(市)签署战略合作框架协议推动全国各省(市)的信息化应用合作。例如,中国移动分别与广东省、安徽省、北京市、天津市等省市签署信息化应用合作协议。中国移动将具有"移动性、个人性、实时性、安全性"优势的移动信息化解决方案推广至各行各业,促进了包括信息在内的各种资源的整合利用,提升了相关行业企业的效率和效益,使行业信息化应用在全国获得了蓬勃发展。例如,在政府部门,移动信息化提高了政府的办事效率,使公务人员出差在外也可处理公文,更重要的是通过"无线城市"项目将政府拥有的大量信息资源和百姓对信息的大量需求进行了对接,使得政府与百姓的距离拉得更近、政务更加透明、监督更加有力、措施更加便民。在警务系统,有了"移动警务通",公安人员通过手机就能够实现对人口、车辆、逃犯等信息的数据查询和管理,工作效率大大提高,社会安全指数随之上升。在煤炭行业,移动安全远程监控系统可对矿井主要扇风机的运行情况、瓦斯超限作业情况、瓦检员工作状态等事关煤矿安全的关键环节实施远程实时监控,并将相关数据实时传输到监测中心,有效提高了安全生产系数,降低了事故发生率等。所以,移动通信技术及业务在各行业的广泛应用,降低了经济运行成本,提高了经济增长质量,对经济发展产生间接的拉动作用。为了更好地推动行业信息化应用工作,中国移动还发布了集团客户业务统一标志——"动力100"。"动力100"从四个层面力助各行各业的信息化推进:一是"高效",中国移动将充分发挥强大的资源整合能力、专业的信息化服务,让公众感知政府的高效便民,协助政府快速推进社会信息化进程;二是"创新",中国移动将凭借整体解决方案的提供能力、个性化的定制服务、专业高效的支撑团队,力助企业应对信息时代的发展;三是"竞争力",中国移动将凭借灵活的产品组合能力、标准化且便捷低成本的服务，帮助企业提升信息化实力；四是“共赢”，中国移动将搭建开放、成熟的信息化合作平台，以合作共赢的商务理念，与合作伙伴共拓“信息化蓝海”。中国移动的行业应用信息化对于提升营运收入具有十分重要的作用。从收入规模上看，中国移动营运收入从 2005 年的 243 041 百万元增长至 2007 年的 356 959 百万元，增长率为 47%(摘自中国移动财务年报)。由此可见，中国移动在行业应用的快速发展期是企业能力增强的时期。

从中国移动的企业能力升级期(2008—2011 年的移动互联网发展期)来看，随着互联网技术的发展，为了实现“人人参与”的理念，互联网采用了“端到端透明性”的设计原则，这种“智能终端＋傻网络”的体系架构呈现出开放性、去中心化、对等性和公平性的技术特征，使用户拥有了更大的自主性和更广阔的创新空间，从根本上提供了人人参与互联网发展和创新的机会。从国内电信产业布局来看，随着中国工业和信息化部 2008 年 5 月宣布新的电信产业重组方案，形成了中国移动、中国电信和中国联通三家全业务电信运营商，并发放了第三代移动通信(3G)的经营牌照。与此同时，随着全球手机市场进入智能机时代，以安卓系统和 IOS 系统为代表的 3G 智能机引领的 App 模式，使各种互联网产品出现在手机桌面上，移动互联网的数据流量需求发生井喷，电信运营商本身也被要求不断创新，推出符合用户需求的移动互联网新产品，自此中国电信产业的移动互联网业务步入快速发展的轨道。中国移动在 2008 年启动了 3G 业务的试商用服务，在多个发达沿海城市推出了 TD 的一期试商用服务，并且还为几个主办或者协办奥运会的城市提供了先进的 3G 移动网络服务。而随着 TD 网络技术的不断成熟，用户认知度也在不断地提高，中国移动还专门针对自身的 3G 产业，打造了自己的品牌，即“G3”。并且还以“G3，引领 3G 生活”作为自己的宣传口号，以期能够令客户在体验和感知的过程中感到自己所受到的关注。中国移动依靠我国政府对 TD 的支持这一独有优势从而能够迅速、全面、深入地开展各方面的工作。截止到 2010 年 12 月，从移动互联网用户规模来看，全国网民数达到 4.57 亿，全国网民数比 2008 年增长 53%，其中移动互联网网民数达到 3.03 亿，占网民总数的 66.2%。中国移动的营运收入从 2008 年的 412 343 百万元增长至 2011 年的 527 999 百万元，增长率达 28%。从收入结构来看，中国移动的数据业务收入从 2008 年的 113 444 百万元增长至 2011 年的 139 330 百万元，增长率达 23%。其中无线上网业务流量从 2010 年的 1 433 亿 MB 增长至 2011 年的 3 614 亿 MB，增长率达 152%。从 3G 用户占比来看，截止到 2011 年年底，中国移动拥有 TD 用户达到 5 121 万户，占全国 3G 用户的 47%(摘自中国移动财务年报)。从移动互联网应用来看，搜索引擎成为网民第一大应用，搜索引擎使用率首次超过了网络音乐；商务类应用用户规模继续领涨，网络购买用户规模增幅居于首位；娱乐类应用使用率普遍下降，微博客和团购的用户数已初具规模，社交类应用保持较快的发展速度。由此可见，基于第三代移动通信(3G)的移动互联网时代已经来临，中国移动的移动互联网用户与网络应用获得了爆发式的增长，中国移动在移动互联网时期的快速发展期是中国移动的企业能力升级期。

从中国移动的企业能力二次发展期(2012—2018 年的移动宽带发展期)来看,随着第五代移动通信技术(5G)的不断成熟,国内各电信运营商纷纷将目光转向了决定未来发展的 5G 网络。2010 年 10 月 20 日,国际电信联盟无线通信部门(ITU-R)第五研究组国际移动通信工作组第九次会议达成一致意见,基本确定 IMT-Advanced 标准(即 4G 标准)锁定在 802.16m 和 LTE-Advanced 两大类技术上。根据制式的不同,LTE-Advanced 又分为 FDD 和 TDD 两种,TD-LTE 技术属于后一种。中国移动选择的 TD-LTE 标准具有以下优势:高速率、低延时;不需要对称频段,频谱分配灵活,有利于缓解全球频谱资源日益紧张的局面;还可以发挥上下行不对称优势,最适合移动互联网、物联网等业务与应用;具有广泛的市场前景。中国移动在 TD-LTE 标准化进程中,一方面,抓住技术演进的机遇,通过联合设备商、终端商、高等院校、研究院等合作伙伴,充分发挥自身在国际上的影响力,为推动 TD-LTE 标准的国际化和快速发展发挥了十分重要的作用。另一方面,围绕 TD-LTE,中国移动乃至整个产业链上的各方都要关注其产业链壮大及规模化商用,中国移动协调产业界推动 TD-LTE 在全球产业界的整体响应。中国移动自 2019 年 6 月 6 日获得 5G 商用牌照以来,就开始实施"5G+计划"。第一是推进 5G+4G 协同发展;第二是推进 5G+AICDE 融合创新,即持续推动 5G 与人工智能(AI)、物联网(IoT)、云计算(Cloud Computing)、大数据(Big Data)、边缘计算(Edge Computing)等新兴信息技术深度融合;第三是推进 5G+Ecology 生态共建;第四是推进 5G+X 应用延展,加速推动 5G 在更广范围、更多领域的应用,实现更大的综合效益。

综上所述,中国移动的企业能力演进历经四个发展过程:中国移动的企业能力形成期(2000—2004 年的语音通信发展期)、中国移动的企业能力增强期(2005—2007 年的行业应用发展期)、中国移动的企业能力升级期(2008—2011 年的移动互联网发展期)和中国移动的企业能力二次发展期(2012—2018 年的移动宽带发展期)。纵观中国电信运营商的发展历程,中国移动企业能力的良性演进有两个关键因素:①在顾客需求识别能力方面,中国移动能够不断地发现新的市场需求,为顾客提供具有经济价值、功能价值的通信产品或服务去满足顾客的需求,创造顾客价值并影响顾客对企业的价值感知。例如,中国移动针对青少年市场推出"动感地带"品牌,针对高端商务人士推出"全球通"品牌,针对企业集团客户推出"动力 100"品牌等。②在满足顾客需求能力方面,中国移动通过企业资源的优化配置和整合作用,实现了企业基本能力和辅助能力的进一步发展,从而实现了企业能力活动对企业子项能力的价值驱动,通过企业能力的良性演进最终实现顾客价值。

4.4　基于企业关键能力驱动的企业能力演进

通过上述理论阐述可以得知,一方面,企业关键能力是在对基于细分市场目标客户关键需求识别的基础上，合理配置企业关键资源（满足目标客户关键需求的能动型资源与非能动型资源），在企业能力活动驱动企业子项能力的过程中所形成的满足顾客关键需求的卓越能力活动；而企业能力是一个由企业辅助能力活动支撑企业基本能力活动为基础，企业子项能力驱动顾客价值，以创新顾客价值为目标而组成的系统集合。所以企业关键能力是驱动企业各个能力层次之间、同能力层次的各能力活动之间以及同能力层次的各子项能力之间，通过满足目标客户的关键需求达到提升企业资源效能的能力活动，它可以通过延缓企业能力熵的增加速度来提升企业资源效能，还可以通过强化企业与外部环境的负熵的流入强度来提升企业资源效能。另一方面，企业资源效能驱动企业能力良性演进，而企业资源效能又随着熵的递增而递减，企业资源效能随着负熵流入强度的递增而递增，故企业资源效能与熵呈负相关关系。所以，企业关键能力通过延缓能力熵或强化负熵流入强度来降低熵，从而使企业资源效能提升达到驱动企业能力良性演进的目的（如图 4-10）所示。

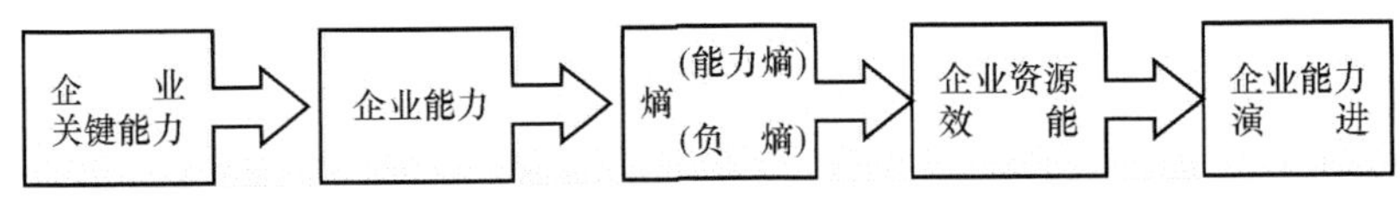

图 4-10　基于企业关键能力驱动的企业能力演进示意图

下面围绕企业关键能力、企业能力和熵，熵和企业资源效能，企业资源效能和企业能力演进三个层面之间的关系展开阐述。

首先，从企业关键能力、企业能力和熵的关系来看，企业能力是一个由企业辅助能力活动支撑企业基本能力活动为基础，企业子项能力驱动顾客价值，以创新顾客价值为目标而组成的系统集合。企业的辅助能力活动对基本能力活动的支撑保障，以及企业能力活动对企业子项能力的驱动，企业子项能力推动实现顾客价值等，这些关键环节都是经过前期的创新学习、长时期的经验惯性而形成的企业能力，这些过程非常注重将企业的日常流程转化为经验积累，将实践经验形成组织执行惯性，并在一定条件下转化成企业关键能力，这一切构成了企业能力演进的能力基础。所以，企业关键能力是驱动企业各个能力层次之间、同能力层次的各能力活动之间以及同能力层次的各子项能力之间，通过满足目标客户的关键需求来达到提升企业资源效能目的的能力活动，它可以通过延缓企业能力熵的增加速度来提升企业资源效能，还可以通过强化企业与外部环境的负熵的流入强度来提升企业资源效能。

从熵和企业资源效能的关系来看，企业在不同的发展阶段，企业资源效能会随着时间的推移而变化，从而推动企业能力的演进。本书借助热力学的耗散结构理论来阐述企业资源效能、熵与时间之间的关系。孤立企业的能力熵随着时间的推移而递增，但企业资源效能随着能力熵的递增而递减，企业能力从有序演进到无序演进，最终走向衰退，它揭示了企业资源效能递减的原因；而开放的企业与外界熵交换所引起的负熵随着时间推移而递减，企业资源效能随着负熵的递减而递增，这说明企业在一定条件下将实现无序演进向有序演进、较低的有序向较高的有序的变化，形成一个充满生机、稳定有序结构的规律性，它揭示了企业资源效能递增的原因，也从理论上证明了企业外部影响因素的重要性。综上所述，在任意时刻，当企业符合能力耗散结构条件时，企业资源效能随着能力熵的递增而递减，企业资源效能随着负熵流入强度的递增而递增，故熵与企业资源效能呈负相关关系。

从企业能力演进与企业资源效能的关系来看，企业能力产生于企业配置整合内外部资源，通过能动型资源作用于非能动型资源，不断创造和提供具有顾客价值的产品和服务的过程中，企业能力强度是可以反映在企业的资源利用效果上的。企业资源效能是指企业辅助能力活动支撑基本能力活动、企业能力活动驱动企业子项能力的过程中，企业的能动型资源对企业的物质、能量与信息等非能动型资源的有效利用，即企业资源的利用效果。所以，企业资源效能是能够反映企业能力演进方向和强度的，企业能力演进的驱动力主要来自企业资源效能。企业能力的演进来源于三个阶段：创新学习、经验惯性和管理衰退。其中，创新学习是企业保持竞争优势的原动力，企业通过知识学习和吸收创新而形成能力，该阶段的企业资源效能会随着时间的推移而递增，企业能力演进呈现良性演进的特征；经验惯性是企业能力形成的基本途径，它通过对经验的积累和执行而形成企业能力的成长，该阶段的企业资源效能会随着时间的推移而递增，该阶段的企业能力演进也呈现良性演进的特征；管理衰退是指企业自身过分强化和依赖原有组织惯性行为，导致企业僵化执行原有惯性行为而无法适应环境变化，从而造成企业的资源配置效率降低，引起企业能力演进的停滞甚至衰退，该阶段的企业资源效能将随着时间的推移而递减，该阶段的企业能力演进呈现停滞或衰退演进的特征。与此同时，企业将面临下一轮的再创新学习、再经验惯性和再管理衰退的周期循环。经过上述过程，企业就经历了“创新学习—经验惯性—管理衰退—再创新学习”的能力演进周期。由此可见，企业资源效能决定了企业能力演进的方向与强度。

综上所述，企业能力演进主要取决于企业能动型资源作用于非能动型资源的资源利用效果（企业资源效能）上，企业资源效能则可以通过延缓企业能力熵的增加速度，或者通过增强企业与外部环境的负熵流入强度来提升，作为企业能力中最能满足目标客户关键需求的企业关键能力则可以通过延缓能力熵或增强负熵来达到提升企业资源效能，最终实现企业能力演进的目的。由此可见，企业关键能力是实现企业能力演进的重要动因，故基于顾客价值识别企业关键能力便成为探究企业能力演进动因的新研究领域，这对于企业聚集资源，关注并提升企业关键能力，最终通过提升顾客价值来达到实现企业可持续健康运营的目的具有非常重要的实践意义。

4.5　研究结论与启示

（1）从基于耗散结构的企业能力框图来看，企业能力演进的核心目标是实现顾客价值。基于耗散结构的企业能力演进过程是需要企业不断加强适应外部环境的能力，通过不断加强企业资源配置，提升企业价值链辅助能力活动支撑基本能力活动的企业资源效能，使企业子项能力驱动企业能力实现良性循环演进，形成螺旋式提升的态势，最终使企业在提升企业能力的同时，也达到了实现顾客价值的目的。

(2) 从企业能力演进机理来看，把熵理论应用于企业能力演进的研究之中，不仅能够揭示企业能力演进机理，即创新学习—经验惯性—管理衰退—再创新学习的周期演进循环圈，而且从理论上证明了企业能力周期演进的必然性和企业内外部互动的重要性，同时也给了我们如下几点启示。

① 企业能力熵(S_i)和负熵(S_e)概念的引入为提高企业资源效能提供了分析和解决思路。

② 企业能力熵(S_i)和负熵(S_e)的研究揭示了企业内部影响因素、外部影响因素等微观因素与企业宏观资源利用效果的关系。

③ 企业能力熵(S_i)函数和负熵(S_e)函数的引入使对企业资源效能分析向定量分析转换成为可能，从而有助于企业决策层做出科学的决策。

④ 企业能力熵(S_i)函数和负熵(S_e)函数的分析方法为分析企业能力生命周期演进提供了一种新工具。

⑤ 进一步引入边际能力熵和边际负熵的概念可以揭示出企业资源效能何时最高，找出企业资源效能衰减的临界点，从而引导企业及时从外部引入负熵。

(3) 从中国移动的企业能力演进历程来看，中国移动企业能力演进历经四个阶段：中国移动的企业能力形成期(2000—2004 年的语音通信发展期)、中国移动的企业能力增强期(2005—2007 年的行业应用发展期)、中国移动的企业能力升级期(2008—2011 年的移动互联网发展期)和中国移动的企业能力二次发展期(2012—2018 年的移动宽带发展期)。

4.6 本章小结

本章定位于基于熵的企业能力演进机理研究。首先，构建了基于耗散结构的企业能力框图；其次，基于熵函数阐述了企业能力演进机理；再次，阐述了中国移动的企业能力演进历程；最后，为了探究推动企业能力演进背后的关键驱动要因，阐述了基于企业关键能力驱动的企业能力演进，从而为后续章节基于顾客价值的企业关键能力识别研究奠定了理论基础。下面的章节要进一步深入研究基于顾客价值的企业关键能力识别机理，并予以案例实证。

第 5 章　基于顾客价值的企业关键能力识别机理

第 4 章定位于基于熵的企业能力演进机理的研究，带着探究驱动中国移动企业能力演进的企业关键能力的目的，本章定位于基于顾客价值的企业关键能力识别机理研究。本章首先通过服务利润链理论承载了顾客价值与企业价值链之间的理论联系，构建基于企业价值链的顾客价值驱动逻辑图。通过阐述顾客价值、服务利润链与企业价值链之间的定性关系，实现了基于公司战略视角的企业能力活动向基于顾客感知视角的顾客价值的价值驱动。其次，构建了"顾客价值与企业能力的良性循环关系图"。再次，基于顾客价值与企业能力的循环要素关系，提出了理论研究假设。最后，围绕着基于顾客价值识别企业关键能力，提出了"基于顾客价值的企业关键能力识别模型"和"基于顾客价值的企业关键能力识别图"的理论方法和实践工具。研究路径如图 5-1 所示。

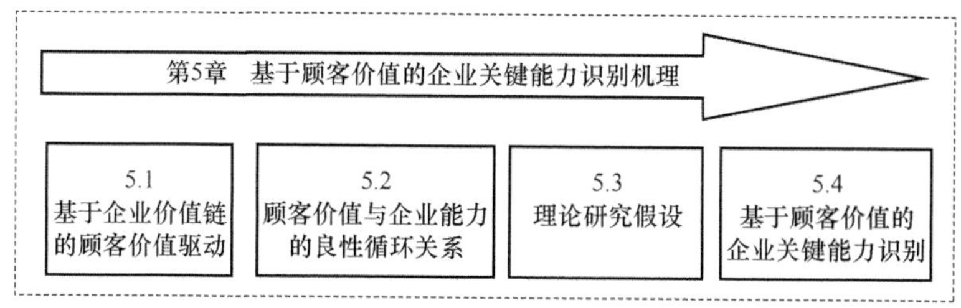

图 5-1　"基于顾客价值的企业关键能力识别机理"研究路径图

5.1　基于企业价值链的顾客价值驱动

本节首先对本章涉及的基本概念(顾客价值、顾客忠诚、企业资源)进行界定和定义；然后通过服务利润链理论承载了顾客价值与企业价值链之间的理论联系，构建基于企业价值链的顾客价值驱动逻辑图。通过阐述顾客价值、服务利润链与企业价值链之间的定性关系，实现了基于公司战略视角的企业能力活动向基于顾客感知视角的顾客价值的价值驱动。

5.1.1 基本概念

从顾客价值的概念来看，本书总结了国内外研究对顾客价值认知的共同点。

(1) 顾客价值是顾客对提供物的一种感知效用，这种效用是主观的，是来源于顾客的判断，而不是由企业或销售者单方确定的。

(2) 顾客价值是内在的，是与企业提供的产品或服务及顾客的使用过程紧密相连的。

(3) 顾客感知价值的核心是顾客对利得和付出的感知基础上对感知利失之间关系的一种权衡。

(4) 顾客价值是顾客对产品属性、效用及使用结果的全方位系统感知和评价。

(5) 顾客价值还受到企业或竞争对手提供的产品或服务预期价值的影响。

基于此，本书认为顾客价值就是顾客在购买或使用企业所提供的产品或服务的过程中，对所感知到的利得及所付出的成本的整体效用评估。从"效用价值论"的角度来看，顾客价值包括经济价值、功能价值和心理价值。其中，经济价值是指产品或服务由于其"稀缺性"，而给顾客带来经济实惠的价值，也是指顾客在比较感知利益与感知成本之后的综合评价结果；功能价值是指产品物质本身客观的"有用性"，而给顾客带来产品功能比较卓越实用的价值，一般是指企业产品或服务带给顾客的感知性能与质量；心理价值是指顾客通过购买产品或服务而产生的，由于主观"需要"实现而带来的心理满足感。蔡春晓(2007)从另一个角度对效用价值理论进行了解释，所谓经济价值是指在实现同等功能时，费用的节省为顾客带来的价值；功能价值是指顾客从产品的功能中所获得的价值。本书认为顾客的心理价值是通过物质本身客观的卓越功能而带来的功能价值，和由于产品或服务的经济实惠而带来的经济价值来体现的心理满足感，故顾客心理价值应该是顾客经济价值和功能价值的价值函数。因此，认为顾客价值是由产品或服务的经济实惠而体现的经济价值和物质本身客观的卓越功能而带来的功能价值来体现的综合价值。

从企业资源的概念来看，企业是由资源构成的，资源是企业竞争优势的来源，是造成企业间业绩差异的主要因素。Barney(1991)将企业的资源分为三类：物质资本资源、人力资本资源和组织资本资源。Grant(1991)把资源分为六类：财富资源、物质资源、人力资源、技术资源、声望和组织资源。Amit 和 Shoenkaker(1993)将企业资源定义为企业拥有或者控制的有用的要素存量，包括可交易的专有技术、财务或者物质资产、人力资本等。何琳等(2007)将企业资源分为两类：能动型资源与非能动型资源。能动型资源是指企业的人力资源；非能动型资源是指除人力资源以外的资源，包括有形资源(如设备、工具、建筑等)和无形资源(如信息系统、渠道、品牌等)，它们通常是人力资源的操作对象。基于上述认知，本书认为企业资源是企业所拥有的、控制的所有能够给企业带来优势的价值对象要素，该对象既包含企业的能动型资源(人力资源)，又包括企业的非能动型资源(包括有形资源与无形资源)。

5.1.2　构建基于企业价值链的顾客价值驱动逻辑图

企业价值链理论(VC)是研究竞争优势的有效工具,其理论方法是将企业的业务流程描绘成一个价值增值和价值创造的链式结构,研究如何通过计划、协调、组织和控制各个环节的工作,使各环节在相互联系的基础上同时具有处理物流、资金流和信息流的自我组织能力(Porter,1985)。服务利润链理论(SPC)则为服务业通过资源利用、过程再造和核心能力的构筑来实现企业成长提供了一种有效模式(James L. Heskett,1994)。

为了探究顾客价值、服务利润链与企业价值链之间的定性关系,本书的研究团队于 2008 年 10 月 8—15 日,组织了一次主题为"基于企业价值链的顾客价值驱动"的专家座谈会,采用头脑风暴法的形式。到会的有电信产业专家代表 20 人,学者 15 人,电信消费者代表 10 人,电信运营商代表 10 人。会议着重围绕如下研究问题展开理论研讨。

(1) 顾客价值的分类价值与服务利润链要素之间的定性关系。

(2) 服务利润链要素与企业价值链价值活动之间的定性关系。

(3) 顾客价值、服务利润链、企业价值链之间的定性关系。

经过深入的理论研讨,基于对顾客价值、服务利润链与企业价值链相关文献的研究,以顾客需求、顾客价值(经济价值和功能价值)、顾客忠诚、企业资源、企业能力活动为核心要素,从采购、技术开发、人力资源、基础设施、生产经营、内部物流、外部物流、市场销售、客户服务九项能力活动来刻画企业的企业能力;从经济价值和功能价值两个方面刻画企业的顾客价值;基于服务利润链理论(James L. Heskett,1984),从顾客忠诚、顾客满意、外部服务质量、员工满意、内部服务质量构建服务利润链模型;全面构建了基于企业价值链的顾客价值驱动逻辑图(如图 5-2 所示)。该图构建了顾客价值与企业能力之间的良性循环生态圈,分析论证了从企业价值链价值活动驱动企业利润链各要素,由顾客忠诚实现顾客价值,并满足了顾客需求,企业又从更高层面开始了基于顾客需求的企业价值链与顾客价值双提升的良性互动循环。

在该理论逻辑示意图中,顾客和企业是市场中的两大核心主体。企业价值链的辅助能力活动一方面驱动基本能力活动实现企业资源的优化与配置,另一方面通过促进服务利润链的内部要素(内部服务质量和员工满意)来实现对服务利润链市场要素(外部服务质量、顾客满意和顾客忠诚)的支撑;企业价值链的基本能力活动全面影响了服务利润链的各个环节,最终驱动基于外部服务质量的顾客满意实现顾客忠诚。顾客忠诚是以实现顾客价值为前提条件的,顾客实现了基于经济价值和功能价值的顾客价值,并提出了更高的顾客需求,从而驱动企业价值链在更高层面的提升和发展,并形成了顾客价值和企业能力之间的良性正向循环。企业通过驱动企业价值链价值活动,生产出面向顾客需求的高满意度的产品服务，通过提高顾客感知利得，降低顾客感知成本实现顾客忠诚，全面提升顾客的经济价值和功能价值，通过顾客价值提升企业价值，全面配置企业内部资源，最终达到实现顾客价值提升的良性循环。

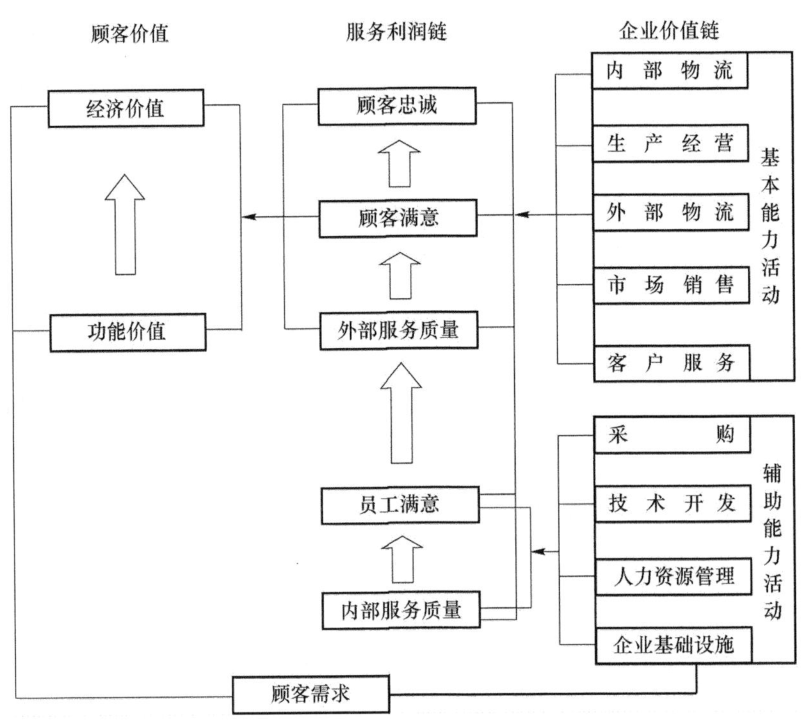

图 5-2 基于企业价值链的顾客价值驱动逻辑示意图

5.1.3 顾客价值与服务利润链的价值驱动关系

本节要探究顾客价值与服务利润链之间的关系，首先需要阐明顾客价值的分类价值与服务利润链要素之间的定性关系。

从顾客价值与顾客忠诚的相关关系来看，国内外许多学者提出价值才是提升顾客忠诚的关键因素。菲利普·科特勒以顾客让渡价值来表示客户感知的价值，认为顾客让渡价值是驱动顾客忠诚的重要因素。William D. Neeel(1999)认为顾客忠诚是由价值驱动的，每一个顾客都会有评价产品的价值结构，顾客在购买产品时根据顾客自认为重要的价值因素，如产品的品质、价格、服务，公司的形象，对顾客的尊重等因素进行评估，然后从价值高的产品中选择购买对象，因此要使顾客忠诚必须为顾客提供满足他们需要的价值。Bradley T. Gale(1994)认为顾客价值才是完全满足顾客需要的方法，并从相对质量和相对价值这两个因素来计算顾客价值，认为只有那些质量/价格比较高的产品才会促使顾客满意乃至愉悦，最终导致顾客忠诚。李忠宽(2003)认为顾客价值是顾客忠诚的最终驱动因素，是顾客忠诚的内在原因，因为顾客在有限的产品知识、有限的搜索成本下追求价值最大化，企业只有提供超越顾客期望的价值，也就是说不仅满足了顾客的基本期望，也满足了顾客的潜在期望，顾客才会感到愉悦，才会忠诚。从经济价值来看，经济价值指顾客在对产品服务比较感知利益与感知成本之后的综合评价结果，是给顾客带来经济实惠的价值，也是顾客对产品服务性价比表现的认识，因此企业不仅要降低产品服务的生产成本，而且还要通过提高效率来降低产品服务成本；从功能价值来看，功能价值是指企业产品或服务带给顾客的感知性能与质量，是指产品物质本身给顾客带来的卓越实用功能的分类价值，也是顾客对产品服务功能表现的认识，许多研究表明产品功能与顾客忠诚有强正相关关系，尽管产品功能不是保留顾客的唯一因素，但肯定是提升顾客忠诚的重要因素。提高产品服务的功能价值要根据顾客的需求来设计，不仅满足顾客的基本期望，而且还要满足顾客的潜在期望，并在提供过程中严格控制质量，以保证生产出来的产品符合设计要求，同时还要为顾客提供优质、高效的服务，以保证顾客的产品服务功能认知。鉴于此，我们认为顾客经济价值与顾客忠诚呈正相关关系；功能价值与顾客忠诚呈正相关关系。

从顾客价值与顾客满意的相关关系来看，在企业为顾客设计、创造、提供价值时，应该从顾客导向出发，把顾客价值的感知作为顾客满意的决定因素。对于顾客价值与顾客满意的关系，国内外学术界的若干研究证实：顾客价值决定顾客满意。哈佛商学院的Heskett(1994)在服务利润链(Service-Profit Chain)模型中描述了顾客价值与顾客满意的关系。服务利润链描述了这样的逻辑：企业的成长与获利能力主要是由顾客忠诚决定的，顾客忠诚是由顾客满意决定的，而顾客满意由顾客认为所获得的价值大小决定，价值的大小最终要靠富有效率、对公司忠诚的员工来创造，员工对公司的忠诚取决于其对公司是否满意，满意与否主要应视公司内部是否给予员工高质量的内部服务。Bojanic(1996)在根据价格进行细分的公寓市场中发现，顾客价值与顾客满意之间存在着极为密切的联系。Ruyter(1997)等对博物馆和旅馆业的顾客感知价值进行了实证研究，并且从过程的视角论证了顾客价值对于顾客满意的影响。Woodruff(1997)提出顾客价值是顾客对特定使用情景下有助于(或有碍于)实现自己目标和目的的产品属性的实效以及使用的结果所感知的偏好与评价。此定义强调了顾客价值来源于顾客通过学习得到的感知(Perception)、偏好(Preference)和评价(Evaluation)，还把产品、使用情景和有一定目标方向的顾客所经历的相关结果联系在一起。McDougall(2001)等在对典型的服务行业的研究中进一步论证了顾客价值在经营管理中的重要作用，从而得出了顾客价值与顾客满意之间存在正向相关性的结论。美国顾客满意指数(ACSI)模型是一个与顾客满意相联系的经济模型。该模型已得到多年来大规模消费数据的证实，顾客满意处于模型的中心，顾客价值即感知质量、感知价值和顾客期望共同决定顾客满意，这三个前提因素相互联系，共同决定了顾客满意。鉴于此，本书认为顾客经济价值与顾客满意呈正相关关系；功能价值与顾客满意呈正相关关系。

从顾客价值与外部服务质量的相关关系来看，企业对顾客提供的产品或服务质量日趋成为顾客价值中最重要的组成部分，国内外学者已经围绕服务质量进行了大量的研究，而且侧重点也有所不同。在作业管理领域，人们常常认为质量由两个维度组成，即合用性和可靠性；在营销与经济学领域，人们认为质量依赖于产品特性的水平；在服务管理领域，人们常常把质量视作对产品或服务的总体评价，认为影响服务质量的分别是绩效、特性、可靠性、一致性、持久性、服务性、美观性和顾客感知质量。实际上，随着顾客角色的根本变化，顾客感知的服务质量对顾客价值的贡献日益增大。顾客价值内在于产品服务质量之中，并与产品和服务的使用相关；顾客价值是顾客的一种感知，顾客感知过程常常包括顾客所得（如质量、利益、效用）与顾客所失（如价格、时间、精力、机会成本、学习成本和维修保养成本）之间的权衡。学者们倾向于利用顾客期望与服务感知的差距来界定服务质量，这与顾客价值的概念内涵是一脉相承的，即顾客价值就是顾客在购买或使用企业所提供的产品或服务的过程中，对所感知到的利得及所付出的成本的整体效用评估。鉴于此，本书认为顾客经济价值与外部服务质量呈正相关关系；功能价值与外部服务质量呈正相关关系。

5.1.4 服务利润链与企业价值链的价值驱动关系

本节要探究服务利润链与企业价值链之间的关系，首先梳理服务利润链与企业价值链之间的联系与区别；然后阐述服务利润链要素与企业价值链价值活动之间的定性关系。

1. 服务利润链与企业价值链的联系与区别

服务利润链理论是波特的企业价值链理论在营销理论中的细化，也是对现有的顾客价值理论的进一步发展。两者之间存在着必然联系，但又有所区别。

从服务利润链与企业价值链的联系来看：

(1) 服务利润链是企业价值链存在的前提。尽管企业价值链会由于产品的不同特征、地理区域或分销渠道的不同而有所不同，但是所有企业的生产经营活动是有共同特征的，即其基本价值链是相同的。企业要想在市场竞争中获得优势，即能比竞争对手提供更高顾客价值的产品或服务，就必须在基本价值链的某一个或几个环节做得比竞争对手更好。如果没有各类顾客作为产品或服务的消费者，那么企业价值链就没有存在的必要。另外，服务利润链沟通的外部顾客与内部员工需求为企业价值链提供了更明确的研究对象，使企业能进一步了解自己的优劣势，提升辅助价值活动的支撑能力，培育基本价值活动中的竞争优势，更好地为顾客提供高顾客价值的产品或服务。

(2) 构造合理的企业价值链是服务利润链实现的保证。在顾客与企业的关系中，顾客在消费中得到的价值，其来源主要是企业价值链提供的产品价值的高低及整体产品的好坏。即企业的基本价值链活动所提供的产品或服务，在一定程度上决定了服务利润链能否实现，即顾客满意与否和满意的程度。因此，构造合理的企业价值链，其创造价值的活动才能适应内外环境的要求，其生产出来的产品才会具有竞争优势，从而最终保证特定的顾客价值实现。

（3）服务利润链和企业价值链实际上是一种相辅相成的共存关系。企业价值链在创造价值的活动中，所追求的是以一定利润为前提的顾客满意。而要实现这目标，企业就必须实行以顾客为导向的经营理念，在内部建立以企业员工为核心的一系列约束激励机制。首先，使员工满意，由满意的员工向顾客传递满意的产品和服务；其次，企业对外要实行以顾客为导向的市场营销观念，增强顾客忠诚度，实现社会满意。因此，在构建以顾客为导向的企业经营理念中，企业必须围绕顾客满意来构造自己的价值活动，而企业一系列价值活动所构成的企业价值链，又是以人力资源管理这一价值活动为中心展开的。所以，从这个角度看，服务利润链和企业价值链是相互依存的。

从服务利润链与企业价值链的区别来看：

（1）服务利润链与企业价值链有不同的主体和客体。服务利润链的主体是顾客，研究的是在顾客对客体（产品或服务）购买和消费过程中的价值流量情况；而企业价值链则以企业为主体，研究在为客体（顾客）提供产品或服务时，应该如何进行有竞争优势的价值创造活动。主、客体的不同就使服务利润链与企业价值链研究对象有很大的不同。

（2）服务利润链与企业价值链是两个不同的活动过程，两者有交叠的地方。服务利润链是起始于产品或服务进入顾客生活、结束于产品或服务退出顾客生活的价值产生过程；而企业价值链则是企业整个创造价值的生产、经营活动，它不仅包括企业的市场调查、产品推广、广告、公关、销售等营销活动，还包括企业生产产品所进行的生产活动。服务利润链与企业价值链交叠的地方是市场，企业价值链产生的时间要早，长度更长。

2. 企业价值链与服务利润链之间的定性关系

企业价值链将一个企业分解为与战略相关的许多价值活动，企业价值链是指企业由物料获取并加工成中间件或成品，再将成品销售到用户手中的一些企业和部门构成的网络。企业价值链就是通过计划、获得、存储、分销、服务等一些活动，在顾客和供应商之间形成的一种衔接，从而使企业能够满足内部和外部顾客的需求。目前研究企业价值链管理的主要目的是：①把握真实的顾客需求；②快速组织供应；③优化企业价值链，对产品发展方向和获利性、业务流程和组织机构、企业内外各种资源利用、生产及流通计划与交货期、销售、服务及仓库布局等各个方面进行优化。服务利润链的原理是：企业的可持续发展依赖于顾客忠诚度，由企业所提供的产品服务质量决定了顾客满意度，并最终决定了顾客忠诚度。而高品质的服务质量是由高效的员工生产力创造的，而员工满意度是由企业价值的内部服务质量的紧密协作决定的。姜大鹏等（2004）提到在企业价值链配置层面上，企业的竞争优势来自采购、内部物流、生产经营、市场销售、客户服务等过程中许多相互独立的能力活动，企业通过价值链配置系统把质量、创新和价值传递给顾客，同时又把顾客不断变化的需求反馈给企业，最终实现顾客价值。由此可见，企业价值链的价值活动影响了服务利润链各要素。

(1) 企业价值链基本能力活动与服务利润链各要素的价值驱动关系

从内部物流活动来看，内部物流可通过降低运作成本来提高内部服务质量，从而提高员工满意度，间接支撑了外部服务质量、顾客满意、顾客忠诚等服务利润链相关要素。朱乃肖(2002)用系统工程的观点来看待企业的内部物流，发现物流管理过程就是一个产品价值的增值过程，提高企业内部物流管理水平是提高企业核心竞争力，从而提高顾客价值的有效途径。陈文俊(2007)提到追求运营卓越的企业应注意在供应链和内部运作的过程中降低成本，从而提高顾客忠诚度。企业获得竞争优势的途径必须包括供应链的有效管理、高效的存货和物流管理。因此，本书认为内部物流与服务利润链的内部服务质量、员工满意、外部服务质量、顾客满意、顾客忠诚呈正相关关系。

从生产经营活动来看，生产经营能力活动是指企业将各种投入转化为最终产品和服务的各种相关活动的能力活动，例如，运输、仓储、配送、包装、流通加工、销售等实际的业务运作。冯俊华等(2006)提到生产经营能力的目的是生产产品，产品价值是由产品的功能、特性、品质、品种等所产生的价值构成的，对这些产品价值构成进行创新是增加顾客价值的根本手段。企业应该通过提高产品服务质量来实现顾客满意，从而实现顾客忠诚。因此，本书认为生产经营与服务利润链的内部服务质量、员工满意、外部服务质量、顾客满意、顾客忠诚呈正相关关系。

从外部物流活动来看，外部物流是产品价值增值部分，外部物流也可通过降低运作成本来提高外部服务质量，从而提高顾客满意度和顾客忠诚度。宋平(1999)就如何做好外部物流，提到外部物流活动的五个评价要素：品质、数量、时间、地点和价格，提到外部物流从系统论的观点和思想来分析企业外部物流管理，外部物流管理要科学化，外部物流管理手段要现代化，外部物流组织机构合理化，人员素质与结构应与企业发展相适应，只有这样的服务企业提供的服务产品，才能够满足高品质目标客户群的顾客价值。外部物流的运作也涉及企业内部各部门的紧密协作与人员素质的支撑。因此，本书认为外部物流与服务利润链的内部服务质量、员工满意、外部服务质量、顾客满意、顾客忠诚呈正相关关系。

从市场销售活动来看，市场销售主要是通过促销、定价、分销、广告、渠道选择、渠道关系等组合，实现产品服务质量领先，达到顾客满意，实现增加顾客份额与建立顾客资产的目的。谢远勇(2006)认为创新的市场销售过程是一个系统工程，提出了“基于动态的顾客价值创新市场营销过程逻辑框图”，通过顾客价值定位区，顾客价值感应区，提供价值、传播价值区和动态的顾客价值反馈四个环节，实现顾客价值的发现、创造、传播的市场营销，形成一个动态的不断反馈的良性循环过程。这一系统工程与企业内部服务质量的紧密协作与高效的员工执行密不可分。因此，本书认为市场销售与服务利润链的内部服务质量、员工满意、外部服务质量、顾客满意、顾客忠诚呈正相关关系。

从客户服务活动来看，随着市场竞争的日趋激烈，企业将注意力不得不集中在客户服务质量上，客户服务对于企业的外部服务质量、顾客满意及顾客忠诚具有重要作用，客户服务水平与企业的内部服务质量和人员素质等因素紧密相关。企业要建立一整套符合自己企业特点的服务制度规范服务人员的行为，保证客户服务的满意，吸引回头顾客。售后服务主要包括：员工培训、顾客投诉反馈、传授产品的技术服务知识。员工培训是指售后服务人员需要有良好的服务意识、沟通能力，能够解决产品经常出现的技术问题。顾客投诉反馈是指在销售现场提供意见簿，在公司网页上提供顾客投诉专栏，并及时给予答复。传授产品的技术服务知识，让顾客知道一些必要的技术知识，可以防止某些投诉的发生。因此，本书认为客户服务与服务利润链的内部服务质量、员工满意、外部服务质量、顾客满意、顾客忠诚呈正相关关系。

(2) 企业价值链辅助能力活动与服务利润链内部要素的价值驱动关系

从企业价值链的辅助能力活动来看，辅助能力活动(采购、技术开发、人力资源、企业基础设施)主要支撑基本能力活动的价值实现，并不与企业的外部市场和客户直接沟通，所以辅助能力活动与服务利润链的内部服务质量、员工满意直接相关，并间接影响外部服务质量、顾客满意与顾客忠诚等因素。

从采购活动来看，采购活动是指企业物资采购部门组织内部一系列互补的技能和知识的结合，是企业从供应商那里获得原材料、设备和服务的能力。朱乃肖(2002)提到原材料和辅料的采购是创造顾客价值的第一步，也是控制成本的第一步，在确保质量的前提下，购买价廉物美的原材料和辅料，为产品进入生产和创造顾客价值奠定了基础。

从技术开发活动来看，技术开发的作用就是把顾客的潜在需求或所期望的需求变成了现实的需求。徐碧祥等(2003)提到技术开发创新指把创新技术引入产品、工艺或商业系统中去，或者创造了新的工艺技术以及对现有技术的改进。

从人力资源管理活动来看，人力资源管理能力的提升是创造顾客忠诚的基础。王宝石(2007)提到人力资源管理实施价值链管理，只有建立起科学的价值评估体系和价值分配体系，才能形成有效的激励机制，从而推动企业员工为企业创造更多的顾客价值。王核成等(2007)提出培养顾客导向的企业文化，员工的满意程度与顾客所感知的服务质量之间有很强的正相关关系，员工是企业创新的原动力，满意的员工乐于提出革新和改进组织的建议，所以企业应将员工视为企业的“内部顾客”，建立有利于实现员工个人价值和发挥其潜能的机制，从而从人力资源保障的角度保障企业顾客价值的实现。

从企业基础设施活动来看，企业由于其可持续竞争和发展的需求，正越来越多地依赖辅助能力活动，尤其是企业基础设施能力。一般来讲，企业长期积累的基于知识的资产专用性一般比较强，是难以模仿的，基于市场的资产不断投入，使其连续增长，可以建立强有力的进入障碍，影响竞争对手创造和配置资产的行为，从顾客价值创造产生重要作用。

综上所述，采购、技术开发、人力资源管理、企业基础设施的日常工作涉及企业内部各部门的紧密协作，还涉及各部门人员素质与激励等综合因素。鉴于以上理论论述，本书认为，采购、技术开发、人力资源管理、企业基础设施活动与服务利润链的内部服务质量、员工满意呈正相关关系。

5.2　顾客价值与企业能力的良性循环关系

基于对顾客价值理论与企业能力理论文献的研究，本书认为企业能力是顾客价值实现的基础，顾客价值实现是提升企业能力的目的，顾客价值已成为构筑企业竞争优势的基石。从企业建立的本质来看，企业经营者基于对细分市场的顾客需求的识别和认识，认为该细分市场顾客需求的满足可以实现企业价值的提升，故企业经营者组织各类资源（能动型资源与非能动型资源）建立企业去满足顾客需求。随着企业能动型资源驱动非能动型资源的资源配置能力和企业辅助能力活动支撑企业基本能力活动的企业能力不断增强，基于企业资源效能的企业能力首先实现了基于产品或服务卓越使用价值的顾客功能价值，并通过体现产品或服务经济实惠的经济价值来最终实现了全顾客价值。随着产业环境变化和市场竞争的加剧，顾客需求不断被满足，企业也需要重新配置内部资源来满足更高层面的顾客关键需求，必要时还要从外部获得资源。通过对顾客关键需求的识别和认知，企业驱动企业关键资源进行资源合理配置的能力，将成为满足目标客户关键需求的企业关键能力，该能力也是实现顾客价值的重要保障和实现基础。由此可见，随着企业生命周期的延续，企业在成长的过程中不断识别和发现新的市场需求，并随之改变资源配置，改变管理模式，带给顾客更大的顾客价值，企业能力和顾客价值之间形成一个良性循环的生态圈。本书提出，在充分考虑外部环境的基础上，建立以顾客价值—顾客需求—企业资源—企业能力为外环要素，顾客分类价值（经济价值和功能价值）—顾客关键需求—企业关键资源—企业关键能力为内环关键要素；基于企业价值链理论（Michael Porter，1985），从采购、技术开发、人力资源、基础设施、生产经营、内部物流、外部物流、市场销售、客户服务九项能力活动来刻画企业的企业能力，从经济价值和功能价值两个方面来刻画顾客价值，构建了顾客价值与企业能力的循环关系图（如图 5-3 所示）。该图构建了顾客价值与企业能力之间的良性循环生态圈，形象地描述了顾客价值和企业能力之间的良性互动关系，分析论证了从顾客（关键）需求到企业（关键）资源、再演进到基于企业（关键）资源的企业（关键）能力提升，从更高层面实现全顾客价值的层层循环传递过程。

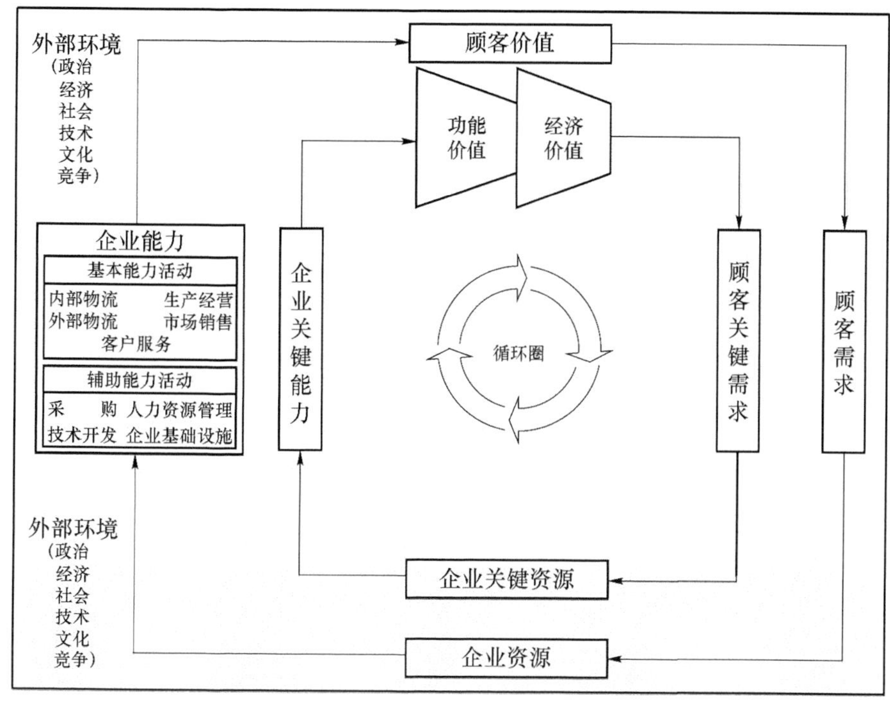

图 5-3　顾客价值与企业能力的循环关系示意图

在该理论逻辑示意图中，顾客和企业是市场中的两大核心主体，顾客价值的实现主要源于其关键需求获得了满足。为此，企业首先要识别基于细分市场目标顾客的关键需求，然后组织和配置企业各类资源（能动型资源与非能动型资源）去满足市场需求。在企业的能动型资源作用于非能动型资源的过程中，企业的辅助能力活动支撑基本能力活动的过程中，企业能力活动驱动企业子项能力的过程中形成了企业能力，企业通过识别和发掘能够满足顾客关键需求的企业关键能力，以产品和服务的形式来满足顾客的关键需求，进而创新顾客价值。顾客价值实现给企业带来的企业价值可以使企业培育再次识别和发掘顾客关键需求的能力，从而使满足顾客关键需求的能动型资源和非能动型资源要素得到进一步增强。企业资源是企业能力活动的基础构成要素，企业能力活动是对企业资源的优化配置和整合使用所形成的结果，企业资源的增强必将影响企业基本能力活动（内部物流、生产经营、外部物流、市场销售、客户服务）和辅助能力活动（采购、技术开发、人力资源管理、企业基础设施）的进一步发展，使企业满足目标客户关键需求的企业关键能力得到螺旋式演进提升，最终形成了企业和顾客之间的良性正向循环。企业的外部环境因素也会对顾客价值和企业能力产生影响。外部的政治、法律、经济、技术及社会文化等因素会对顾客价值和企业能力产生潜移默化的影响；外部环境不同会影响企业运营方向及重点不同，从而将刺激企业不断积累、获取或更新资源；外部环境会影响顾客对企业所提供的产品、服务的感知利益和感知成本,从而影响感知价值大小即顾客价值大小。同时,在市场竞争环境中,企业一直处于与竞争对手做比较和被比较的过程中,企业能力大小和顾客价值大小都是相对概念,竞争对手能力大小会影响企业能力的相对大小,竞争对手所提供的顾客价值大小也会影响企业所提供的顾客价值的相对大小。因此,行业竞争环境也对企业能力识别和顾客价值实现有重要影响。

整个市场就是以顾客为核心的顾客关键需求实现过程和以企业为核心的企业关键能力提升过程之间相互影响、循环互动的综合体,顾客关键需求和企业关键能力是两个核心变量,两者相互促进,相辅相成。顾客感知利得是企业能够控制的重要变量,企业通过驱动企业内部价值链体系,生产出面向顾客需求的产品或服务,提高顾客感知利得,降低顾客感知成本,全面提升顾客的经济价值和功能价值,通过顾客价值的实现来提升企业价值,从更高层面全方位配置企业资源,实现更高层次顾客价值提升的良性循环。

5.3 理论研究假设

本节围绕顾客价值与企业能力、企业分项能力与顾客价值、企业能力与顾客分类价值之间的关系展开阐述,并提出了理论研究假设。

5.3.1 顾客价值与企业能力

从顾客价值对企业能力作用的研究来看,Ravald 和 Gronroos(1996)提出竞争优势归根结底产生于企业比竞争对手创造更多的顾客价值,而顾客价值的创造体现在配置企业资源的企业能力中。具体来讲,企业只有通过企业价值链各个具体价值活动的增值环节创造更多的价值,才能比竞争对手创造更多的顾客价值,并相应增加自己的利润,打造以顾客价值为导向的价值链的企业竞争优势。陈加成(2007)认为企业能力归根到底是通过影响顾客价值链在为顾客创造价值的过程中形成的。杨丽娟(2007)认为竞争优势的外在表现为优越的市场地位,具体表现为顾客满意、顾客忠诚、市场份额、高于行业平均水平的利润率和经济租金。竞争优势的来源是优越的企业资源、优越的企业能力和较高的顾客价值。谢福斌(2009)认为顾客价值首次将企业的企业能力作为企业细分目标市场和创建新兴市场的关键考虑因素;对顾客价值进行权衡和评价,目的是寻求顾客的真正价值所在,为企业构筑自身的核心竞争力提供新的途径。

企业能力对顾客价值的作用,从供应商角度主要有两方面:第一,企业能力作为组织的主要“资产”,通过转化为或蕴藏于产品、服务、品牌以及关系中间接为顾客创造价值。Berghman 和 Matthyssens(2006)认为企业能力是对产业供应商预测和提前应对顾客价值的变化，而不是被动接受和服务顾客价值。第二，企业能力可以作为一项可交易的市场资产，是顾客价值的直接来源，供应商通过转移能力可以直接为顾客创造价值。这种主流观点把能力看作是组织流程的输入因素。传统的能力基础观限制了能力在产业营销和采购中的作用，能力不仅可以作为一项输入要素，通过转化或蕴藏于产品或提供物中间接影响顾客价值，而且还可以作为一项输出要素，通过交易和转移，成为顾客价值的直接来源。

立足顾客价值角度，从构建基于企业能力的竞争优势来看，国外学者提出了 3 个著名的模型。①Gale(1994)的竞争优势战略法大致可以分为两个阶段：第一阶段是顾客价值探察测量阶段；第二阶段是利用已经探测的顾客价值信息构建竞争优势。②Woodruff(1993)研究的核心是提出了顾客价值决定模型(CVD)。该模型提出了顾客对价值要素重要性的看法，提出了重要性/竞争差异矩阵，还采用“双量表”来测量企业之间的竞争差异。③还有一种比较经典的方法是最早由 Day(1990)提出的对角线法，其基本思想认为企业如果能够为顾客创造优异的价值就能够获得竞争优势。对角线是一条等值线。如果企业提供的价值处于方格的对角线右下方，说明企业创造了优异的顾客价值，拥有优势；反之，则表示企业无优势。与此同时，国内学者基于顾客价值角度，对企业如何开发构建企业能力竞争优势进行了大量研究，比较有代表性的有：董大海(2003)论证了顾客价值是竞争优势最重要的源泉，并以此为理论基础，提出了一套基于顾客价值开发竞争战略的原理、流程、方法、技术和工具。梁艳明等(2007)利用 Michael E. Porter 的价值链分析方法，从提高顾客的总获得、降低顾客的总支出的角度出发，系统分析了企业应如何从九项能力活动着手提高顾客价值，实现企业利润和顾客价值提高的共赢。孙建通(2008)通过研究发现在明晰顾客价值构成的基础上，企业才能根据自身资源能力和竞争状况确定关键要素，并培养和强化与之相应的企业资源和能力，从而为顾客创造卓越价值，巩固与顾客的关系进而取得竞争优势。基于以顾客价值为导向的价值链的企业竞争优势，以顾客价值为导向的价值链起点是顾客，后面的各个能力活动均以创造优异的顾客价值为目标。顾客关系的核心本质是价值，即顾客和企业双方都能从关系的建立与维持中获得更大的价值。基于这样的认识，高自立等(2009)分析了顾客价值创新的原理，提出了进行顾客价值创新的战略途径，并指出顾客价值创新是一个动态过程，企业需要进行动态管理。陈雪阳(2009)通过深入分析顾客价值形成动态竞争优势的转换机理，提出了构建基于顾客价值的动态竞争优势的策略。他认为以顾客价值为基础的竞争优势不仅能有效地聚合企业内外的各种资源，而且能动态地响应外部环境的变化并表现出灵活的战略柔性，因此成为动荡环境下企业竞争优势的新源泉。既有的研究结论和企业的实践经验都表明，企业无论是通过外部环境还是内部资源建构起来的企业能力，其竞争优势最终都必须通过顾客价值转换和体现出来，因此顾客价值才是基于企业能力的竞争优势的本源。国内有些学者以具体行业为基础进行了实证研究，并提出了相应的管理指导建议。梁海红

(2006)通过对服务企业顾客价值进行分类,帮助服务企业构建基于顾客价值的服务企业竞争优势。张立章等(2007)提出顾客价值与企业能力的关系是一种原因与表现的逻辑关系。王宁宁(2008)以短途客运行业为背景,开发了顾客价值探察与测量量表——PCVAL,帮助企业识别企业能力外在表现的核心竞争优势要素。通过对客运专线公司的实证研究,论证了以下观点:①顾客价值和顾客满意是竞争优势的前因,并且顾客价值对竞争优势的影响要大于顾客满意对竞争优势的影响。②顾客价值也是顾客满意的前因,对顾客满意有很大的影响,顾客价值通过顾客满意对竞争优势有间接影响。杨意坚等(2009)认为,企业的价值来源于顾客价值,企业的竞争优势来源于对顾客关键需求的识别和实现,而顾客需求的识别和实现则依赖于企业能力。企业创造的顾客价值转化为竞争优势,必须通过与配置企业资源的企业关键能力动态匹配。基于前人丰富的理论及实证研究成果,总结其可借鉴之处并弥补其研究不足之后,本书认为,企业能力是顾客价值实现的基础,提升顾客价值是塑造企业能力的目的。

因此,本书根据 Michael Porter(1985)"企业价值链"理论,借鉴(陆家骝,1995)"效用价值论"而提出顾客价值分类理论,认为企业能力活动与顾客价值呈正相关关系,即企业能力强,企业所提供产品或服务的感知利得大,感知成本低,从而顾客价值高;企业能力弱,企业所提供产品或服务的感知利得小,感知成本高,从而顾客价值低。综上所述,本研究提出以下研究假设:

假设 H1:企业能力与顾客价值呈正相关关系。

5.3.2 企业分项能力活动与顾客价值

为了保证企业的持续发展和持续的卓越绩效,企业必须不断重新组合各种资源要素,提升利用现有资源配置的企业能力,构建和开发新的资源与能力,使企业的顾客价值得到不断提升。姜大鹏(2004)提到在企业价值链配置层面上,企业的竞争优势来自采购、内部物流、生产经营、市场销售、客户服务等过程中许多相互独立的能力活动,企业通过价值链配置系统把质量、创新和价值传递给顾客,同时又把顾客不断变化的需求反馈给企业,最终实现顾客价值。

1. 内部物流能力活动与顾客价值

内部物流能力活动是企业内部价值链中的重要环节,可通过降低运作成本来提高顾客价值。朱乃肖(2002)用系统工程的观点来看待企业的内部物流管理,发现物流管理过程就是一个产品价值的增值过程,它并不是孤立的,它与资金流、信息流、产品流、人才流等生产要素的流动一起,在时间上和空间上都并存于企业的经营运作中。朱乃肖还认为提高企业内部物流管理水平是提高企业核心竞争力,从而提高顾客价值的有效途径。企业核心竞争力就是要面向顾客需求提供最有价值的产品或服务,内部物流能力为这一目的的实现奠定了基础和前提。姜莎(2007)提到内部物流是指商品通过仓库或配送中心，在接货点和外运点之间的流动，包括产品流（或原料流）和驱动产品流动的信息流。内部物流是企业的核心竞争力。例如，戴尔（DELL）创造了一种需求拉动系统和快速物资流通管道，这些内部物流组合模式形成了戴尔的一种动态竞争优势。由此可见，制造行业企业给顾客带来的顾客价值与企业内部物流管理密不可分。陈文俊（2007）提到追求运营卓越的企业应注意在供应链和内部运作的过程中降低成本，从而提高顾客价值。企业获得竞争优势的途径必须包括供应链的有效管理、高效的存货和物流管理。

2. 生产经营能力活动与顾客价值

生产经营能力活动是指企业将各种投入转化为最终产品和服务的各种相关活动的能力活动，例如，运输、仓储、配送、包装、流通加工等实际的物流业务运作。冯俊华（2006）提到生产经营能力的目的是生产产品，产品价值是由产品的功能、特性、品质、品种等所产生的价值构成的，对这些产品价值构成进行创新是增加顾客价值的根本手段。企业应该通过提高产品质量来实现顾客价值。生产经营平台的创新也有利于提升顾客价值。任学锋（1998）提到产品领先的企业必须通过不断的产品平台创新来巩固其在市场中的领先地位，从而提升顾客价值。朱乃肖（2002）提到在生产经营过程中，一方面要关注对劳动生产率的管理，提高全员劳动生产率是核心工作，另一方面要加强产品质量的跟踪管理，保证质量，提高产品的合格率，才能提高产品的竞争力，提升顾客价值。本书提出生产经营能力可用产品效率与产品质量两个指标衡量。生产经营的运作过程就是生产面向顾客需求的产品或服务的过程，也是创造和提升顾客价值的过程，所以生产经营能力作为企业关键能力之一，影响着企业的顾客价值。

3. 外部物流能力活动与顾客价值

外部物流的运输过程，就是产品价值增值部分，对商品价值的最终实现和顾客价值的提升有着重要的意义。蔡双立（2006）认为实现顾客价值是外部物流企业生存和发展的基础，认真分析顾客价值的创造要素和实现路径将有助于企业构建其竞争优势。外部物流存在的意义在于其能通过充分协调整合社会资源，通过专业化服务和规模化经营，为顾客降低生产和经营成本，提高服务效率，实现协调发展效应，最终提升顾客价值。刘川（2004）就外部物流的优势及作用进行了研究，提到外部物流企业生产力在于能提供比客户自身进行运作更高的顾客价值。外部物流企业能够提供更高的运作效率，整合更多的客户分享外部物流资源，更有效率地横向或纵向整合，并且能够在物流方面拥有高水平的运作技能等，这些优势都可以直接或间接体现或转化为顾客价值。宋平（1999）就如何做好外部物流进行了研究，提到外部物流活动的五个评价要素：品质、数量、时间、地点和价格，提到要从系统论的观点和思想来分析企业外部物流管理，外部物流管理要科学化，外部物流管理手段要现代化，外部物流组织机构要合理化，人员素质和结构应与企业发展相适应，只有这样的服务企业提供的服务产品，才能够满足高品质目标客户群的顾客需求。鉴于此，外部物流能力活动有助于企业构建竞争优势，提升顾客价值。所以外部物流能力活动也是企业关键能力之一，影响着企业的顾客价值。

4. 市场和销售能力活动与顾客价值

市场和销售，是个人或集体通过创造并与他人交换产品或价值，以获得其所需所欲之物的一种社会和管理过程，企业市场销售的目的是提升顾客价值。吴国英(2009)提到市场销售的目的可以概括为以下三点：①提高顾客满意度和信任度。顾客不但会继续购买和接受企业的产品或服务，而且愿意给企业作良好的口碑宣传。②增加顾客份额。通过用顾客份额所带来的长期收益即顾客终身价值来衡量企业的绩效水平。③建立顾客资产。把顾客作为企业最重要的资产进行经营，使其最大化。围绕着基于市场销售能力去创造和提升顾客价值，鲁江(2003)认为市场营销以全面提升顾客价值为中心任务，可通过两种战略来实现：一是提高产品附加值战略，目的是提供一系列满足甚至超过目标顾客群体期望值的产品服务，可以采用的策略是提供高质量、低价格、品质恒久的优良产品以及及时、低成本地提供产品与服务；二是品牌战略，把品牌作为顾客和企业之间关系互动的纽带，企业通过树立鲜明的品牌形象和个性，建立顾客对品牌的感觉和偏好，进而提高顾客的品牌忠诚度，不断增加顾客价值。谢远勇(2006)认为基于顾客价值创新的市场和销售过程是一个系统工程，提出了"基于动态的顾客价值创新市场营销过程逻辑框图"，通过顾客价值定位区，顾客价值感应区，提供价值、传播价值区和动态的顾客价值反馈四个环节，实现顾客价值的发现、创造、传播的市场营销，形成一个动态的不断反馈的良性循环过程。梁艳明等(2007)提到市场营销应该非常注重客户资料的收集，建立客户资料数据库及顾客反馈系统的数据和信息，以便及时了解顾客的真正需要，及时设计出满足顾客期望的产品或服务，对不同顾客市场进行细分，实现分级管理。在顾客价值对企业的市场销售能力影响方面，鲁江(2003)提到几个认知：①顾客价值管理有助于企业形成统一的顾客联系渠道和全面的顾客服务能力；②顾客价值管理对企业的营销战略总体规划的制定及实现将起到重要的保障和促进作用；③顾客价值管理有助于改进和完善企业内部文化，推动企业核心竞争力的提升。鉴于此，本书认为市场和销售能力活动作为企业关键能力要素之一，与企业的顾客价值呈正相关关系。

5. 客户服务能力活动与顾客价值

"4P"广受批评的一点是它忽略了客户服务这一点。随着顾客对同一行业企业服务的要求越来越高，而企业提供的各种产品越来越趋于同质化，造成企业之间竞争日益激烈，随之而来的是同类产品价格不断下降，因此企业必须提升自身的服务能力，通过向细分顾客群提供定制、差异化的服务，来确定自身的客户服务竞争优势。冯俊华(2006)提到服务属于产品附加价值，现代营销实践中，消费者除了注重产品本身的价值外，更加重视产品附加价值，企业的竞争从本质上讲发生在产品的附加层次，正视购买者的整体消费系统，才会为消费者提供更大的顾客价值。就通过提高服务能力和创新提升顾客价值而言，各学者都展开了深入的研究。宋文昌(2007)提出要实现全方位的服务品质提升，要做到服务理念创新、服务组织创新、服务产品创新和服务管理创新，真正实现通过服务活动提升顾客价值的目的。俞海滨(2007)提到企业参与市场竞争更加有效的办法之一就是采取侧重服务属性的创新，以恰当的时间和地点、恰当的方式提供给顾客无形的任何活动或利益，一方面发掘顾客新的价值诉求，降低甚至取消那些顾客认为并不重要却要付出很大成本的服务项目或服务传递方式，另一方面将精力和成本投入到顾客真正关注和没有被完全满足的服务项目和/或服务传递方式上，大大提升顾客的成本效用比，从而来全面提升顾客价值。张文涛(2006)认为企业已难以只通过有形产品来获得战略性竞争优势，服务逐步成为市场的主导，从辅助角色转变为企业的战略核心，企业的服务能力已经逐步取代价格，成为企业能否生存和保持持续竞争优势的关键所在。所以，服务对于企业提升顾客价值起着至关重要的作用。鉴于此，本书认为客户服务能力活动与顾客价值呈正向影响关系。

6. 采购能力活动与顾客价值

采购能力活动是指企业物资采购部门组织内部一系列互补的技能和知识的结合，是企业从供应商那里获得原材料、设备和服务的能力。物流服务采购是指企业为实现销售目标，在充分了解市场要求的情况下，根据企业的经营能力，运用适当的采购策略和方法，通过等价交换，取得满足自身需求的服务的经济活动的过程(冯耕中，2005)。薛景梅(2009)认为为了应对日趋激烈的竞争，加强采购管理是现阶段零售企业提升市场竞争力的较好选择。零售业为了加强采购管理，降低采购成本，保证商品在市场上的价格优势，赢得顾客价值，必须与供应商建立合作伙伴关系；实施供应商管理用户库存模式；实施集中采购和联合采购，扩大采购规模等。姜继娇和杨乃定(2005)从提高顾客满意度的视角，研究了生态供应链环境下绿色采购决策优化问题。他们提到在生态供应链管理中，一切有利于回收、再利用和减少资源占用数量的、与采购有关的活动就是绿色采购，著名的跨国公司GM、NIKE应用这些思想开始了卓有成效的生态供应链建设，从更高的层面来实现顾客价值。朱乃肖(2002)提到原材料和辅料的采购是创造顾客价值的第一步，也是控制成本的第一步，在确保质量的前提下，购买价廉物美的原材料和辅料，为产品进入生产和创造顾客价值奠定了基础。赵林度(2003)提到采购物资通过企业的加工过程，将附加的价值融入产品中，最终流向购买者。首先，从原材料选择开始，通过全面质量管理等先进的现代质量管理工具确保产品和服务的品质；其次，让原材料供应商参与到企业的采购活动中来，可以缩短产品的开发时间，还可以为产品提供性能更好、成本更低或通用性更强的设计，简化产品的整体设计；在产品质量方面，借助其专业化水平提供了更可靠的零部件，能够改进整个产品的性能，并由于零部件可靠性的增加，避免随后可能产生的设计变更而导致的质量不稳定。鉴于此，本书提出采购能力活动与顾客价值呈正向影响关系。

7. 技术开发能力活动与顾客价值

顾客需求决定了技术开发的方向和方式，技术开发能力不但体现在技术上的先进性，其更深刻的意义在于技术开发能够带来更大的顾客价值。围绕着技术开发所包含的内容，徐碧祥(2003)提到技术开发创新是指把创新技术引入产品、工艺或商业系统中去，或者创造了新的工艺技术以及对现有技术的改进。技术开发创新可以分为产品创新和工艺创新。童煜等(2004)认为技术开发创新在顾客价值方面的作用就是把顾客的潜在需求或所期望的需求变成现实的需求，围绕顾客价值构建创新能力的过程是一个不断演进的系统。技术开发能力对于提升顾客价值具有非常重要的作用。徐碧祥(2003)提到技术开发创新是获取竞争优势的途径，通过对企业价值能力的分析及与竞争对手价值链的比较，可以确定创新源，针对创新源进行技术开发创新，从而可以构建企业低成本或差异化的竞争优势。陈颖(2003)认为通过技术开发创新最终实现价值创新，这才是企业获得利润的最佳途径，也是企业长期保持竞争优势、实现顾客价值的根本所在。围绕着技术开发能力活动如何提升顾客价值，徐碧祥(2003)提到技术开发创新应该围绕着企业内部、外部的价值活动展开。叶亮军(2006)提到面对不同的顾客需求，企业应根据自身资源状况，仔细、深入研究选定目标顾客群的需求状况。进行产品功能的分析、评价调整，并在此基础上巧妙、合理地搭配产品的各种功能，消除过剩功能，补充不足功能，借此提高顾客满意度，提升顾客价值。程立茹(2007)针对如何使技术开发转化为顾客价值，提到企业所从事的技术开发活动必须能够有效提升顾客关键价值，而且技术开发带来的价值提升还必须容易为顾客所感知。就实现路径而言，可通过企业的技术开发创新，改进产品或服务的性能和质量，提升和创造顾客价值；也可通过对业务活动方式的创新，提升和创造顾客价值。鉴于此，本书认为技术开发能力活动是企业关键能力中不可或缺的一个因素，其与顾客价值呈正相关关系。

8. 人力资源管理能力活动与顾客价值

为了提升企业核心能力，以往企业战略的重心主要集中在基本能力活动上，但随着经营环境和供求关系的变化，辅助能力活动的重要性也越来越突出，尤其是人力资源管理能力以其特有的贡献力支持企业主要的价值创造，并且为企业的价值提高承担重要责任。人力资源管理能力的提升是创造顾客价值的基础。魏晓彤(2007)认为企业为了提高价值链的整体竞争力，利用人力资源管理专业机构的技术优势来提高人力资源管理绩效。企业可以通过外包获得更多的战略价值、技术价值和经济价值，增强人力资源管理绩效，最终全面提升面向市场的顾客价值。梁艳明等(2007)提到建立以顾客价值为导向的企业文化是提高顾客价值的重要方面。这种不容易被模仿与被复制的企业文化，构成了企业的竞争优势。成功的企业都有自己独特的文化，真正实现顾客价值的提高需要企业所有员工的努力，让员工认同企业的组织结构、流程、规章制度、行为方式，自觉维护企业的形象、品牌，形成强大的内力。顾客价值的提高涉及企业整个经济活动中的所有细节。从原材料的采购商、产品的研究开发人员、送货人员，到销售人员、售后服务人员等与整条价值链相关的人员，都可能会影响到企业的形象及顾客。需要员工脑海之中注入顾客价值的意识，使得他们自觉在日常工作中提升产品的质量及服务。同时只有保证内部员工满意，才能使内部满意的员工向外部顾客提供产品与服务。人力资源管理能力的整体提升可以培养更多的优秀员工投入到顾客价值创造活动中去。王刚等(2005)提到，由于服务的无形性，通常情况下服务由那些可以满足顾客需求的人员来执行，素质优异的员工会提升顾客对企业的信任，增加顾客的情感价值和心理价值。陈丽清(2005)认为培养一批能精心为顾客服务、具有良好素质的服务人员对于提升顾客价值具有非常重要的作用。王宝石(2007)提到人力资源管理实施价值链管理，只有建立起科学的价值评估体系和价值分配体系，才能形成有效的激励机制，从而推动企业员工为企业创造更多的顾客价值。王核成等(2007)认为培养顾客导向的企业文化，员工的满意程度与顾客所感知的服务质量之间有很强的正相关关系，员工是企业创新的原动力，满意的员工乐于提出革新和改进组织的建议，所以企业应将员工视为企业的“内部顾客”，建立有利于实现员工个人价值和发挥其潜能的机制，从而从人力资源保障的角度保障企业顾客价值的实现。本书提出企业的人力资源管理能力可由员工满意度指标衡量。人力资源能力取决于员工的工作技能与工作积极性，直接影响着企业的竞争优势。只有高满意度的员工才能创造和提升顾客价值，从而使企业获得可持续发展。鉴于此，本书认为企业的人力资源管理能力活动与顾客价值呈正相关关系。

9. 企业基础设施能力活动与顾客价值

为了取得优势的市场地位，过往企业将资源和重点都放在了决定产品或服务的企业基本能力活动上，但企业由于其可持续竞争和发展的需求，正越来越多地依赖辅助能力活动，尤其是企业基础设施能力。一般来讲，企业长期积累的基于知识的资产专用性比较强，是难以模仿的，基于市场的资产不断投入，使其连续增长，可以建立强有力的进入障碍，影响竞争对手创造和配置资产的行为，从顾客价值创造产生重要作用。企业基础设施包括诸多方面，其中非常重要且关系到核心竞争力的一点就是企业的内部质量管理水平。在过去的数十年间，质量管理的思路、实践和工具已经成为企业管理层的主要关注点，日本公司运用质量管理在产品质量、销售业绩和利润等方面取得了巨大的成功(Pruett et al, 1996)。质量管理水平提升的长期效果体现为企业终端产品的性能变得更加稳定可靠。吴春椿(2001)认为5S活动是企业基础设施管理的重要内容，5S活动要求把工作场所内不必要的东西坚决清理掉，为生产经营活动创造良好的现场环境，为提升顾客价值起到基础作用。除了企业内部质量管理以外，企业的基础设施活动还包括提供基础设施硬件等。本书提出企业基础设施能力可由基础设施规模和基础管理能力两个指标衡量。企业基础设施能力活动对企业的产品或服务的生产起到直接的支持和辅助作用，对顾客价值也具有非常重要的间接影响作用。鉴于此，本书提出企业基础设施能力活动与顾客价值呈正相关关系。鉴于以上的理论论

述,本书提出以下研究假设:

假设 H2:企业分项能力活动与顾客价值呈正相关关系。

其中,企业分项能力活动包括内部物流、生产经营、外部物流、市场和销售、客户服务、采购、技术开发、人力资源管理、企业基础设施九大能力活动。

5.3.3 企业能力与顾客分类价值

所有顾客价值基本上都是基于顾客的主观判断形成的,具有明显的主观性与相对性。顾客价值感知主要体现在经济价值、功能价值这两个方面,而其他方面的顾客价值表现并不如这两个方面明显。结合消费者顾客价值的实际感知情况,本节着重分析经济价值和功能价值这两个方面与企业能力之间的关系。

1. 企业能力与经济价值

顾客经济价值(EVC)是在已知核心产品与其他产品的综合信息,可获得竞争产品的情况下,消费者愿意支付的最高值(Forbis et al, 1981)。这是从顾客购买企业产品或服务的意愿角度来说的,但也可以从顾客购买了某一企业的产品或服务后,企业能给顾客带来的利益大小或者实惠程度角度来认知顾客经济价值。本书立足于消费者在购买产品和服务后的实际感知,通过测量消费者对特定企业能为其带来的实惠程度和利益,来考量该企业的顾客经济价值。围绕着经济价值与企业能力之间的关系,丁慧平等(1998)认为产品的经济价值指某一产品相对于竞争产品而言,其顾客因购买该产品所愿意支付的最高价格,产品的经济价值可通过与其竞争产品相比较来体现和衡量。企业产品的附加价值越高,其经济价值越高,它是吸引顾客、提高产品经济价值的核心部分。企业产品的附加价值要依靠企业能力作为基础,附加价值要来源于生产经营的规模效应带来较低的购买成本、较高的产品质量与性能、较强的市场销售能力、良好的产品品牌名声、快速的供货速度与交货可靠性以及良好的售后服务等。由此可见,产品的经济价值与企业能力的各项能力活动紧密相关。另外,丁慧平等(1998)还提到质量保证是提高产品经济价值的基础,产品附加价值是产品经济价值的主要组成部分。提高产品附加价值:①要降低产品成本,通过控制采购原材料的进价,提高生产经营劳动效率,压缩单位产品的物质消耗,节省生产中的各项费用等实现;②通过技术开发等辅助能力活动增强产品独特性;③提升企业的市场能力;④实施名牌战略。以上举措均是通过提升企业各项能力来实现产品的经济价值。鉴于此,本书认为企业能力与经济价值呈正相关关系。

2. 企业能力与功能价值

顾客对企业的感知很大程度上取决于企业的产品给顾客带来的功能,这种功能表现为顾客感知质量。在服务行业中也是如此,服务企业给顾客提供的产品给顾客带来的感知首先表现为服务产品所带来的便利功能。产品的功能价值可通过产品的整体质量、可靠性、产品和服务等满足顾客的需求程度来衡量。该价值的实现一方面取决于企业能力中基本活动的协作，如果企业基本能力活动的输出物能够满足质量性能、可靠性等要求，则企业能力为产品功能价值奠定了良好的顾客价值实现基础；另一方面该价值直接影响顾客满意度，从而影响顾客忠诚度，影响顾客的重复购买行为。张立章(2007)提到无论是产品还是服务，其为顾客创造的最基本的价值就是功能价值。功能价值也正是顾客付钱消费的根本理由，功能价值基本与服务层次中的核心服务相对应，该价值也是企业创造的主要顾客价值。例如，移动通信公司为全球通客户提供的主要功能利益就是帮助客户在全球各地实现异地不间断无线通信联系。围绕着企业能力与功能价值之间的关系，周华(2005)认为一方面影响顾客功能价值的因素来自顾客个体的差异性，因此满足顾客的个性化需求是提高顾客功能价值，进而提高顾客忠诚度的根本措施；另一方面服务质量有四个来源，即设计、生产、交易与顾客的关系，这些方面的管理水平和方法也影响着顾客感知。冯俊华(2006)提到产品的功能价值可以通过以下途径实现：①通过产品创新、提高产品和服务质量，从而提升产品的功能价值；②加强企业内部各部门之间的合作，企业价值链经济活动的中心就是创造顾客价值；③通过降低顾客购买总成本增加顾客感知，提升同样性能产品的顾客价值。由此可见，基于企业能力的基本能力活动对产品功能价值的实现起着至关重要的作用，产品的功能价值与企业能力中的基本能力活动和辅助能力活动紧密相关。鉴于此，本书认为企业能力与功能价值呈正相关关系。鉴于以上的理论论述，本书提出以下研究假设：

假设 H3：企业能力与顾客分类价值呈正相关关系。

其中，顾客价值包括经济价值(s_1)和功能价值(s_2)。

5.4　基于顾客价值的企业关键能力识别

本节在阐释理论研究假设的基础上，围绕着基于顾客价值的企业关键能力识别，提出了“基于顾客价值的企业关键能力识别模型”和“基于顾客价值的企业关键能力识别图”的理论方法和实践工具。

5.4.1　基于顾客价值的企业关键能力识别模型

本书基于对顾客价值与企业能力的循环关系图的理论阐述，提出企业的九项能力活动与两类顾客价值呈正相关关系，即企业能力活动强，企业所提供产品或服务的顾客价值就高；企业能力活动弱，企业所提供产品或服务的顾客价值就低。本书提出的“基于顾客价值的企业关键能力识别模型”如图 5-4 所示。

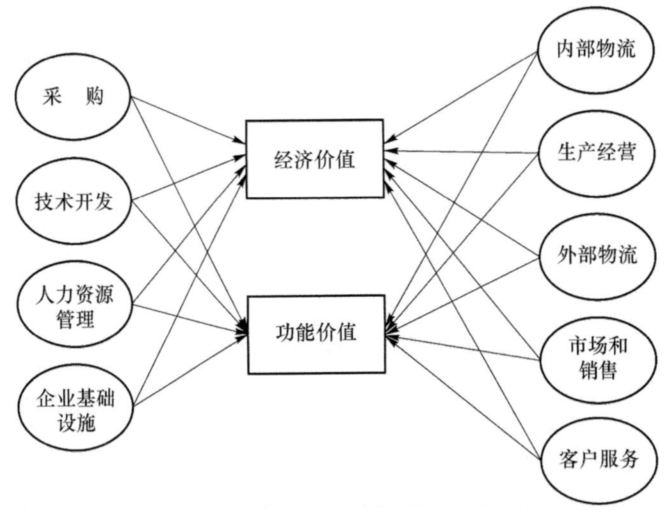

图 5-4　基于顾客价值的企业关键能力识别模型

在该识别模型中：

(1) 在顾客价值中，经济价值是指产品或服务由于其物美价廉而给顾客带来经济实惠的价值；功能价值是指产品物质本身客观的卓越功能给顾客带来的比较实用的价值。

(2) 企业能力指“企业价值链”模型的九项能力活动，即内部物流、生产经营、外部物流、市场和销售、客户服务、采购、技术开发、人力资源管理、企业基础设施。

(3) 根据前面的理论阐述可知，企业的九项能力活动与顾客价值的经济价值和功能价值均呈正相关关系。

为了研究“基于顾客价值的企业关键能力识别模型”中的因变量(顾客价值)与自变量(九项企业能力活动)的相关性，将数学实证的结果建立了线性回归方程，可以用以下向量矩阵公式表示：

$$\boldsymbol{S} = \boldsymbol{\alpha} + \boldsymbol{\beta W} + \boldsymbol{\varepsilon} \tag{5-1}$$

即

$$\begin{Bmatrix} s_1 \\ s_2 \end{Bmatrix} = \begin{Bmatrix} \alpha_1 \\ \alpha_2 \end{Bmatrix} + \begin{Bmatrix} \beta_{11} & \beta_{12} & \beta_{13} & \beta_{14} & \beta_{15} & \beta_{16} & \beta_{17} & \beta_{18} & \beta_{19} \\ \beta_{21} & \beta_{22} & \beta_{23} & \beta_{24} & \beta_{25} & \beta_{26} & \beta_{27} & \beta_{28} & \beta_{29} \end{Bmatrix} \begin{Bmatrix} w_1 \\ w_2 \\ w_3 \\ w_4 \\ w_5 \\ w_6 \\ w_7 \\ w_8 \\ w_9 \end{Bmatrix} + \begin{Bmatrix} \varepsilon_1 \\ \varepsilon_2 \end{Bmatrix}$$

式中，$\boldsymbol{S}$ 表示自变量的向量矩阵，$\boldsymbol{W}$ 表示因变量的向量矩阵，α 为回归方程的常数项，$\boldsymbol{\beta}$ 是自变量的回归系数向量矩阵，ε 是回归方程的随机误差项。本书设置的显著性水平为 $\alpha<0.05$。回归方程的自变量与因变量如表 5-1 所示。

表 5-1　顾客价值与企业能力回归方程变量表

自变量	内部物流	生产经营	外部物流	市场和销售	服务	采购	技术开发	人力资源管理	企业基础设施
	w_1	w_2	w_3	w_4	w_5	w_6	w_7	w_8	w_9
因变量	经济价值					功能价值			
	s_1					s_2			

这一理论识别模型指出，企业的顾客价值（经济价值和功能价值）与企业的内部物流、生产经营、外部物流、市场和销售、服务、采购、技术开发、人力资源管理、企业基础设施九项能力紧密相关。

5.4.2　基于顾客价值的企业关键能力识别图

一直以来，很多企业认为自身竞争优势是来自其优秀的产品质量和合理的价格，它们往往是通过内部价值链的差别创新形成有别于竞争对手的核心能力。但事实发现，由于技术的快速发展，同行业大部分企业所提供的产品或服务的质量和价格并没有实质性的差别，顾客越来越关注的是企业的能力而不是其目前的产品或服务，企业能力已成为顾客选择企业的主要指标。本书认为企业关键能力是赢得顾客价值的关键，而企业如何将资源最大程度且有效地转化为顾客价值成为企业的密切关注点。在产业营销中，营销沟通的内容已经逐步聚焦于上游企业向顾客提供的能力，而不是其当前所要销售的产品或所能提供的服务。比如，在资本产品展销会上，参展商并不是把介绍当前具体的产品作为重点，而是比较倾向于介绍研发部门的技术人员和提供各种模型或样品。因此，参展商越来越倾向于向顾客营销将来能为其增加价值，甚至弥补顾客能力缺口的各种能力（Golfetto et al，2006）。原因主要有两点：①顾客想要了解企业所具有的企业关键能力能否支撑他们目前的业务活动以及参与未来的创新项目；②由于产品生命周期日渐缩短，顾客评估他们的企业，往往是通过去寻求除了产品之外那些相对不易贬值的因素，而且吸收外部知识的能力已经成为影响顾客选择的关键因素。因此，企业能力已逐渐被认为是衡量企业创造顾客价值的关键指标。从“顾客价值与企业能力的循环关系图”和“基于顾客价值的企业关键能力识别模型”的理论阐述可知，企业的顾客价值与企业能力紧密相关，顾客分类价值与企业分项能力活动也紧密相关，但如何判断哪些企业能力活动是基于顾客价值的企业关键能力，从而使企业能够聚焦资源，培育和提升企业关键能力，促进企业健康可持续的发展？

围绕以上问题，本书创新性地提出“基于顾客价值的企业关键能力识别图”。该识别图指出，当企业的某项能力活动对顾客价值的经济价值和功能价值均有显著影响时，则该能力活动为企业关键能力（如图 5-5 所示）。企业关键能力往往对实现顾客的核心利益需求具有关键性的贡献，即能给顾客带来经济实惠，且确实能为顾客提供卓越功能。企业关键能力一般是企业在其长期生产经营的过程中积累而成的，不仅与企业独特的技术特性有着高度相关性，而且还深深地印上了企业文化、市场营销以及企业组织管理等方面的特殊烙印，是企业创新顾客价值的关键。从企业能力论的角度来看，企业关键能力是企业经营者在对基于细分市场目标客户关键需求识别的基础上，合理配置企业关键资源（满足目标客户关键需求的能动型资源与非能动型资源），在企业能力活动驱动企业子项能力的过程中所形成的满足顾客关键需求的卓越能力活动。企业关键能力为顾客价值提供了坚实的基础，所以保持与培育企业关键能力是企业经营决策者持久努力的课题。我们认为企业应对企业关键资源进行有效配置，要着重加大对于企业关键能力的培育，最终赢得消费者，取得竞争优势。

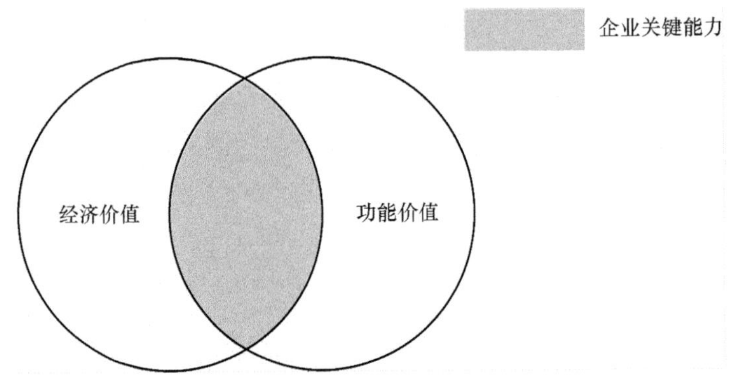

图 5-5　基于顾客价值的企业关键能力识别图

基于顾客价值的企业关键能力识别图（图 5-5）是在“基于顾客价值的企业关键能力识别模型”的理论基础上提出的，在后续章节还采用结构方程模型的数学方法，分别基于顾客价值的分类价值进行企业关键能力的识别，针对实证结果运用识别图进行“基于顾客价值的企业关键能力识别”。

“基于顾客价值的企业关键能力识别模型”和“基于顾客价值的企业关键能力识别图”的理论创新成果，对于国民经济各个行业的企业均有实践指导价值。首先运用识别模型帮助企业分别找到显著影响本企业顾客经济价值和功能价值的企业能力活动，然后再运用识别图找到真正影响本企业顾客价值的企业关键能力，从而使企业聚焦资源，培育和提升企业关键能力，促进企业健康可持续发展。

5.5　研究结论与启示

本章定位于基于顾客价值的企业关键能力识别机理研究，可以得到如下研究启示。

(1) 从基于企业价值链的顾客价值驱动来看，服务利润链理论承载了顾客价值与企业价值链之间的理论联系，本章构建的基于企业价值链的顾客价值驱动逻辑图，实现了使基于公司战略视角的企业能力活动向基于顾客感知视角的顾客价值的价值驱动。具体地讲，企业价值链的辅助能力活动一方面驱动基本能力活动实现企业资源的优化与配置，另一方面通过促进服务利润链的内部要素(内部服务质量和员工满意)来实现对服务利润链市场要素(外部服务质量、顾客满意和顾客忠诚)的支撑；企业价值链的基本能力活动全面影响了服务利润链的各个环节，最终驱动基于外部服务质量的顾客满意实现顾客忠诚。顾客的忠诚是以实现顾客价值为前提条件的，顾客实现了基于经济价值和功能价值的顾客价值，并提出了更高的顾客需求，从而驱动企业价值链在更高层面的提升和发展，并形成了顾客价值和企业能力之间的良性正向循环。

(2) 从顾客价值与企业能力之间的良性循环关系来看，整个市场就是以顾客为核心的顾客关键需求实现过程和以企业为核心的企业关键能力提升过程之间相互影响、循环互动的综合体，顾客价值的实现主要源于其关键需求获得了满足。具体地讲，企业首先要识别基于细分市场目标顾客的关键需求，然后组织和配置企业各类资源(能动型资源与非能动型资源)去满足市场需求。企业资源是企业能力活动的基础构成要素，企业能力活动是对企业资源的优化配置和整合使用所形成的结果，企业资源的增强必将影响企业能力活动的进一步发展，使企业满足目标客户关键需求的企业关键能力得到螺旋式演进提升，最终形成了企业和顾客之间的良性正向循环。

(3) 本章提出了三个理论研究假设：①假设 H1：企业能力与顾客价值呈正相关关系；②假设 H2：企业分项能力活动与顾客价值呈正相关关系；(3)H3：企业能力与顾客分类价值呈正相关关系。

(4) 从基于顾客价值的企业关键能力识别机理来看，本书一方面提出“基于顾客价值的企业关键能力识别模型”，该模型指出企业的分类顾客价值与九项企业能力活动紧密相关；另一方面提出“基于顾客价值的企业关键能力识别图”的理论方法，该方法指出当企业的某项能力活动对顾客价值的经济价值和功能价值均有显著影响时，该能力活动即为企业关键能力。这一方法对于企业聚焦资源，培育和提升企业关键能力，促进企业健康可持续发展具有十分重要的现实指导意义。

5.6 本章小结

本章定位于基于顾客价值的企业关键能力识别机理研究。本章在构建了基于企业价值链的顾客价值驱动逻辑图的基础上，构建了“顾客价值与企业能力的良性循环关系图”，提出了理论研究假设，并进一步提出了“基于顾客价值的企业关键能力识别模型”和“基于顾客价值的企业关键能力识别图”的理论方法和实践工具。本章的理论研究成果为后续章节的实证研究奠定了理论基础，后续章节主要开展基于顾客价值的中国移动企业关键能力识别的实证研究。

第6章　基于顾客价值的中国移动企业关键能力识别实证研究

第5章围绕着基于顾客价值的企业关键能力识别机理理论研究，提出了“基于顾客价值的企业关键能力识别模型”和“基于顾客价值的企业关键能力识别图”。本章将以中国电信产业的电信运营商——中国移动为实证案例，采用结构方程的定量研究方法，实证研究基于顾客价值的中国移动企业关键能力识别。本章分四步阐述：第一步，采用定性和定量方法，甄选具有电信产业特性的企业能力变量；第二步，提出研究假设；第三步，阐述案例实证的研究设计与研究方法；第四步，采用结构方程模型方法，对基于顾客价值的中国移动企业关键能力进行定量识别研究，归纳并阐述实证研究结论。

6.1　行业变量甄选

本章定位的研究问题如下。

(1) 在迈克尔·波特(Michael E. Porter，1985)企业价值链中的九项企业能力活动中，哪些能力活动是适用于电信产业，与电信运营商运营绩效密切相关的？在电信产业中，如何解释电信服务消费者的顾客价值(经济价值和功能价值)？

(2) 在基于顾客价值的中国移动企业关键能力识别实证中，如何基于顾客价值识别中国移动的企业关键能力？从顾客价值的角度分析，如何定义和阐述电信运营商的企业关键能力？

针对迈克尔·波特(Michael E. Porter，1985)提出的企业价值链中的九项企业能力活动，本书结合电信产业特点，采用定性和定量方法开展行业变量甄选，将适合电信产业的企业能力活动予以保留，将不适合电信产业的企业能力活动予以整合，从而使电信运营商聚焦企业关键能力进行培育。

6.1.1　定性研究

我们于2008年10月8—15日，组织了一次主题为“基于顾客价值识别电信运营商企业关键能力”的专家座谈会，采用头脑风暴法的形式。到会的有电信产业专家代表20人，学者15人，电信消费者代表10人，政府代表15人，电信运营商代表10人，会议着重围绕研究问题开展理论研讨。经过理论研讨，本书提出以下观点。

1. 电信运营商企业能力活动的行业化表达

由于电信产业的电信产品具有生产与消费同步的特性，Michael E. Porter(1985)提出的企业价值链的九项企业能力活动中，基本能力活动(外部物流、市场和销售、服务)与辅助能力活动(技术开发、企业基础设施)在电信产业是适用的，而基本能力活动(内部物流、生产经营)与辅助能力活动(采购、人力资源管理)电信产业需要进行整合。整合这四项能力活动的原因是：电信运营商是指提供固定电话、移动电话和互联网接入的通信服务企业。该类企业主要是在国家允许的通信经营范围内，向消费者提供语音通信和数据业务等信息服务。由于该类企业提供的服务不涉及实物类产品的转移，而采购能力活动、内部物流能力活动和生产经营能力活动主要是提供产品生产的生产型企业的关键能力，故电信企业的采购、内部物流、生产经营在专家评价过程中，重要程度较低，对电信运营商企业关键能力的影响不显著，故被整合。另外，由于人力资源管理是所有企业的一项基础管理能力，该能力对于提升电信运营商的顾客价值起到间接的支撑和保障作用，该项在专家评价中的重要程度较低，故被整合。这一研究过程是：理论研讨会与会者针对企业的九项能力活动，在问卷中使用了Likert5级打分标准，从“不重要”到“最重要”，分别请专家充分考虑九项能力活动在电信产业的适用性，经过频度分析，对指标进行评价和剥离，将不重要的指标整合。

借鉴Michael E. Porter(1985)提出的企业价值链所包含的九项能力活动，同时考虑电信服务行业经营的特点，即电信运营商提供的电信服务具有生产与消费同步的特性，且不涉及实物类产品的转移，本书将生产经营能力、人力资源管理和企业基础设施整合为电信运营商的基础管理能力活动(以下简称“基础管理能力”)，将采购、内部物流和外部物流整合为电信运营商的供应链管理能力活动(以下简称“供应链管理能力”)，而市场和销售、技术开发、客户服务则为独立的企业能力活动，即电信运营商具体表现为五项企业能力活动：市场营销能力、客户服务能力、供应链管理能力、技术开发能力、基础管理能力。其中市场营销能力主要包含电信运营商的网络服务、资费水平、营销渠道和业务促销；客户服务能力主要包含电信运营商通过客户关系管理提供相应的产品和服务而使顾客满意的能力，包括投诉处理满意度、普遍服务满意度和个性服务满意度；供应链管理能力是指电信运营商整合内部资源和协同手机终端厂商资源向顾客提供产品和服务的能力，包括内部物流支撑能力和外部物流整合能力；技术开发能力主要包含电信运营商的网络覆盖广度、数据流量速度和业务丰富程度；基础管理能力主要是指电信运营商的内在可持续发展和外在形象影响力两方面。

2. 电信运营商顾客价值的行业化表达

电信运营商的顾客经济价值是指顾客在购买电信运营商产品和服务后的实际感

知，消费者主要通过价格接受度、性价比满意度等指标考量电信运营商的顾客经济价值；顾客功能价值是指电信运营商给顾客提供的产品和服务给顾客带来的功能感知，首先表现为稳定的通话质量所带来的沟通功能，主要通过基本功能（稳定通话质量）、增值功能（技术先进性、数据流量速度、业务丰富程度、个性化功能需求满足）等指标衡量功能价值。

3. 电信运营商顾客价值与企业能力的定性关系

本书分别采用不见面的、反复沟通式的德尔菲法和集中性会议的头脑风暴法形成一致性的专家共识，从行业经验角度判别：电信产业的顾客价值主要与市场营销、客户服务、技术开发、供应链管理和基础管理五项能力紧密相关。需要指出的是电信运营商的市场营销、客户服务、技术开发、供应链管理、基础管理五项企业能力与顾客价值的经济价值和功能价值呈正相关关系，但其影响的显著性和定量关系需要进行定量实证研究。在基于顾客价值的企业关键能力识别方面，本书提出：当电信运营商的某项能力对经济价值和功能价值均有显著影响时，该能力即为企业关键能力。

6.1.2　定量研究

前面针对电信运营商的九项企业能力活动采用专家座谈会的定性方法进行了行业变量甄选，本节将采用聚类的定量研究方法进行行业变量甄选。针对企业价值链的九项企业能力活动进行行业化甄选，最常用的分析技术是聚类分析。目前主要的聚类算法有划分法、层次法、基于模型的算法、基于网格的方法、基于密度的方法等。基于密度的算法依赖于设定的密度阈值，基于模型的算法依赖于某个假定的模型，基于网格的方法依赖于设定的阈值过滤条件，但这些条件或阈值的确定比较困难，而划分法则依赖于用户希望最终划分的分组数 N。本书选用划分法中的 Hierarchical Cluster 法来进行聚类分析，研究步骤如下：于 2008 年 10 月 8—15 日组织了一次主题为“基于顾客价值识别电信运营商企业关键能力”的专家座谈会，采用头脑风暴法的形式。到会的有电信产业专家代表 20 人，学者 15 人，电信运营商代表 15 人，其他相关代表 10 人。会议着重围绕电信运营商企业能力活动的重要性进行打分评价。

1. 数据搜集

本书设计了电信运营商企业能力评价问卷，收集了专家学者针对电信运营商九项企业能力活动的重要性评价。与会专家针对企业的九项能力活动对电信运营商的价值意义与贡献，通过调查问卷的 Likert5 级打分标准进行从“不重要”到“最重要”的重要程度评价。

2. 数据整理

共发放调查问卷 60 份，回收有效调查问卷 52 份（评价记录 468 条），把搜集的问卷样本基础数据进行整理，构建了一个电信运营商企业能力评价数据集。

3. 聚类细分

运用 SPSS11.5 统计软件，按照 Hierarchical Cluster 方法建立数据分析模型，通过在企业能力评价上，对电信运营商的基本能力活动(内部物流、生产经营、外部物流、市场和销售、客户服务)和辅助能力活动(采购、技术开发、人力资源管理和企业基础设施)进行交叉聚类，最终产生了 5 项企业能力评价标准，如表 6-1 所示。

表 6-1　电信运营商企业能力聚类分析表

项目	5 组	4 组	3 组
生产经营	1	1	1
市场和销售	2	2	2
客户服务	3	3	1
采购	4	3	1
内部物流	4	3	1
外部物流	4	3	1
技术开发	5	4	3
人力资源管理	1	1	1
企业基础设施	1	1	1

4. 聚类结论

本书将电信运营商企业能力活动聚成 5 类作为标准。通过聚类数据可以发现，各电信运营商在企业价值链的九项企业能力活动中的表现有所不同，并得到结论：生产经营能力、人力资源管理能力、企业基础设施能力为第一类；市场和销售能力为第二类；客户服务能力为第三类；采购能力、内部物流能力和外部物流能力为第四类；技术开发能力为第五类。该定量聚类为基于顾客价值进行中国移动的企业关键能力识别奠定了良好的定量研究基础。

通过专家座谈会的定性研究和聚类分析的定量研究可以发现，由于电信产业的电信产品生产与消费同步的特性，迈克尔·波特(Michael E. Porter，1985)“企业价值链”理论中的五项能力，即基本能力活动(外部物流、市场和销售、服务)与辅助能力活动(技术开发、企业基础设施)在电信产业是适用的，而四项能力，即基本能力活动(内部物流、生产经营)与辅助能力活动(采购、人力资源管理)不适用于电信产业。本书将采购、内部物流和外部物流整合为供应链管理能力，将人力资源管理、企业基础设施、生产经营整合为基础管理能力。电信运营商具体表现为五项企业能力：市场营销能力(网络服务、资费水平、营销渠道和业务促销)、客户服务能力(投诉处理满意度、普遍服务满意度、个性服务满意度)、供应链管理能力(内部物流支撑能力和外部物流整合能力)、技术开发能力(网络覆盖广度、数据流量速度、业务丰富程度)、基础管理能力(内在可持续发展与外在形象影响力)。综上所述,本节可得如下研究结论。

研究结论一:迈克尔·波特(Michael E. Porter,1985)"企业价值链"理论中的五项能力活动适用于电信产业。

6.2 研究假设

本书"基于顾客价值的企业关键能力识别机理"的理论成果提出,顾客价值与企业价值链的九项企业能力呈正相关关系,即企业的顾客价值(经济价值和功能价值)与九项企业能力活动(内部物流、生产经营、外部物流、市场和销售、客户服务、采购、技术开发、人力资源管理、企业基础设施)呈正相关关系。鉴于电信产业的特殊特性,通过电信运营商企业能力行业变量甄选的定性与定量研究,可以得到结论:电信运营商的顾客价值(经济价值和功能价值)与五项企业能力(市场营销、客户服务、技术开发、供应链管理、基础管理)呈正相关关系。

1. 电信运营商顾客价值与企业能力的关系假设

根据"顾客价值与企业能力的循环关系图"的理论原理,本书认为,企业能力是顾客价值实现的基础,提升顾客价值是塑造企业能力的目的。顾客感知利得是企业能够控制的重要变量,企业通过驱动企业内部价值链体系,生产出面向顾客价值的服务产品,提高顾客感知利得,全面提升顾客的经济价值和功能价值,通过顾客需求的满足来提高顾客忠诚度,从而提升企业价值,使企业获得了重新配置资源满足更高顾客需求的机会与能力,实现了顾客价值提升的良性循环。

本书结合电信产业的特点及实际情况,根据定性和定量的研究,特从九项企业能力中选择其中更具代表性的五项企业能力(市场营销、客户服务、技术开发、供应链管理和基础管理)作为企业能力的自变量,构建基于顾客价值的企业关键能力识别模型。另外,本书根据"顾客价值与企业能力的循环关系图"提出理论研究假设:电信运营商的九项企业能力与顾客价值呈正相关关系,即企业能力强,电信运营商所提供产品或服务的感知利得大,感知成本低,顾客价值高;企业能力弱,企业所提供产品或服务的感知利得小,感知成本高,顾客价值低。故此,提出顾客价值与企业能力之间关系的假设如下:

假设H1:顾客价值与企业能力呈正相关关系。

2. 电信运营商顾客价值与企业分项能力的关系假设

从电信运营商的顾客价值来看,所有顾客价值基本上都是基于顾客的主观判断形成的,具有明显的主观性与相对性。结合本书的实际语境,在电信产业中,顾客对电信运营商的感知主要来源于电信运营商所提供的区别于一般行业的通信及增值服务,这些感知主要体现在电信运营商产品和服务带来的经济价值和功能价值这两个方面,其他几种顾客价值表现相对较弱。因此结合电信产业消费者顾客价值的实际感知情况，本书着重从这两个方面分析电信运营商的顾客价值。一方面，从经济价值来看，张立章(2007)提到相对于服务过程与服务结果质量，顾客对于所支付的货币多少，会产生“物超所值”“物有所值”“物有不值”的基本评价。许多企业服务费用实行包年或包月优惠制度，实际上就是用在同水平服务质量条件下以提供更大的经济价值来吸引顾客。中国电信运营商也是根据细分市场的顾客需求，定制不同的语音通话套餐来实现顾客经济价值的。本书立足于电信企业消费者的实际感知，通过消费者对特定电信运营商能为其带来的实惠程度和利益，来考量该电信运营商的顾客经济价值。另一方面从功能价值来看，电信产业顾客对电信运营商的感知很大程度上取决于电信服务给其带来的功能，这种功能表现为顾客感知质量。产品的功能价值可通过产品的整体质量、可靠性、产品和服务满足顾客需求程度来衡量。张立章(2007)提到无论是产品还是服务，其为顾客创造的最基本的价值就是功能价值。功能价值也正是顾客付钱消费的根本理由，功能价值基本与服务层次中的核心服务相对应，该价值也是企业创造的主要顾客价值。例如，电信运营商为全球通客户提供的主要功能利益就是帮助客户在全球各地实现异地不间断无线通信联系。围绕着企业能力与功能价值之间的关系，冯俊华(2006)也提到产品的功能价值可以通过以下途径实现：①通过产品创新、提高产品和服务质量，从而提升产品的功能价值；②加强企业内部各部门之间的合作，企业价值链经济活动的中心就是创造顾客价值；③通过降低顾客购买总成本增加顾客感知，提升同样性能产品的顾客价值。在电信产业中也是如此，电信运营商给顾客提供的产品给顾客带来的感知首先表现为稳定的通话质量所带来的沟通功能。综上所述，电信运营商的顾客价值是由经济功能和功能价值综合体现的。

本书根据在“顾客价值与企业能力的循环关系图”中提出的理论研究假设，结合电信产业的特点，通过对企业能力各分项能力与顾客价值之间的论述，探索企业能力与顾客价值之间的关系。围绕着基于市场销售能力去创造和提升电信运营商的顾客价值，鲁江(2003)认为以顾客导向为核心的市场营销以全面提升顾客价值为中心任务，可通过提高产品附加价值战略和品牌战略来提升顾客的品牌忠诚度，从而不断增加顾客价值。张庚淼(2004)提到市场和销售的目的是保留和维系最有价值客户，促进发展型客户向最有价值客户转化，密切关注或放弃企业的负值客户。通过针对不同客户不同营销策略的使用，可以促使企业的客户结构发生变化，提升企业的整体顾客价值。任何以市场为导向的组织，其基本目的就是为顾客创造价值。市场和销售能力是电信运营商的企业关键能力要素之一，鉴于此，本书认为顾客价值与市场营销能力呈正相关关系，即

假设 H11：经济价值与市场营销能力呈正相关关系。

假设 H21：功能价值与市场营销能力呈正相关关系。

随着电信顾客对电信产业的企业服务要求越来越高，而企业提供的各种电信服务

越来越趋于同质化，造成彼此之间竞争激烈，随之而来的是电信产业的同类服务（语音通话）价格不断下降，企业不得不提升自身的技术开发能力和客户服务能力，通过向细分市场的客户群提供定制、差异化的服务，来确定自身的市场竞争优势。俞海滨（2007）提到企业参与市场竞争更加有效的办法之一就是采取侧重服务属性的创新，在恰当的时间和地点、以恰当的方式提供给顾客无形的任何活动或利益，一方面发掘顾客新的价值诉求，降低甚至取消那些顾客认为并不重要却要付出很大成本的服务项目或服务传递方式，另一方面将精力和成本投入到顾客真正关注和没有被完全满足的服务项目或服务传递方式上，大大提升顾客的成本效用比，从而来全面提升顾客价值。张文涛（2006）认为企业已难以只通过有形产品来获得战略性竞争优势，服务逐步成为市场的主导，从辅助角色转变为企业的战略核心，企业的服务能力已经逐步取代价格，成为企业能否生存和保持持续竞争优势的关键所在。所以，服务对于企业提升顾客价值起着至关重要的作用。鉴于此，本书认为顾客价值与客户服务能力呈正相关关系，即

假设 H12：经济价值与客户服务能力呈正相关关系。

假设 H22：功能价值与客户服务能力呈正相关关系。

电信运营商的供应链管理存在的意义在于其能通过充分协调整合社会资源，通过专业化服务和规模化经营，为顾客降低购买和使用电信服务的成本，提高服务效率，实现协调发展效应，最终提升顾客价值。宋平（1999）就如何做好供应链管理，提到供应链物流活动要满足五个评价要素：品质、数量、时间、地点和价格，指出供应链要从系统论的观点和思想来分析企业物流管理，物流管理要科学化，物流管理手段要现代化，物流组织机构要合理化，人员素质与结构应与企业发展相适应，只有这样的服务企业提供的服务产品，才能满足高品质目标客户群的顾客价值。在电信产业中，供应链管理能力特指电信运营商与终端厂商合作，共同提供含有电信运营商企业品牌标识、内置电信运营商业务的终端手机，顾客可以用优惠的价格购买此类型手机，本书的供应链管理能力特指此种合作模式。基于以往研究中供应链管理对企业生存与发展的实证作用，本书将供应链管理作为影响电信运营商企业能力的五个因素之一，认为顾客价值与供应链管理能力呈正相关关系，即

假设 H13：经济价值与供应链管理能力呈正相关关系。

假设 H23：功能价值与供应链管理能力呈正相关关系。

顾客需求决定了电信运营商技术开发的方向和方式，同时技术开发也能够带来更大的顾客价值。技术开发能力对于提升电信运营商的顾客价值具有非常重要的作用。徐碧祥（2003）提到技术开发创新是获取竞争优势的途径，通过对企业能力的分析及与竞争对手价值链的比较，可以确定创新源，针对创新源进行技术开发创新，从而可以构建企业低成本或差异化的竞争优势。围绕着技术开发能力如何提升顾客价值，程立茹（2007）指出企业所从事的技术开发活动必须能够有效提升顾客关键价值，而且技术开发带来的价值提升还必须容易为顾客所感知。就实现路径而言，一方面通过企业的技术开发创新，改进产品或服务的性能和质量，提升和创造顾客价值；另一方面通过对业

务活动方式的创新，提升和创造顾客价值。本书认为电信运营商的技术开发能力是企业关键能力不可或缺的一个因素，鉴于此，本书认为顾客价值与技术开发能力呈正相关关系，即

假设 H14：经济价值与技术开发能力呈正相关关系。

假设 H24：功能价值与技术开发能力呈正相关关系。

为了取得优势的市场地位，企业将资源和重点都放在了企业基本能力上，但企业的可持续竞争和发展越来越多地依赖辅助能力，尤其是企业基础设施能力。一般来讲，企业长期积累的基于知识的资产专用性比较强，是难以模仿的，基于市场的资产不断投入，使其连续增长，可以建立强有力的进入障碍，影响竞争对手创造和配置资产的行为，对顾客价值创造产生重要作用。企业基础设施包括诸多方面，其中非常重要且关系到核心竞争力的一点就是企业的内部质量管理水平。在过去的数十年间，质量管理的思路、实践和工具已经成为企业管理层的主要关注点，日本公司运用质量管理在产品质量、销售业绩和利润等方面取得了巨大的成功(Pruett et al，1996)。除了企业内部质量管理以外，企业的基础设施还包括基础设施硬件等。电信运营商企业基础设施能力对企业通信服务产品的提供起到直接的支持和辅助作用，并且对顾客价值具有非常重要的影响作用。鉴于此，本书认为顾客价值与基础管理能力呈正相关关系，即

假设 H15：经济价值与基础管理能力呈正相关关系。

假设 H25：功能价值与基础管理能力呈正相关关系。

基于上述定性研究的观点，本书提出的假设群如图 6-1 所示。

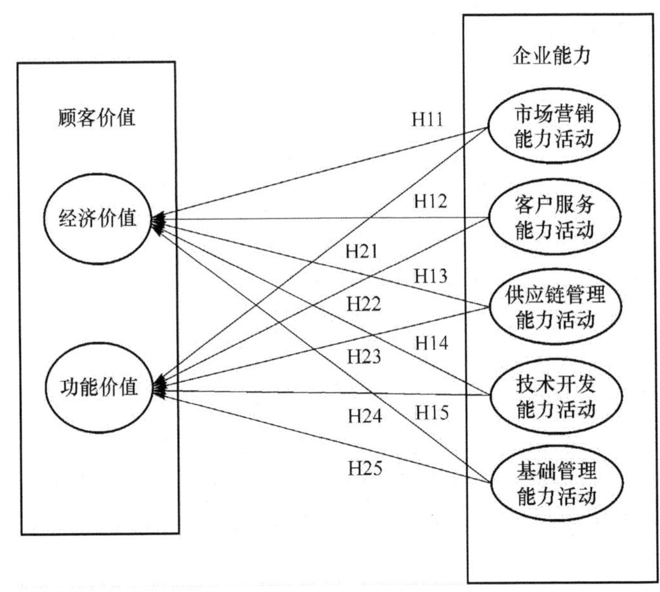

图 6-1　基于顾客价值的电信运营商企业关键能力识别的概念模型

6.3　研究设计与方法

为了对上节提出的概念模型进行假设检验，本节首先介绍研究背景；其次介绍问卷设计与数据收集（调查问卷设计、调查对象及抽样样本的选择、调查数据的基本特征）；再次介绍调查问卷的变量测量；最后阐述本章涉及的实证研究方法。

6.3.1　研究背景

从本书研究对象的选择来看，顾客价值的研究定位于服务行业，这样的理论研究和应用研究具有较大的研究价值。本书选择的产业为电信服务业，研究的主体为电信运营商——中国移动通信集团。

从研究目的来看，本书的实证研究立足于“基于顾客价值的企业关键能力识别机理”理论，从电信服务行业的角度研究顾客价值与企业能力之间的定量关系，研究希望达到如下目的：①探求在电信服务行业，顾客价值与企业能力是否相关，顾客哪类价值与企业哪项能力相关，呈什么样的相关关系；②基于顾客价值角度看电信运营商——中国移动，如何从顾客价值角度来识别中国移动的企业关键能力，从而帮助企业围绕企业关键能力进行培育提升。

从研究意义来看，本书的理论意义和实践价值具体体现在：①基于顾客价值角度识别中国移动的企业关键能力，能够帮助企业找到对经济价值和功能价值有显著影响的企业能力，从而使企业有针对性、分阶段地进行企业能力提升工作，有重点地提升顾客价值；②基于顾客价值的企业关键能力识别图可以帮助中国移动识别基于顾客价值的企业关键能力，从而帮助中国移动整合优势资源，优先提升对顾客价值影响最大的企业关键能力，从而达到全面提升顾客价值的目的。

从研究思路来看，本书基于理论创新成果——“基于顾客价值的企业关键能力识别机理”，选择电信运营商——中国移动作为切入点进行实证研究。在实证研究部分，首先，明确研究问题，采用定量和定性方法，甄选具有行业特性的企业能力变量；其次，提出研究假设；再次，阐述研究设计与方法；最后，采用结构方程模型方法对基于顾客价值的中国移动企业关键能力进行定量识别研究，并对实证研究结论进行归纳和理论应用阐述。

从研究的阶段性来看，具体研究步骤如下。第一阶段：通过国内外学术数据库的文献检索、专家访谈等多种渠道研究顾客价值理论、企业能力理论的国内外研究现状以及存在的不足，并以此为契机，发掘本书的研究方向和研究内容。第二阶段：基于研究内容选取相对较为合理的研究方法——问卷调查法和结构方程模型方法。在相关文献综述的基础上，结合所研究的内容设计初始问卷。第三阶段：制定问卷调查工作说明书和相关进度表。第四阶段:运用初始问卷,根据工作说明书的要求进行预调查。第五阶段:根据预调查的反馈情况修改预调查问卷并形成正式问卷,同时调整工作说明书和计划进度表,并在此基础上确定调查对象,建立数据库。第六阶段:运用正式问卷进行调查,回收并筛选出有效问卷。第七阶段:基于问卷回收的数据以及统计数据,采用结构方程模型方法对基于经济价值和功能价值的企业关键能力进行实证识别,对理论假设进行具体的求证与检验。

迄今为止,由于顾客价值理论与企业能力理论交叉研究缺乏相应的实证研究和检验,所以本书提出的假设还没有一个相对准确和精确的解释和实证,本章希望能够通过实证研究的定量方法,填补学术界的一些空白,帮助企业基于顾客价值识别企业关键能力,从而使企业能够面向未来经营,实现企业的可持续发展。

6.3.2 问卷设计与数据收集

1. 调查问卷设计

通过前期的国内外文献检索和理论分析,在结合专家座谈会的专家意见和行业实践经验的基础上设计了调查问卷。为了确保较高的问卷回收率,我们采取了如下措施:①在问卷调查前,我们对调查小组成员进行了面谈技巧和调查中应注意的问题的培训,包括详细介绍调查的目的和需要解决的问题,问卷中每个题项的含义,调查中的技巧和基本流程,调查的组织方式和主要的联系人等。此外,小组成员需要对被调查者提出的问题做出明确回答,向他们全面解释应该如何填写这份问卷,这些工作可以帮助被调查者在所有调查问题上的一致理解。②在问卷调查过程中,我们的调查小组成员向问卷填写人员承诺,本次调查获得的所有数据是保密的,在对调查问卷分析后我们还会把有价值的结果反馈给对此调查感兴趣的被访者,从而在一定程度上提高了问卷回收率。

此次问卷调查首先对部分调查对象(20 人)进行了预问卷调查。进行预调查有两个目的:一是确保调查问卷的内容能够涵盖本书研究的各种问题;二是确保在大规模调查之前能够尽量消除调查方法和文字表述等方面存在的漏洞,使调查结果更为准确。通过预问卷调查,的确发现初始问卷中的个别项目在设计上存在一定的问题,在进一步对调查问卷进行修正后,形成了最终的正式调查问卷。预调查所取得的数据被排除在最终的调查范围之外,所得到的数据也不录入最后的数据库。

最后,调查问卷被分为三个部分:第一部分为被访者基本信息;第二部分为评判电信运营商的企业能力表现的指标;第三部分为电信运营商的顾客价值表现。其中,第一部分主要是人口特征信息,包括性别、年龄、受教育程度、使用手机年限和工作年限等,这些因素对于分组研究各变量在组内不同群体之间的差异有重要作用;第二部分主要是中国移动的企业能力表现,包括中国移动企业能力五大分项能力(市场营销能力、客户服务能力、供应链管理能力、技术开发能力、基础管理能力)的 14 项二级子因素；第三部分主要是中国移动的顾客价值表现，包括中国移动顾客价值的分类价值（经济价值和功能价值）。

2. 调查对象及抽样样本的选择

本书的主要研究目的是基于顾客价值的中国移动企业关键能力识别实证研究。为了能使回收的调查问卷在最大程度上逼近客观情况，我们选取的调查对象具有相当的广泛性和代表性，主要选取了不同性别、不同年龄段、不同受教育程度、不同使用手机年限和不同工作年限的中国移动客户，这些调查对象是本书研究结论的重要统计信息来源。

样本质量决定了研究结论的适用性或外推性，样本的最主要特点是它的代表性，不同的抽样方法有不同程度的总体代表性（李怀祖，2004）。常用的抽样方法有随机抽样和非随机抽样两种。本书主要采用非随机抽样的方法。非随机抽样中常用的是便利抽样（Convenience Sampling）和判断抽样（Judgement Sampling）。前者是指研究者以方便易行作为抽样的主要考虑因素，常常为了争取实效或达到特殊的目的，实时进行访谈或实施问卷调查；后者是指研究者根据自己的知识结构和研究目的而主观断定样本，认为不按随机取样方式，而采用有目的的抽样方式，更能有效地取得研究所需要的数据，以达到研究目的。本书综合采用判断抽样和便利抽样方法相结合的非随机抽样法。

调查问卷的发放数量可以参考相关统计理论做出分析。一般来说，有学者认为如果做回归分析，样本数至少是模型变量数目的10倍，本研究模型有17个变量，照此要求至少有170个样本才能符合统计要求，我们选择了407个有效样本进行调查，所以样本量符合统计要求。正式发放问卷的时间是2009年6月10日，根据分层、分群混合抽样方法，发放调查问卷500份，回收调查问卷450份，剔除无效问卷，最终有效调查问卷407份，有效回收率为81%。本问卷采用访问调查的形式，访谈队伍由21名在校硕士研究生和本科生组成。为了保证误差在5%左右，通常情况下至少需要300～400个研究样本（Brannen et al，1992；Creswell et al，2003）。本书的研究是一项探索性的研究（Exploratory Research），旨在为后续研究提供理论参考和研究基础，我们认为407份有效样本足以支撑本探索性研究（Babbie et al，2004）。

在得到所有完整有效的问卷以后，我们首先对回收的问卷进行了整理编号，然后按照预先设计的数据结构，组织人员将合格的问卷输入计算机形成数据库。为了验证问卷问题的有效性，我们对问卷的效度进行了分析。具体的做法是将每个有效样本包含的所有问题的得分进行加总，求出每个样本的总分，然后按照总分进行排序，将分数最高的样本作为高分组，将分数最低的样本作为低分组，然后针对每个问题求出其在高分组和低分组的平均分，最后对每个问题在高分组和低分组的平均分作 T 检验，如果两者间有显著的差异，则说明这个问题是有效的；如果 T 检验的结果表明，两个平均数间没有显著差异，则问题是无效的（吴明隆，2000）。最后的检验结果表明，问卷中的所有问题都是有区分度的。

3. 调查数据的基本特征

本书对于调查数据进行了初步的描述性统计，从而获得对调查数据的初步认识。

(1) 调查对象的描述性统计

被访者的背景信息如表 6-2 所示。

表 6-2 调查问卷样本统计表

项目	分类	人数/人	百分比
性别	男	183	45%
	女	224	55%
年龄	30 岁以下	317	78%
	30～39 岁	73	18%
	40～49 岁	16	4%
	50 岁以上	1	0%
受教育程度	大专及以下	45	11%
	本科	211	52%
	硕士及以上	151	37%
使用手机的年限	1 年以下	16	4%
	1～3 年	16	4%
	3～5 年	90	22%
	5 年以上	285	70%
工作年限	1 年以下	28	7%
	1～3 年	37	9%
	3～5 年	57	14%
	5～10 年	204	50%
	10 年以上	81	20%

调查问卷从性别、年龄、受教育程度、使用手机的年限、工作年限五个维度选取不同区间按比例进行分配，保证了统计分析结果有代表性，能够反映各个层面代表基于顾客价值对企业关键能力识别的客观性。样本描述性统计表明，性别分布上，男女比例相差不多，女性被试者略高；年龄分布上，40 岁以下的被调查者占 96%；受教育程度分布上，被调查者中拥有大专以上学历的占 89%，其中硕士以上学历占 37%；在使用手机年限的分布上，3 年以上手机使用年限的占 92%，这对于调查问卷的判断具有相当的客观性；在工作年限分布上，工作 3 年以上的被访者占 84%，这样的工作年限分布更有利于得到有价值的结论；在电信运营商选择分布上，为了探究中国移动企业能力演进良好背后的动因，希望能够找到中国移动的企业关键能力，故电信运营商的客

户样本选择均为使用中国移动服务的通信客户。

(2) 自变量的描述性统计

每份调查问卷的自变量为电信运营商的企业能力组合,如表 6-3 所示,总体上看,测量所得自变量分布良好,无异常值出现,适合建立回归模型。

表 6-3　自变量

自变量项目		样本量	最小值	最大值	平均值	方差
市场营销能力	网络服务	407	1	5	3.64	0.874
	资费水平	407	1	5	3.53	0.984
	营销渠道	407	1	5	3.64	0.790
	促销宣传	407	1	5	3.81	0.853
客户服务能力	投诉处理满意度	407	1	5	3.78	0.941
	普遍服务满意度	407	1	5	3.76	0.833
	个性服务满意度	407	1	5	3.63	0.853
供应链管理能力	内部物流支撑能力	407	1	5	3.74	0.879
	外部物流整合能力	407	1	5	3.77	0.892
技术开发能力	网络覆盖广度	407	1	5	3.61	0.910
	数据流量速度	407	1	5	3.51	0.071
	业务丰富程度	407	1	5	3.63	0.892
基础管理能力	内在可持续发展	407	1	5	3.62	0.921
	外在形象影响力	407	1	5	3.66	0.882

(3) 因变量的描述性统计

如表 6-4 所示,总体来看,测量所得因变量分布良好,无异常值出现,适合建立回归模型。

表 6-4　因变量

因变量项目	样本量	最小值	最大值	平均值	方差
经济价值	407	1	5	3.10	0.406
功能价值	407	1	5	3.08	0.426

说明:中国移动的经济价值均值(Mean = 3.10)最高,功能价值均值(Mean = 3.08)最低。

6.3.3　问卷变量测量

本书采用主观感知方法进行变量测量,事实上答卷者主观感知的测量方法已被许多国内外学者所认同并采用，如李存芳等（2006）。比较多见的 Likert 量表有四点式、五点式、七点式和十点式等，其中四点式量表由于等级过少，反应答卷者态度倾向性不够细致；七点式和十点式量表反映答卷者的态度倾向比较精确，但由于花费时间过长容易使答卷者产生厌倦情绪而影响效率。李克特五点计分量表的应用很广泛，因为 Likert 量表具有设计构造简单、易于操作等特点。考虑以上因素本书最终采用正向的五点式 Likert 量表进行测量，比如 5 表示非常同意，1 表示非常不同意，依此类推。以此量表测试的结果作为正式评价基于顾客价值的企业关键能力识别机理的依据。基于顾客价值的企业关键能力识别模型，本书需要研究中国移动的企业能力与顾客价值（经济价值和功能价值）之间的相关关系，在实证研究中，需要对中国移动的企业能力（市场营销能力、客户服务能力、技术开发能力、供应链管理能力、基础管理能力）以及顾客价值的分类价值（经济价值和功能价值）进行变量测量。

1. 企业能力的变量测量

（1）市场营销能力

4P 营销理论产生于 20 世纪 60 年代的美国，随着营销组合理论的提出而出现。"市场营销组合"的意思指市场需求或多或少地在某种程度上受到所谓"营销变量"或"营销要素"的影响。营销组合实际上有几十个要素，杰罗姆·麦卡锡（McCarthy）于 1960 年在其《基础营销》一书中将这些要素概括为 4 类：产品（Product）、价格（Price）、渠道（Place）、促销（Promotion），即著名的 4P 营销理论。4P 营销理论认为产品、价格、渠道、促销等营销因素为企业可控因素。企业营销活动的实质是一个利用内部可控因素适应外部环境的过程，即通过对产品、价格、渠道、促销的计划和实施，对外部不可控因素做出积极动态的反应，从而促成交易的实现和满足个人与组织的目标。鉴于此，将中国移动的市场营销能力阐述为网络服务、资费水平、营销渠道、业务促销等。期望通过电信运营商网络服务、资费水平、营销渠道、业务促销等基本营销活动进行比较，调查分析各电信运营商现在所具有的市场营销能力。市场营销能力变量测量如表 6-5 所示。

表 6-5　市场营销能力变量测量

测量变量	操作变量	具体问项
市场营销能力	网络服务	您对电信运营商提供的移动通信网络服务是否满意？
	资费水平	您对电信运营商的资费水平是否满意？
	营销渠道	您对电信运营商的服务网点数量与服务质量的感受如何？
	业务促销	您认为电信运营商的业务促销活动及宣传效果是否令人满意？

（2）客户服务能力

管理大师彼得·德鲁克认为，企业若想经营成功，必须做到两点：一是清楚客户真正需要的是什么；二是用比竞争者更好的创新方法满足客户的需求。若将这两点法则用在电信运营商身上，就是要求电信运营商找到市场的需求点并推出创新性差异化的服务(于淼，2010)。对任何企业来说，拥有顾客才是基业长青的根本。另外，服务价值链(Services Value Chain)理论同样告诉我们企业必须树立以顾客为导向的经营理念(张楠，2009)。因此，如何为顾客创造价值成了企业最为关注的问题。对于竞争日趋激烈的运营商而言，如何提高其客户服务能力是赢得顾客的关键。

Kano(1984)将顾客服务定义为三个层次：①基本型需求是顾客认为产品必须有的属性或功能。当其特性不满足顾客需求时，顾客很不满意；当其满足顾客需求时，无所谓满意不满意，顾客充其量是满意。②期望型需求是要求企业提供的产品或服务比较优质。该类需求在产品中实现的越多，顾客就越满意；当没有满足这些需求时，顾客就不满意。③兴奋型需求是要求企业提供给顾客一些完全出乎意料的产品属性或服务行为，使顾客产生惊喜。将此理论借鉴延伸至电信产业，则该三种需求分别对应投诉处理满意度、普遍服务满意度和个性服务满意度三个方面，这三个方面综合决定一个人对产品与服务的期望，及所感觉到的愉快或失望的程度。若投诉处理满意度不符合顾客期望，顾客会感到不满意；若普遍服务满意度符合顾客期望，顾客将感到满意；若个性服务满意度超过顾客期望，顾客将感到非常满意。高度满意或愉快的顾客可创造其对品牌的一份情感，而不只是理性的偏好，亦可获得更高的顾客忠诚度。随着客户对通信质量要求的日益提高和市场竞争的不断加剧，能优质、高效地提供普遍服务与个性服务，并能及时、有效地处理客户投诉行为，则是电信运营商核心能力的体现(马冬梅，2006)。因此，本书从投诉处理满意度、普遍服务满意度、个性服务满意度三个方面来分析衡量中国移动的客户服务能力。客户服务能力变量测量详见表 6-6。

表 6-6　客户服务能力变量测量

测量变量	操作变量	具体问项
客户服务能力	投诉处理满意度	您对电信运营商的投诉受理态度及处理效率是否满意？
	普遍服务满意度	您对电信运营商提供的通信基础服务是否满意？
	个性服务满意度	您对电信运营商提供的通信个性化服务是否满意？

(3) 供应链管理能力

供应链是围绕核心企业，通过对信息流、物流、资金流的控制，从采购原材料开始，制成中间产品以及最终产品，最后由销售网络把产品送到消费者手中，进而将供应商、制造商、分销商、零售商以及最终用户连成一个整体的功能网结构。它是扩展企业结构的一个范围更广的模式，是一条增值链，物料在供应链上因加工、包装、运输等过程而增加其价值，从而给相关企业带来效益。电信运营商的供应链管理是从最终用户到原始供应商的关键业务流程的整合，它为客户和其他有关者提供价值增值的产品、服务和信息。电信运营商供应链管理的目标是使企业整体价值达到最大化，为了使供应链整体价值最大，供应链上的各个环节必须整合起来，而且要能顺畅地发挥各自的作用，保证物流、资金流、信息流在各个节点上的顺利运行，从而达到全局动态最优目标，以适应新的竞争环境下市场对生产和管理过程提出的高质量、高柔性和低成本的要求。

为了获得竞争优势，企业一方面要加强职能部门的内部物流支撑能力，实现企业内部的一体化；另一方面企业又必须不断地加强外部物流整合能力，将其他企业所拥有并能为本企业所用的资源整合起来，实现企业的价值目标（张丽芳，2007）。这就决定了企业必须根据环境的变化不断地对内部供应链、外部供应链及它们之间的关系进行优化。本书将通过对电信运营商的供应链管理能力研究，通过分析运营商的内部物流支撑能力和外部物流整合能力两方面来对中国移动的供应链管理能力进行衡量。供应链管理能力变量测量详见表 6-7。

表 6-7　供应链管理能力变量测量

测量变量	操作变量	具体问项
供应链管理能力	内部物流支撑能力	您对电信运营商的在线网络服务的质量及效率是否满意？
	外部物流整合能力	您对电信运营商提供的终端产品及服务是否满意？

（4）技术开发能力

伴随着电信市场竞争的日益激烈，信息产业正在由传统的语音通信向信息通信转型，宽带、融合和无所不在的人与物信息传递成为主流，信息量市场的空间和能量正逐渐得到释放。在信息服务大发展的趋势下，客户概念的内涵和外延不断扩大，需求不断丰富。相应地，电信运营商的出发点就要从为客户节省通信支出以实现规模，向为客户提供有价值的信息和信息解决方案，从而提升自身价值的方向转变。电信运营商在产业融合的大背景下，基于企业自身的资源和能力优势，以更好地满足客户的综合信息需求为出发点，在广泛的范围内进行客户价值创新机会识别，进行价值创新，不仅满足了客户对信息产品的需求，而且使企业自身价值不断得到提升。

随着我国电信运营商 3G 网络建设的完成和无线覆盖网络优化的完善，电信运营商已经把原来的工作重点从网络建设规划及网络优化逐渐转向未来网络的技术开发能力及盈利模式（肖尔侨，2011）。因此，电信运营商如何针对客户的潜在需求，进一步拓展和开发具有更广泛覆盖率的通信网络，高效的数据流量速度和较高的业务丰富程度成了当前电信运营商工作的重中之重。由以上分析得出，本书通过研究电信运营商的网络覆盖广度、数据流量速度及业务丰富程度三个方面，来反映中国移动的技术开发能力。技术开发能力变量测量详见表 6-8。

表 6-8　技术开发能力变量测量

测量变量	操作变量	具体问项
技术开发能力	网络覆盖广度	您对电信运营商的语音网络覆盖质量是否满意？
	数据流量速度	您对电信运营商提供管道的数据流量下载速度是否满意？
	业务丰富程度	您对电信运营商提供的增值业务丰富程度是否满意？

(5) 基础管理能力

当今电信运营商之间的竞争已经越来越激烈和深化，相互之间的竞争不再是单纯的产品、价格、渠道、促销等普遍服务能力方面的竞争，而是发展成为一种除此之外还包括品牌、口碑、公关、社会影响力、社会资源等在内的全方位的较量(陈玉保，2010)。因而，电信运营商将越来越关注可持续发展及形象影响力对自身带来的价值提升，在保持企业稳健经营的同时，对利益相关者负责，实现企业发展与社会的和谐统一。电信运营商重视基础能力建设，自觉地将提升可持续发展能力及形象影响力作为自己的重要经营战略。目前，电信运营商采取种种改善措施，拉近自己与公众、社会的距离，树立良好的公众形象，为企业创造良好的经营环境，帮助企业树立起良好的社会形象和品牌形象。

目前，虽然关于电信运营商重视可持续发展及形象建设与企业经营业绩之间的定量研究还存在一定的困难，但是两者的正相关关系已基本被国内外实例研究所证实。典型的企业案例不胜枚举，NTT DOCOMO、沃达丰等国际性电信运营商就正是因为拥有正确的可持续发展观及全方位的形象建设实践才成就了今天的辉煌。因此，本书通过分析电信运营商的内在可持续发展及外在形象影响力状况两个方面来测量其基础管理能力，这样有助于正确理解电信运营商可持续发展表现及形象影响力状况，并依据电信运营商的运营特征设计相应的评价指标体系，可为公众和利益相关者评价中国移动的价值活动提供依据。基础管理能力变量测量详见表 6-9。

表 6-9　基础管理能力变量测量

测量变量	操作变量	具体问项
基础管理能力	内在可持续发展	您有意愿可持续消费该电信运营商提供的产品或服务吗？
	外在形象影响力	您认同该电信运营商是一家值得信赖的企业吗？

2. 顾客价值的变量测量

(1) 经济价值

经济价值是指产品或服务由于其“稀缺性”，而给顾客带来经济实惠的价值，即实现同等功能时，费用的节省为顾客带来的价值。围绕着经济价值与企业能力之间的关系，丁慧平(1998)提到质量保证是提高产品经济价值的基础，产品附加价值是产品经济价值的主要组成部分。目前，服务企业很多实行包年、包月优惠制度，实际上就是用同样水平的服务质量以提供更大的经济价值来吸引顾客。中国移动也制定了不同的套餐计划，来满足细分市场的顾客需求，从而实现顾客经济价值。通过降低产品成本和提升企业的各分项能力等举措，来实现产品的经济价值。本书从顾客对中国移动企业能力五个方面的综合感知来考量中国移动的顾客经济价值，这同时也体现了本书的研究目的。

(2) 功能价值

功能价值是指产品物质本身客观的“有用性”给顾客带来的比较实用的价值。产品或服务为顾客创造的最基本的价值就是功能价值。顾客付钱消费首先就是要获得功能价值，且该价值也是企业创造的顾客价值的主要方面。企业产品的功能价值是由产品功能(多样化、先进性和实用性等)与产品质量水平(包括产品性能、稳定性、安全性等)带来的价值。电信运营商为顾客提供的产品给顾客带来的感知首先表现为稳定的通话质量所带来的沟通功能。电信运营商为顾客实现异地不间断无线通信联系，从而为顾客创造了功能价值。围绕着企业能力与功能价值之间的关系，通过产品创新、提高产品和服务质量、降低顾客购买总成本增加顾客感知等措施来提升产品的功能价值。因此，本书对于顾客功能价值的衡量，是通过调查分析顾客对中国移动五项企业能力的综合感知得到的。

6.3.4 研究方法

本书的主要研究目的是基于顾客价值的中国移动企业关键能力识别的实证研究，采用结构方程模型的方法检验顾客价值与企业能力变量之间的定量关系，以期对前文的假设进行验证。

结构方程模型(SEM)是一种实证分析技术，主要是通过应用结构方程模型来确定一个特定模型是否合理。因此，通过寻找变量间内在的结构关系，结构方程模型可以验证某种结构关系或模型的假设是否合理，模型是否正确，并且如果模型存在问题，可以指出如何加以修改。结构方程模型容许自变量和因变量含有测量误差；容许潜在变量由多个观察指标构成，并同时估计各指标的信度和效度。结构方程模型的变量可分为内源观测变量、外源观测变量、内源潜在变量和外源潜在变量四种；结构方程模型的指标可分为反映性指标和形成性指标。应用结构方程模型主要有五个步骤，分别是模型设定、模型识别、模型估计、模型评价以及模型修正。

第一，模型设定。根据已有的理论和研究结果，从理论假设出发，检验理论假设与数据是否相符，即从数据的角度检验假设的合理性(孙连荣，2005)。研究结果依赖于假设与数据的拟合程度，根据样本数据与假设模型拟合的结果，对假设做出合理解释，从而发展和建立新的理论。结构方程模型是反映潜在变量和显变量的一组方程，其目的是通过显变量的测量推断潜在变量，对假设模型的正确性进行检验。因此，应首先根据已有的理论和研究结果，建立假设的初始模型，通过路径图对变量间假定的因果关系予以描述。这不仅可以使模型以直接和明了的方式表达出来,而且可以通过路径图将模型转化为建模的方程,使模型建立在正确的理论基础之上。

第二,模型识别。模型识别主要是考虑模型中每一个自由参数能否由观测数据求得唯一解。所以,要检查建立起来的模型是属于恰好识别结构模型、识别不足结构模型还是过度识别结构模型。识别是通过线性方程的各个系统参数进行的,模型识别的必要但不充分的条件是模型的参数个数不多于观察的方差和协方差数目,因此,应依据这个必要条件对模型进行可识别性检验。

第三,模型估计。模型参数可以采用最大似然法和广义最小二乘法根据观测变量的方差和协方差矩阵所提供的信息进行估计(孙连荣,2005)。结构方程模型的估计过程完全不同于传统的统计方法,它不是追求尽量缩小样本每一项记录的拟合值与观测值之间的差异,而是追求尽量缩小样本的方差、协方差值与模型估计的方差、协方差值之间的差异。

第四,模型评价。在取得了模型参数估计值之后,需要对模型与数据之间是否拟合进行评价。对模型与数据拟合程度进行检验可采用多种指标,对各指标的统计值要综合考虑,而不能机械地将某一个指标数值的大小作为评价模型优劣的标准。同时,对模型的评价不应仅仅局限于模型拟合的指标,而应与已有的相关理论相结合,把结构方程置于更广泛的证据和理论中评价模型是否是数据最好的或信息量最大的解释。

第五,模型修正。如果模型存在拟合程度不高或与理论相悖等方面的问题,则要对模型进行必要的修正。重新回到模型设定阶段,根据以往经验和实际情况对模型进行修改,然后再用同一样本数据进行检验,比较修改前后拟合指标的改善情况,直到模型不需要修正、可以应用为止。

需要指出的是,模型的评价应结合建立模型所依据的专业理论,一个好的模型不仅具有良好的拟合指标,而且要符合理论与客观实际,能够揭示或反映现实世界中的实际问题(孙连荣,2005)。对于结构方程模型中因果关系的设定、假设关系的修正和模型评估的其他许多方面,都要首先基于专业理论进行理论分析和判断,理论为结构方程模型各个方面提供了基本原理。结构方程模型的分析流程如图 6-2 所示。

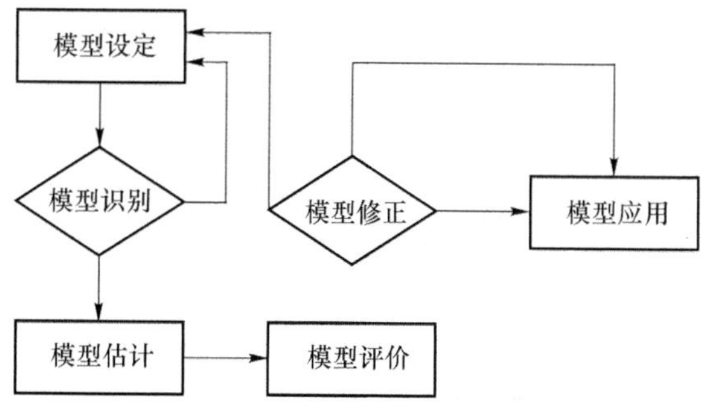

图 6-2　结构方程模型的分析流程

6.4 分析和结果

本节采用统计学软件 SPSS17.0 对前文提出的假设和变量进行数据分析，主要分两步进行。第一步，对量表进行信度和效度检验；第二步，采用结构方程模型方法对前文提出的模型和假设进行检验，即基于顾客价值的企业关键能力识别实证研究。

6.4.1 信度和效度检验

1. 变量的信度检验

进行假设检验之前，首先需要对研究中涉及的隐性变量的信度进行分析。信度分析又称可靠性分析，是对一种现象的测度提供的稳定性和一致性结果的检验(Nunnally，1978)，反映了构成变量的指标的内部一致性，而内部一致性是衡量某一指标与测度同一因子的其他指标间相关能力的一种重要测度。文献中通常采用 Cronbach α 系数对指标的内部一致性进行估计和验证(Nunnally，1978)。Cronbach α 系数又称内部一致性系数，它取值在 0 到 1 之间，其值越大，信度越高。一般说来，衡量同一要素的全部指标的 Cronbach α 值超过 0.7 就是合适的，而对于尚未验证过的变量尺度，其 Cronbach α 大于 0.65 即可(Yates et al，1992)。

表 6-10 给出了信度分析的结果，本书所有的隐性变量都是在已有研究的基础上提炼出来的，结果显示所有变量的 Cronbach α 值都超过了 0.7，表明所采用的隐性变量在所采用的样本数据中表现出了很好的内部一致性特征，变量的信度通过了检验。

表 6-10 量表的信度和聚敛效度

测量指标	因子载荷	α 系数	AVE
市场营销能力		0.887	78.995%
1. 对电信运营商提供的移动通信网络服务满意	0.808		
2. 对电信运营商的资费水平满意	0.918		
3. 对电信运营商的服务网点数量与质量满意	0.903		
4. 对电信运营商的业务促销活动及宣传效果满意	0.857		
客户服务能力		0.918	76.981%
1. 对电信运营商的投诉受理态度及处理效率满意	0.817		
2. 对电信运营商提供的通信基础服务满意	0.893		
3. 对电信运营商提供的通信个性化服务满意	0.841		

续表

测量指标	因子载荷	α 系数	AVE
供应链管理能力		0.906	79.508%
1. 对电信运营商的在线网络服务的质量及效率满意	0.867		
2. 对电信运营商提供的终端产品及服务满意	0.904		
技术开发能力		0.903	61.392%
1. 对电信运营商的语音网络覆盖质量满意	0.712		
2. 对电信运营商提供管道的数据流量速度满意	0.787		
3. 对电信运营商提供的增值业务丰富程度满意	0.845		
基础管理能力		0.832	65.853%
1. 有意愿可持续消费该电信运营商的产品或服务	0.743		
2. 认同该电信运营商是一家值得信赖的企业	0.873		

2. 变量的聚敛效度

效度是指测量指标能够真正衡量出研究人员所要衡量的事物的真实程度，反映了因子与其测量题项间的关系。在效度分析中，通常要验证某个指标是否显著地依附于所度量的因子变量（收敛效度），并确保该指标并没有度量其他的因子变量（区别效度）(Campbell et al,1959)。收敛效度是指同一个因子所包含的各个题项之间的相关性程度，如果一群指标测量了一个共同的变量，那么就说明这些指标存在收敛效度。收敛效度的检验包括两个方面：首先，检验某个指标在所测量因子变量上的路径(Loading)值或称因子载荷在给定的可靠度（如 95%）下是否显著，显著的因子载荷且其值越高，说明项目能够很好地测量所属因子，有利于因素的成立。通常，因子载荷显著且大于 0.7 被认为是合适的(Fornell et al,1981)。其次，计算从每一个因子中提取的可解释方差百分比(AVE)，即每个因子的变量对因子的总的解释程度。一般来说，当提出的变量对所研究因子的解释程度达到 0.40 就认为这些变量是有效的(Ford et al,1986)。

表 6-10 给出了所用变量的度量指标在其测量对象上的因子载荷，其基本都达到了大于 0.7 的标准，这表明在这些指标和结构变量之间存在统计上的显著性，也就是反映了单个指标的可靠性，所以本书提出的这些变量度量指标都是有效的，即满足聚敛效度。

3. 变量相关性和区别效度

分析变量之间相关性的目的是初步检查变量之间是否存在相互影响，变量相关性反映的是变量间相互作用的可能性，而不是反映因果关系，而且并不考虑其他变量比如控制变量在其中的作用。通过相关系数分析，可以初步判断模型设置或假设是否合理，也可以根据变量相关程度决定是否做共线性检验。区别效度反映了因子中每一个题项的唯一性和独特性，以及该题项与其他因子题项之间不相关的程度。区别效度可以通过每个隐性变量能解释的方差百分比的平方根值（结构变量的内部方差）是否大于结构变量之间相关系数的平方（结构变量之间的方差）来判断（Segars，1997）。按照William（1992）的分类标准，相关系数小于 0.4 为低度相关，相关系数在 0.4 到 0.7 之间为中等相关，相关系数大于 0.7 为高度相关。计算结果如表 6-11 所示，各测量变量间的相关系数在 0.543 到 0.754 之间，均不含有 1.0，表明所测量的各变量是具有显著区别的不同概念，区别效度也同样得到了验证。

表 6-11　测量变量相关系数矩阵

变量名称	市场营销能力	客户服务能力	供应链管理能力	技术开发能力	基础管理能力
市场营销能力	1.000	0.551**	0.621**	0.754**	0.642**
客户服务能力	0.551**	1.000	0.560**	0.611**	0.582**
供应链管理能力	0.621**	0.560**	1.000	0.543**	0.622**
技术开发能力	0.754**	0.611**	0.543**	1.000	0.723**
基础管理能力	0.642**	0.582**	0.622**	0.723**	1.000

注：$N=407$，** 代表在 0.01 的显著水平上相关（双尾检验）。

6.4.2　假设检验

本节将在调查问卷信度和效度分析的基础上，利用样本数据，采用结构方程模型理论对假设模型进行参数估计与假设检验，检验模型的正确性，最终能够识别出基于顾客价值的中国移动企业关键能力。

1. 结构方程模型的建立

本书建立了“基于顾客价值的企业关键能力识别模型”，该模型是否成立，各变量之间影响程度有多大，有待利用中国移动的客户样本数据进行估计与验证。在本书假设的带潜变量的结构方程模型中有样本量 407 个，共包括 38 个变量，其中有 17 个可观测变量，有 21 个无法观测变量（5 个潜变量，16 个测量误差项 $e_1 \sim e_{16}$）。本模型的 5 个潜变量和 14 个可观测变量如下。

（1）市场营销能力，该潜变量由 4 个可观测变量构成，即网络服务、资费水平、营销渠道和业务促销；

（2）客户服务能力，该潜变量由 3 个可观测变量构成，即投诉处理满意度、普遍服务满意度和个性服务满意度；

（3）供应链管理能力，该潜变量由两个可观测变量构成，即内部物流支撑能力和外部物流整合能力；

（4）技术开发能力，该潜变量由 3 个可观测变量构成，即网络覆盖广度、数据流量速度和业务丰富程度；

(5) 基础管理能力,该潜变量由两个可观测变量构成,即内在可持续发展和外在形象影响力。

本模型还有两个可观测变量:经济价值和功能价值。图 6-3 所示为本研究假设的结构方程模型。

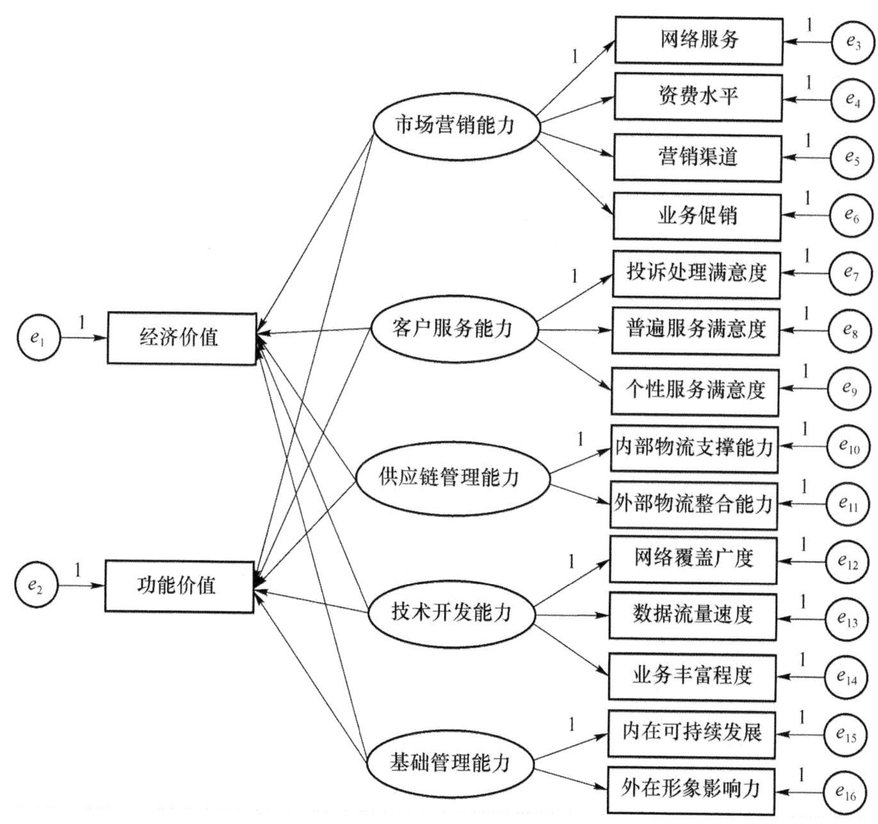

图 6-3　基于顾客价值的企业关键能力识别模型假定的结构方程模型

在图 6-3 的结构方程模型中,单向箭头代表线性因果关系,程度的大小由回归权重系数表示。测量误差用圆圈表示,它不能被直接观察到。在路径分析模型中,变量是模型的基本要素,路径范式要表现所有的变量,这些变量会影响因变量的值。线性回归的一个基本假设就是误差与每一个预测变量都是不相关的。所以,在误差和其他变量之间没有箭头连接。每个内生观测变量都被赋予一个随机误差值 e。由于两个内生观测变量经济功能和功能价值的因子载荷均设定为 1,所以本模型全部参数有 71 个,固定参数有 21 个,待估计的参数有 50 个。在待估计参数中,有 19 个回归系数参数、10 个协方差、21 个方差。

2. 结构方程模型的识别

在该模型中,待估自由参数 λ 为 50,显变量数目 n 为 16,根据结构方程模型满足恰好识别和过渡识别的条件是 $\lambda \leqslant n(n+1)/2$，即 $50 < 16(16+1)/2 = 136$，所以该结构方程模型是过度识别的，可进行拟合分析。考虑到观测数据不符合多变量正态性假定，本模型采用一般化最小平方(Generalized Least Squares，GIS)法。

对图 6-3 所示的测量变量和结构模型进行了回归及误差的方差分析，表 6-12 和表 6-13 表明，结构方程模型没有出现上述特征，本模型具有可识别性。在表 6-12、表 6-13、表 6-15、表 6-17 中，设置的显著性水平概率值 $p = 0.000 < 0.05$，p 值表达为“ *** ”。

表 6-12　结构方程模型的路径系数估计

回归		标准回归系数	估计值	标准差	检验统计量	显著性水平
		Standardized Regression Weights Estimate	Regression Weights Estimate	S. E.	C. R.	p 值
网络服务	<---市场营销能力	0.722	1			
资费水平	<---市场营销能力	0.716	1.129	0.098	11.491	***
营销渠道	<---市场营销能力	0.739	0.947	0.072	13.19	***
业务促销	<---市场营销能力	0.777	1.079	0.116	9.27	***
投诉处理满意度	<---客户服务能力	0.746	1			
普遍服务满意度	<---客户服务能力	0.69	0.818	0.071	11.564	***
个性服务满意度	<---客户服务能力	0.758	0.937	0.068	13.754	***
内部物流支撑能力	<---供应链管理能力	0.778	1			
外部物流整合能力	<---供应链管理能力	0.783	1.036	0.078	13.299	***
网络覆盖广度	<---技术开发能力	0.664	1			
数据流量速度	<---技术开发能力	0.753	1.316	0.108	12.195	***
业务丰富程度	<---技术开发能力	0.795	1.207	0.103	11.775	***
内在可持续发展	<---基础管理能力	0.733	1			
外在形象影响力	<---基础管理能力	0.763	1.018	0.077	13.239	***
功能价值	<---市场营销能力	0.528	1.254	0.726	1.726	0.084
功能价值	<---客户服务能力	1.161	2.386	1.464	1.630	0.103
功能价值	<---供应链管理能力	0.262	0.547	0.812	0.673	0.501
功能价值	<---技术开发能力	0.242	0.585	0.665	0.879	0.379
功能价值	<---基础管理能力	1.164	2.546	2.234	1.140	0.254
经济价值	<---市场营销能力	1.530	3.649	2.121	1.721	0.085
经济价值	<---客户服务能力	2.548	5.259	4.252	1.237	0.216
经济价值	<---供应链管理能力	1.199	2.514	2.240	1.122	0.262
经济价值	<---技术开发能力	1.841	4.464	2.672	1.671	0.095
经济价值	<---基础管理能力	1.313	2.885	3.350	0.861	0.389

表 6-13　误差方差估计值

误差方差	估计值	标准差	C. R. 值	p 值
市场营销能力	0.342	0.055	6.218	***
客户服务能力	0.457	0.061	7.545	***
供应链管理能力	0.443	0.057	7.743	***
技术开发能力	0.331	0.051	6.468	***
基础管理能力	0.403	0.064	6.325	***
e_1	0.521	0.398	1.308	***
e_2	0.08	0.107	0.748	***
e_3	0.314	0.025	12.465	***
e_4	0.415	0.034	12.049	***
e_5	0.255	0.021	11.961	***
e_6	0.262	0.024	11.099	***
e_7	0.363	0.032	11.188	***
e_8	0.337	0.026	12.766	***
e_9	0.298	0.025	11.956	***
e_{10}	0.288	0.032	9.027	***
e_{11}	0.301	0.033	9.032	***
e_{12}	0.419	0.033	12.73	***
e_{13}	0.439	0.038	11.528	***
e_{14}	0.28	0.025	10.992	***
e_{15}	0.348	0.033	10.416	***
e_{16}	0.301	0.03	9.906	***

3. 结构方程模型的评价

经过分析，样本数据满足一定分布性要求后，就要对结构方程模型进行评价。

参照国际通行评价标准，采用 χ^2/df、GFI、AGFI、NFI、CFI 和 RMSEA 这 6 个指标对假设模型进行了评价。表 6-14 是样本数据与假设模型拟合的结果。

表 6-14　数据与模型拟合结果

指标	p	χ^2/df	GFI	AGFI	NFI	CFI	RMSEA
合理值	>0.05	<2	>0.9	>0.8	>0.9	>0.9	<0.05
实测值	0.000	2.665	0.926	0.883	0.924	0.925	0.336

从拟合结果看，模型的卡方值是 229.16，自由度是 86，显著性概论值 $p=0.000<0.05$，达到显著水平，拒绝原假设，表示样本数据的协方差矩阵与模型隐含的协方差矩阵无法拟合。模型的卡方值与自由度的比率（χ^2/df）为 2.665，远大于 2，但由于该指

标较易受样本容量影响，所以该指标大于 2 并不一定能说明模型拟合不好，还应参考其他指标。均方根误差近似值(RMSEA) 远大于 0.05，拟合优度指数(GFI)、规范拟合指数(NFI)以及比较拟合指数(CFI)均在合理值之上，接受假设模型。因此，拟合结果表明，本书提出的假设模型基本正确，目前假设模型的适配度不理想，需要进一步修正。

结构模型检验首先是待估计的路径系数显著性，结构方程模型方法不仅提供了估计系数，也提供了每个系数的标准差和 t 值。在本书中，所有待估计系数有着相等方差，最大值为 1。在本模型中，共有 50 个未知参数需要估计，其中，结构模型中反映观测变量之间因果关系的路径系数共有 24 个需要估计。假设模型各路径系数回归结果如表 6-15 所示，指定的显著性水平为 0.05。

表 6-15　结构方程模型的路径系数回归结果

回归		标准回归系数	显著性水平	检验结果
网络服务	<—市场营销能力	0.722		
资费水平	<—市场营销能力	0.716	***	11.491
营销渠道	<—市场营销能力	0.739	***	13.19
业务促销	<—市场营销能力	0.777	***	9.27
投诉处理满意度	<—客户服务能力	0.746		
普遍服务满意度	<—客户服务能力	0.69	***	11.564
个性服务满意度	<—客户服务能力	0.758	***	13.754
内部物流支撑能力	<—供应链管理能力	0.778		
外部物流整合能力	<—供应链管理能力	0.783	***	13.299
网络覆盖广度	<—技术开发能力	0.664		
数据流量速度	<—技术开发能力	0.753	***	12.195
业务丰富程度	<—技术开发能力	0.795	***	11.775
内在可持续发展	<—基础管理能力	0.733		
外在形象影响力	<—基础管理能力	0.763	***	13.239
功能价值	<—市场营销能力	0.528	0.084	1.726
功能价值	<—客户服务能力	1.161	0.103	1.630
功能价值	<—供应链管理能力	0.262	0.501	0.673
功能价值	<—技术开发能力	0.242	0.379	0.879
功能价值	<—基础管理能力	1.164	0.254	1.140
经济价值	<—市场营销能力	1.530	0.085	1.721
经济价值	<—客户服务能力	2.548	0.216	1.237
经济价值	<—供应链管理能力	1.199	0.262	1.122
经济价值	<—技术开发能力	1.841	0.095	1.671
经济价值	<—基础管理能力	1.313	0.389	0.861

4. 结构方程模型的修正

修正结构方程模型是为了改进初始模型的拟合程度，这一步骤在模型建立过程中是不可缺少的。根据表6-15中的显著性水平参数 p，模型需要做如下修正。

（1）删除结构模型中最不显著的供应链管理能力与功能价值的假设

修正后的结构方程模型 Chi-square＝230.35，Degrees of freedom ＝87，p＝0.000。

（2）删除结构模型中不显著的基础管理能力与经济价值的假设

修正后的结构方程模型 Chi-square＝231.10，Degrees of freedom ＝88，p＝0.000。

本模型的拟合结果中，内生观测变量误差项（e_4 和 e_5）的修正指数（MI）较高，需要进一步进行修正。

（1）添加内生观测变量 e_4 与 e_5 的关系

需要添加内生观测变量 e_4 与 e_5 的关系路径，修正后的结构方程模型 Chi-square＝214.66，Degrees of freedom ＝87，p＝0.000。

（2）添加内生观测变量 e_2 与 e_6 的关系

需要添加内生观测变量 e_2 与 e_6 的关系路径，修正后的结构方程模型 Chi-square＝194.74，Degrees of freedom ＝86，p＝0.000。

（3）添加内生观测变量 e_2 与 e_{13} 的关系

需要添加内生观测变量 e_2 与 e_{13} 的关系路径，修正后的结构方程模型 Chi-square＝171.43，Degrees of freedom ＝85，p＝0.000。

（4）添加内生观测变量 e_4 与 e_{12} 的关系

需要添加内生观测变量 e_4 与 e_{12} 的关系路径，修正后的结构方程模型 Chi-square＝162.30，Degrees of freedom ＝84，p＝0.000。

（5）添加内生观测变量 e_8 与 e_{12} 的关系

需要添加内生观测变量 e_8 与 e_{12} 的关系路径，修正后的结构方程模型 Chi-square＝154.25，Degrees of freedom ＝83，p＝0.000。

（6）添加内生观测变量 e_{10} 与 e_{15} 的关系

需要添加内生观测变量 e_{10} 与 e_{15} 的关系路径，修正后的结构方程模型 Chi-square＝146.88，Degrees of freedom ＝82，p＝0.000。

（7）添加内生观测变量 e_{13} 与 e_{14} 的关系

需要添加内生观测变量 e_{13} 与 e_{14} 的关系路径，修正后的结构方程模型 Chi-square＝137.77，Degrees of freedom ＝81，p＝0.000。

（8）添加内生观测变量 e_9 与 e_{15} 的关系

需要添加内生观测变量 e_9 与 e_{15} 的关系路径，修正后的结构方程模型 Chi-square＝132.99，Degrees of freedom ＝80，p＝0.000。

(9) 添加内生观测变量 e_2 与 e_{12} 的关系

需要添加内生观测变量 e_2 与 e_{12} 的关系路径，修正后的结构方程模型 Chi-square=126.89，Degrees of freedom =79，p=0.001。

(10) 添加内生观测变量 e_3 与 e_{10} 的关系

需要添加内生观测变量 e_3 与 e_{10} 的关系路径，修正后的结构方程模型 Chi-square=122.33，Degrees of freedom =78，p=0.001。

(11) 添加内生观测变量 e_5 与 e_{16} 的关系

需要添加内生观测变量 e_5 与 e_{16} 的关系路径，修正后的结构方程模型 Chi-square=117.75，Degrees of freedom =77，p=0.002。

(12) 添加内生观测变量 e_3 与 e_6 的关系

需要添加内生观测变量 e_3 与 e_6 的关系路径，修正后的结构方程模型 Chi-square=113.27，Degrees of freedom =76，p=0.004。

(13) 添加内生观测变量 e_1 与 e_{13} 的关系

需要添加内生观测变量 e_1 与 e_{13} 的关系路径，修正后的结构方程模型 Chi-square=102.20，Degrees of freedom =75，p=0.020。

(14) 添加内生观测变量 e_3 与 e_{14} 的关系

需要添加内生观测变量 e_3 与 e_{14} 的关系路径，修正后的结构方程模型 Chi-square=93.94，Degrees of freedom =74，p=0.060。

经过以上模型修正，结构方程模型的 p 值达到 0.060，表 6-16 和表 6-17 是模型各项拟合指标值及路径系数估计值。

表 6-16 修正后数据与模型拟合结果

指标	p	χ^2/df	GFI	AGFI	NFI	CFI	RMSEA
合理值	>0.05	<2	>0.9	>0.8	>0.9	>0.9	<0.05
实测值	0.114	1.269	0.971	0.947	0.999	1.000	0.000

模型估计结果表明，模型拟合程度明显提高，各项指标改善程度都比较好。模型的 p=0.114，大于 0.05，卡方值与自由度的比率(χ^2/df)为 1.269，小于 2，均方根误差近似值(RMSEA)约等于 0.000，两个指标较修正前都有明显降低，即改善很明显。拟合优度指数(GFI)、调整拟合优度指数(AGFI)、规范拟合指数(NFI)、比较拟合指数(CFI)分别为：0.971、0.947、0.999、1.000，较修正前都有较大提高。这表明经过修正后，模型的拟合程度有了很大程度的提高。这些拟合数据都表明本书提出的基于顾客价值的企业关键能力识别因果模型与实际数据可以适配，路径分析假设可以得到支持。

表 6-17　修正后路径系数回归结果

回归		标准回归系数 Standardized Regression Weights Estimate	估计值 Regression Weights Estimate	标准差 S. E.	检验统计量 C. R.	显著性水平 p 值
网络服务	<---市场营销能力	0.741	1			
资费水平	<---市场营销能力	0.692	1.051	0.079	13.299	***
营销渠道	<---市场营销能力	0.721	0.873	0.06	14.555	***
业务促销	<---市场营销能力	0.746	0.985	0.079	12.462	***
投诉处理满意度	<---客户服务能力	0.75	1			
普遍服务满意度	<---客户服务能力	0.686	0.824	0.071	11.65	***
个性服务满意度	<---客户服务能力	0.766	0.949	0.07	13.474	***
内部物流支撑能力	<---供应链管理能力	0.776	1			
外部物流整合能力	<---供应链管理能力	0.773	1.019	0.074	13.69	***
网络覆盖广度	<---技术开发能力	0.646	1			
数据流量速度	<---技术开发能力	0.761	1.377	0.107	12.933	***
业务丰富程度	<---技术开发能力	0.793	1.21	0.099	12.239	***
内在可持续发展	<---基础管理能力	0.756	1			
外在形象影响力	<---基础管理能力	0.757	0.964	0.069	13.912	***
功能价值	<---市场营销能力	0.662	1.482	0.200	7.395	***
功能价值	<---客户服务能力	0.425	0.889	0.277	3.208	***
功能价值	<---技术开发能力	0.268	0.659	0.190	3.462	***
功能价值	<---基础管理能力	0.354	0.748	0.267	2.797	***
经济价值	<---市场营销能力	0.950	2.210	0.323	6.851	***
经济价值	<---客户服务能力	0.542	1.120	0.310	3.617	***
经济价值	<---供应链管理能力	0.349	0.728	0.198	3.685	***
经济价值	<---技术开发能力	0.863	2.093	0.361	5.802	***

从表 6-17 可以看出，8 条直接效应的路径回归系数的 p 值检验均达到了显著水平。其中给定中国移动的市场营销能力对经济价值和功能价值的影响均显著，其标准回归系数分别为 0.950 和 0.662；客户服务能力对经济价值和功能价值的影响均显著，其标准回归系数分别为 0.542 和 0.425；技术开发能力对经济价值和功能价值的影响均显著，其标准回归系数分别为 0.863 和 0.268；供应链管理能力对经济价值的影响显著，其标准回归系数为 0.349；基础管理能力对功能价值的影响均显著，其标准回归系数为 0.354。

经过多次对模型的修正，各项拟合指标基本满足或接近合理值。结合电信服务行业顾客价值和企业能力的实际情况，本书认为经过修正的模型可以接受。至此，本书建立了基于顾客价值的电信运营商企业能力识别模型，如图 6-4 所示。该模型揭示了中国移动企业分项能力对顾客价值的影响程度，反映了各观测变量之间的相关关系及其程度。

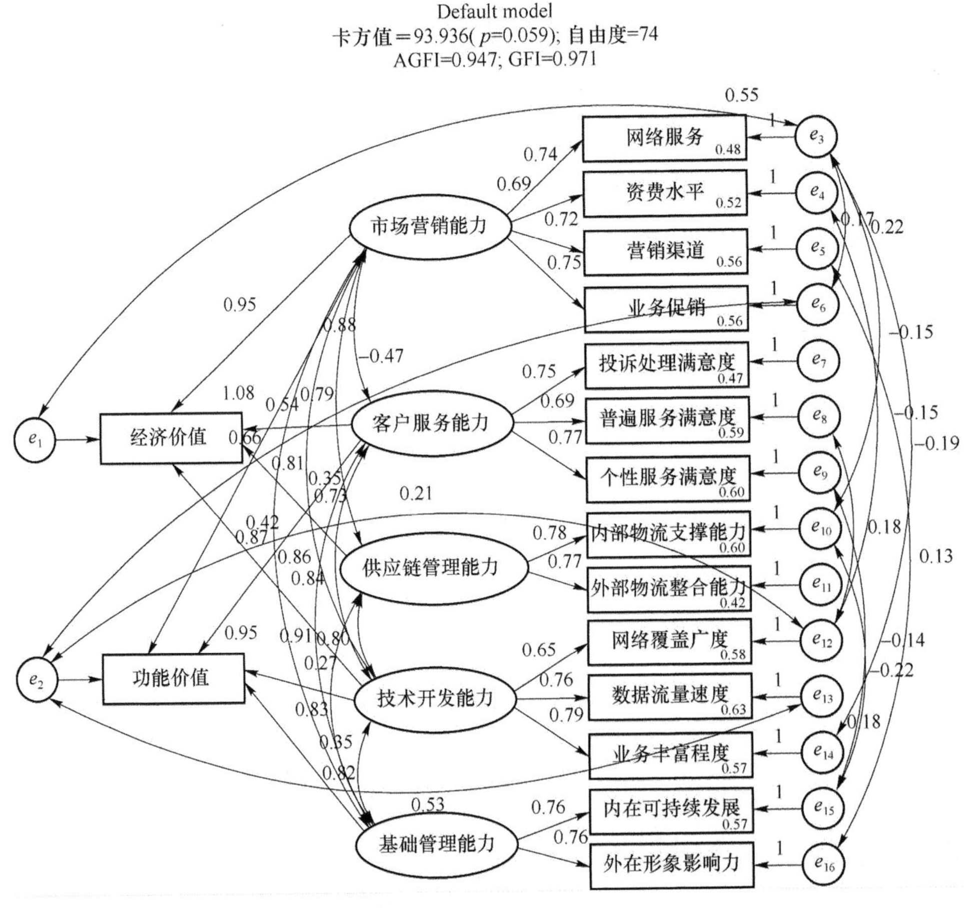

图 6-4 基于顾客价值的中国移动企业关键能力识别理论模型

综上所述，利用结构方程模型的方法，基于顾客价值进行中国移动企业关键能力识别的实证研究，实证研究结论如图 6-5 所示。

6.4.3 实证研究结论

实证验证结果表明，本书提出的 10 项假说中，有 8 项获得了支持，假设通过的情况汇总如图 6-5 所示。

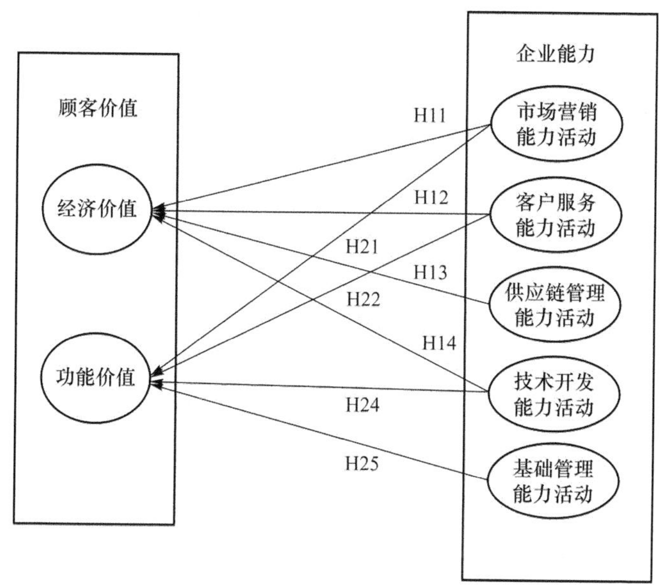

图 6-5　假设检验结果示意图

从总体上看，本书建立的基于顾客价值的企业关键能力识别的概念模型是成立的。通过假设验证实证研究可以发现，企业能力的不同组合会对顾客价值产生不同的影响。具体来说，市场营销能力、客户服务能力、技术开发能力、供应链管理能力和基础管理能力分别会不同程度地影响顾客价值中的经济价值和功能价值。通过结构方程模型分别对基于顾客价值的中国移动企业关键能力进行定量识别研究，通过对结构方程模型实证的表 6-17 和图 6-5 进行归纳整理，得到表 6-18。

表 6-18　假设检验汇总表

假设	内容	验证结果
假设 H11	经济价值与市场营销能力呈正相关关系	通过
假设 H12	经济价值与客户服务能力呈正相关关系	通过
假设 H13	经济价值与供应链管理能力呈正相关关系	通过
假设 H14	经济价值与技术开发能力呈正相关关系	通过
假设 H15	经济价值与基础管理能力呈正相关关系	未通过
假设 H21	功能价值与市场营销能力呈正相关关系	通过
假设 H22	功能价值与客户服务能力呈正相关关系	通过
假设 H23	功能价值与供应链管理能力呈正相关关系	未通过
假设 H24	功能价值与技术开发能力呈正相关关系	通过
假设 H25	功能价值与基础管理能力呈正相关关系	通过

根据表 6-18 可知，在企业能力对顾客经济价值的影响方面，市场营销能力、客户服务能力、供应链管理能力和技术开发能力对顾客经济价值有显著的影响，基础管理能力对顾客经济价值的影响并不显著；在企业能力对顾客功能价值的影响方面，市场营销能力、客户服务能力、技术开发能力和基础管理能力对顾客功能价值有显著的影响，供应链管理能力对顾客经济价值的影响并不显著。

基于顾客价值的企业关键能力识别图理论原理，可以得出如下结论：中国移动的市场营销能力、客户服务能力和技术开发能力对顾客价值的经济价值和功能价值均有显著影响，是中国移动的企业关键能力，如表 6-19 所示。

表 6-19　基于顾客价值的中国移动企业关键能力识别图

能力类别	顾客价值影响显著度			企业能力活动
	经济价值	功能价值	心理价值	
企业关键能力	显著	显著	显著	市场营销能力 客户服务能力 技术开发能力

综上所述，可以如下研究结论。

结论二：基于顾客价值的企业关键能力识别机理的实证证明，中国移动的市场营销能力、客户服务能力和技术开发能力对顾客价值的经济价值和功能价值均有显著影响，中国移动的市场营销能力、客户服务能力和技术开发能力是电信运营商的企业关键能力。

6.4.4　实证结论应用

上述实证结果可以通过对中国移动现实运营过程和电信顾客消费行为的研究得到阐释。

(1) 考察中国移动的市场营销能力在现实生活中对顾客价值的影响。①市场营销能力对经济价值的影响显著，主要体现在中国移动通过扩大网络服务的覆盖率提高顾客“单次通话成功率”，从而降低顾客使用通信服务的直接成本；中国移动下调单位通话资费可以直接节省顾客的通信服务使用成本；中国移动的营销渠道网点较多，可以降低顾客使用通信服务的购买成本；中国移动通过促销宣传可扩大顾客规模，降低单位顾客使用成本。②市场营销能力对功能价值的影响显著，主要体现在提高通信网络覆盖率可提升顾客使用业务功能的便利性，服务资费下降可刺激顾客使用业务功能的频次，营销渠道网点拓展可方便顾客进行新业务的选择与试用，促销宣传可使顾客使用新功能的门槛降低，进而引导顾客增加使用业务功能的频次。

(2) 考察中国移动的客户服务能力在现实生活中对顾客价值的影响。①客户服务能力对经济价值的影响，主要体现在一方面中国移动通过规范营业厅和电话热线服务标准，使顾客在信息服务消费的过程中感受到中国移动所提供的热情、贴心的服务。另一方面中国移动采用了电子渠道等新的服务模式，使客户的顾客让渡价值进一步提升，中国移动可使顾客在单位成本付出的前提下获得更多的贴心服务，故中国移动客户服务能力对经济价值的影响是显著的。②客户服务能力对功能价值的显著影响，主要体现在一方面中国移动通过客户关系管理(CRM)紧密关注投诉客户的利益诉求并予以满足，另一方面也紧密关注普遍顾客的通信功能使用习惯，从而在客户接触点上为顾客定制化推荐最合适的新业务(增值业务和数据业务)，使顾客通过使用个性化信息功能服务而产生对电信运营商客户服务的高满意度，故中国移动的客户服务能力与功能价值呈正相关关系。

(3) 考察中国移动的技术开发能力在现实生活中对顾客价值的影响。①技术开发能力对经济价值的显著影响，主要体现在中国移动通过技术开发可以扩大网络服务范围，实现高速度的数据流量服务和丰富的增值业务种类，使顾客在支付单位货币成本的情况下享受更多的电信服务。②技术开发能力对功能价值的显著影响，主要体现在中国移动通过加大对网络服务、数据流量和业务种类的开发投入，使业务功能更加丰富，网络服务更加无缝，业务种类更加丰富，使得顾客能够广泛认可和乐于使用中国移动所提供的产品功能，从更为人性化的层面上满足了顾客对产品功能价值的需求和提高感知效果。

(4) 考察中国移动的供应链管理能力在现实生活中对顾客价值的影响。①供应链管理能力对经济价值的影响，主要体现在中国移动通过整合终端手机厂商资源，为购买定制手机的顾客提供了内置业务和便利功能，如手机导航和手机电视等功能，顾客对中国移动定制终端手机的内置业务和功能非常喜欢，由于中国移动定制手机的规模性，顾客在单位成本付出不变的情况下满足了更多的顾客需求，故供应链管理能力对顾客经济价值的影响是显著的。②供应链管理能力对功能价值的影响，主要体现在中国移动通过定制终端手机，为购买定制手机的顾客提供了内置业务和便利功能，但厂商研发手机内置功能的速度远远满足不了顾客对终端延伸业务的多样化需求，故供应链管理能力对顾客功能价值的影响是不显著的。

(5) 考察中国移动的基础管理能力在现实生活中对顾客价值的影响。①基础管理能力对经济价值的影响，主要体现在虽然伴随中国移动的基础管理水平提升，企业的社会知名度和美誉度不断提高，中国移动不断提升的综合服务质量能力可以在某种程度上降低顾客的单位使用费用，但这相对于顾客的购买成本与使用成本总和来说还显微不足道，故企业基础管理能力对经济价值的影响不显著。②基础管理能力对功能价值的显著影响，主要体现在企业基础管理能力涉及企业的可持续发展、社会责任和社会美誉度等形象影响力，对顾客选择中国移动的功能服务，尤其是4G服务选择方面，具有一定的媒体与舆论导向作用，顾客相信中国移动雄厚的基础管理能力能够可持续地创新推出新的产品服务功能，这些充分体现了基础管理能力对顾客功能价值的强正相关关系。

6.5 研究结论

本章定位于基于顾客价值的中国移动企业关键能力识别的实证研究，可得到如下研究结论。

研究结论一：迈克尔·波特(Michael E. Porter，1985)“企业价值链”理论中的五项能力活动适用于电信产业。

结论二：基于顾客价值的企业关键能力识别机理的实证研究证明，中国移动的市场营销能力、客户服务能力和技术开发能力对顾客价值的经济价值、功能价值均有显著影响，中国移动的市场营销能力、客户服务能力和技术开发能力是电信运营商的企业关键能力。

本书还认为基于顾客价值对中国移动企业关键能力识别的研究结论，会随社会经济环境的变化、电信顾客消费认知的变化、电信运营商运营经验积累等因素的变化而变化。例如，当电信运营商受经济环境动荡的影响，而无法持续提供其电信服务时，顾客感知企业的基础管理能力可以巩固和提升电信服务水平时，中国移动可将影响顾客价值的基础管理能力提升至企业关键能力的位置；当电信运营商的市场竞争日趋激烈时，顾客对电信服务的选择将基于顾客服务满意度进行判断，这时的中国移动应将客户服务能力提升至企业关键能力的层面；当电信运营商的服务产品与终端手机能够整合，为顾客提供更加便捷、更加丰富的终端选择时，中国移动应将供应链管理能力提升至更高层次的企业能力范围。

6.6 本章小结

本章为基于顾客价值的中国移动企业关键能力识别的理论研究成果在中国移动的案例实证研究。首先，在明确研究问题的基础上，采用定量和定性方法，甄选具有行业特性的企业能力变量；其次，介绍了研究设计与方法；最后，采用结构方程模型方法对基于顾客价值的中国移动企业关键能力进行定量识别研究，为中国电信运营商甄别企业关键能力提供了理论指导与实践依据。

第7章　研究结论和展望

7.1　研究结论

本书以拥有良好经营业绩的中国移动为案例研究对象，基于熵研究电信运营商的企业能力演进机理，提出了基于熵函数的企业能力演进规律。带着探究中国移动企业能力良性演进动因的目的，深入研究了如何基于顾客价值识别企业关键能力。本书提出了基于顾客价值的企业关键能力识别理论模型，并开展了基于顾客价值的中国移动企业关键能力识别的实证研究，最终找到了支撑中国移动企业能力良性演进的企业关键能力。

7.1.1　理论研究结论

通过本书的理论研究，可以得到以下主要结论。

(1) 企业能力演进具有综合性，是一系列能力的综合结果。具体表现在：①从基于耗散结构的企业能力框图来看，企业能力演进的核心目标是实现顾客价值。基于耗散结构的企业能力演进过程是需要企业不断加强适应外部环境的能力，通过不断加强企业资源配置，提升企业价值链辅助能力活动支撑基本能力活动的企业资源效能，使企业子项能力驱动企业能力实现良性循环演进，形成螺旋式提升的态势，最终使企业在提升企业能力的同时，也达到了实现顾客价值的目的。②具备耗散结构条件的企业在能力熵与负熵的交互影响、相互作用下，呈现出“创新学习—经验惯性—管理衰退—再创新学习”的周期演化轨迹，实现企业资源效能的演进阶跃。

(2) 基于熵的企业能力演进机理研究证明，把熵理论应用于企业能力演进的实证研究之中，不仅能够揭示企业能力的演进机理，而且从理论上证明了企业能力周期演进的必然性和企业内外部互动的重要性。与此同时，企业能力熵(S_i)函数和负熵(S_e)函数的引入具有重大理论意义。具体表现在：①企业能力熵(S_i)和负熵(S_e)概念的引入，为提高企业资源效能提供了分析和解决思路；②企业能力熵(S_i)和负熵(S_e)的研究，揭示了企业内部影响因素与外部影响因素等微观因素对企业宏观资源利用效果的关系;③企业能力熵(S_i)函数和负熵(S_e)函数的引入使对企业资源效能分析向定量分析转换成为可能,从而有助于企业决策层做出科学的决策;④企业能力熵(S_i)函数和负熵(S_e)函数的分析方法为分析企业能力生命周期演进提供了一种新工具;⑤进一步引入边际能力熵和边际负熵的概念可以揭示出企业资源效能何时最高,找出企业资源效能衰减的临界点,从而引导企业及时从外部引入负熵。

(3) 顾客价值与企业能力之间的关系就是以顾客为核心的顾客关键需求实现过程和以企业为核心的企业关键能力提升过程之间相互影响、循环互动的良性循环圈。一方面从基于企业价值链的顾客价值驱动来看,服务利润链理论承载了顾客价值与企业价值链之间的理论联系,本章构建的基于企业价值链的顾客价值驱动逻辑图,实现了使基于公司战略视角的企业能力活动向基于顾客感知视角的顾客价值的价值驱动。另一方面从顾客价值与企业能力之间的良性循环关系来看,企业首先要识别基于细分市场目标顾客的关键需求,然后组织和配置企业各类资源(能动型资源与非能动型资源)去满足市场需求。企业资源是企业能力活动的基础构成要素,企业能力活动是对企业资源的优化配置和整合使用所形成的结果,企业资源的增强必将影响企业能力活动的进一步发展,使企业满足目标客户关键需求的企业关键能力得到螺旋式演进提升,最终形成了企业和顾客之间的良性正向循环。

(4) 基于顾客价值的企业关键能力能够被识别。从基于顾客价值的企业关键能力识别机理来看,一方面本书提出了"基于顾客价值的企业关键能力识别模型",该模型指出企业的分类顾客价值与九项企业能力活动呈正相关关系;另一方面提出了"基于顾客价值的企业关键能力识别图"的理论方法,该方法指出当企业的某项能力活动对顾客价值的经济价值和功能价值均有显著影响时,该能力活动为企业关键能力。这一方法对于企业聚焦资源,培育和提升企业关键能力,促进企业健康可持续发展具有十分重要的现实指导意义。

7.1.2 实证研究结论

通过本书的实证研究,可以得到以下主要结论。

结论一:中国移动企业能力演进历程分为四个阶段。

中国移动的企业能力演进历经中国移动的企业能力形成期(2000—2004 年的语音通信发展期)、中国移动的企业能力增强期(2005—2007 年的行业应用发展期)、中国移动的企业能力升级期(2008—2011 年的移动互联网发展期)和中国移动的企业能力二次发展期(2012—2018 年的移动宽带发展期)。

结论二:企业能力与顾客价值呈正相关关系。

通过研究可知,企业能力活动的不同组合会对顾客价值产生不同的影响。具体来说,内部物流、生产经营、外部物流、市场和销售、客户服务、采购、技术开发、人力资源管理、企业基础设施九项企业能力活动与顾客价值中的经济价值和功能价值呈正相关关系。

结论三：迈克尔·波特(Michael E. Porter，1985)“企业价值链”理论中的五项能力适用于电信产业。

通过专家座谈会的定性研究和聚类分析的定量研究可以发现，企业价值链理论适合中国电信产业电信运营商的企业能力活动有五项，即市场营销能力(网络服务、资费水平、营销渠道和业务促销)、客户服务能力(投诉处理满意度、普遍服务满意度、个性服务满意度)、供应链管理能力(内部物流支撑能力和外部物流整合能力)、技术开发能力(网络覆盖广度、数据流量速度、业务丰富程度)、基础管理能力(内在可持续发展与外在形象影响力)。

结论四：基于顾客价值的企业关键能力识别机理的实证研究证明，中国移动的市场营销能力、客户服务能力、技术开发能力是电信运营商的企业关键能力。

中国移动的市场营销能力、客户服务能力、技术开发能力对顾客价值的经济价值和功能价值两者均有显著影响，是中国移动的企业关键能力。与此同时，本书指出基于顾客价值对中国移动企业关键能力识别的研究结论，会随社会经济环境的变化、电信顾客消费认知的变化、电信运营商运营经验积累等因素的变化而变化。

7.2 创新点

本书基于企业能力理论、熵理论和顾客价值理论，围绕着基于熵的企业能力演进机理和基于顾客价值的企业关键能力识别这两条主线开展理论研究和实证分析。本书的创新点可归纳如下。

(1) 提出了基于熵的企业能力演进机理。通过整合以往的研究文献，从一个全新的视角首次提出基于熵的企业能力演进机理。①构建了基于耗散结构的企业能力框图，提出企业能力演进的核心目标是实现顾客价值；②阐述了企业能力演进的一般性规律，即“创新学习—经验惯性—管理衰退—再创新学习”的周期演进规律；③将企业的熵分为能力熵与负熵，并将企业资源效能设置为企业能力演进的度量和评价，运用能力熵函数和负熵函数解释了企业资源效能递减和递增问题，提出了相应的解决思路；④通过基于熵的企业资源效能函数，解释了基于能力熵和负熵的企业能力演进机理；⑤阐述了中国移动企业能力演进的发展历程，即企业能力形成期(2000—2004 年的语音通信发展期)、企业能力增强期(2005—2007 年的行业应用发展期)、企业能力升级期(2008—2011 年的移动互联网发展期)和企业能力二次发展期(2012—2018 年的移动宽带发展期)。本书的理论分析一方面填补了当前理论研究中缺乏基于熵视角研究企业能力演进的理论空白，另一方面为企业经营者提高企业资源效能提供了定量的实践工具，具有重要的理论和实践意义。

(2) 提出了基于顾客价值的企业关键能力识别模型。企业关键能力的识别对于企业聚焦关键资源,满足目标客户的关键需求具有重要意义。①构建了基于企业价值链的顾客价值驱动逻辑图,该图利用服务利润链理论承载了顾客价值与企业价值链之间的理论联系,实现了使基于公司战略视角的企业能力活动向基于顾客感知视角的顾客价值的价值驱动;②构建了顾客价值与企业能力的循环关系图,该图阐明了顾客价值与企业能力之间的关系就是以顾客为核心的顾客关键需求实现过程和以企业为核心的企业关键能力提升过程之间相互影响、循环互动的良性循环圈;③提出了基于顾客价值的企业关键能力识别理论模型,该模型可以找到企业能力活动与分类顾客价值之间的相关关系;④提出了基于顾客价值的企业关键能力识别图,该图可以识别对顾客经济价值和功能价值影响均显著的企业关键能力。这一理论方法填补了企业关键能力识别的理论研究空白,更重要的是对于企业具有重要的实践指导价值。

(3) 开展了基于顾客价值的中国移动企业关键能力识别的实证研究。结合基于顾客价值的企业关键能力识别模型的概念模型,提出相应的理论假设,针对中国移动客户发放调查问卷,采用结构方程模型的数学方法,对中国移动进行企业关键能力识别的实证研究,通过实证检验证实了理论研究假设。实证结论表明,中国移动的市场营销能力、客户服务能力和技术开发能力对顾客价值的经济价值、功能价值均有显著影响,中国移动的市场营销能力、客户服务能力和技术开发能力是电信运营商的企业关键能力。

7.3 局限性

本书围绕基于熵的企业能力演进机理和基于顾客价值的企业关键能力识别两条主线展开理论研究与实证研究,为电信运营商的市场营销人员和经营管理者提供了具体可操作的实践工作方法,尤其是本书所提出的基于顾客价值的企业关键能力识别模型和识别图,具有可迁移性和可演进性。一方面,其他行业的企业也可以将该模型进行水平迁移,将采集到的数据替换入模型分析,直接进行实践应用;另一方面,随着时代变迁,各个行业可以将该模型进行深度发展,将不同时间段的企业数据替换入模型,可以分析出企业关键能力的演进路径,从而帮助企业更好地识别其可持续培育发展的企业关键能力。本书对于企业聚焦顾客价值,提升企业竞争优势,具有较强的理论借鉴意义和作用。企业可以结合自己的具体市场地位,有针对性、有步骤地改进顾客价值,为全面赢得市场奠定基础。

本书存在以下方面的局限性。

(1) 本书通过问卷调查的方式对 B2C 的服务行业进行了理论研究,对于 B2B 模式的行业需要通过深入访谈的方式进行理论研究。

(2) 本书采用结构方程模型的数学方法进行实证研究，对于基于其他相关的数学研究方法来探讨企业关键能力识别的问题需要进一步研究和探索。

7.4　未来研究展望

从基于熵的企业能力演进机理来看，本书通过引入企业能力熵(S_i)和负熵(S_e)的概念，为企业提高企业资源效能提供了分析和解决思路，未来还可以进一步引入边际能力熵和边际负熵的概念，揭示出企业资源效能何时最高，找出企业资源效能衰减的临界点，从而引导企业能够及时从外部引入负熵等。

从基于顾客价值的企业关键能力识别模型来看，企业能力活动的不同组合确实会对顾客价值产生不同的影响。具体来说，企业的九项能力活动(内部物流、生产经营、外部物流、市场和销售、客户服务、采购、技术开发、人力资源管理、企业基础设施)会不同程度地影响顾客价值中的经济价值和功能价值。本书对电信服务行业进行了定量的实证研究，未来可以定期开展纵向和横向的实证研究，一方向可以纵向跟踪电信服务行业的顾客价值变化和企业能力表现演进，从而为电信运营商开展企业关键能力甄别、培育和提升，促进顾客价值提升提供理论依据；另一方面，可分析不同产业间的顾客价值差异以及对企业关键能力识别的影响。具体来讲，就是利用本书的理论方法，对其他行业进行应用性研究，并就行业间的顾客价值差异性和影响顾客价值的企业关键能力的因素进行横向对比分析，通过借鉴各行业间的顾客价值表现，取长补短，促进各服务行业顾客价值的提升。另外，未来还可以研究企业能力体系建设以及围绕着企业关键能力的培育和提升路径等问题展开进一步的理论及实证研究。

从中国电信产业的发展演进来看，中国电信产业经历了从“产业价值链”向“电信产业生态系统”演进的过程。传统的电信产业创造价值的过程呈现出单线条的链状形态；随着传统电信产业价值链的网络与业务分离，电信产业主体逐渐演变成为越来越多的成员，如网络设备供应商、电信运营商、终端供应商、内容提供商、集成商、消费者、政府等，这些成员主体在复杂巨大的电信产业生态系统之中形成竞合共生关系。未来可以研究电信运营商在从传统企业价值链到新型企业价值链的演进过程中，尤其是在基于新型价值链的电信产业生态系统中，所面对的顾客类型发生了哪些变化？电信运营商面对产业生态系统的顾客价值诉求内涵是什么？电信运营商满足顾客价值的企业关键能力是什么？电信运营商如何基于熵理论实现企业能力演进？这些问题的研究可以帮助电信运营商在新形势下寻找并明确企业新的战略定位，重构企业的价值网络，寻求和创造差异化优势，实现企业的可持续健康发展。

参考文献

Achrol R S, Kotler P, 1999. Marketing in the network economy[J]. Journal of Marketing, 6(3):146-163.

Amit Schoemaker, 1993. Strategic Assets and Organizational Rent[J]. Strategic Management Journal, 14(1):33-46.

Anandhi S Bharadwaj, 2000. A Resource-based Perspective on Information Technology Capability and Firm Performance: An Empirical Investigation[J]. MIS Quarterly, 3(1):169-196.

Babbie, Earl, 2004. The practice of social research[M]. London: Wadsworth Publishing CO Inc.

Barney J B, 1991. Firm Resources and Sustainable Competitive Advantage[J]. Journal of Management, 17(1):99-120.

Berghman L, P Matthyssens K, 2006. Building competences for new customer value creation: An exploratory study[J]. Industrial Marketing Management, 35(8): 961-973.

Bojanic D C,1996. Consumer perceptions of price,value and satisfaction in the hotel industry:an exploratory study[J]. Journal of Hospitality and Leisure Marketing,4(1):5-22.

Bradley T Gale,1994. Manageting Customer Value[M]. New York:Free Press.

Brandenburger A M, Nalebuff B J, 1996. Co-opetition[M]. New York: Doubleday.

Brannen J, 1992. Mixing methods: Qualitative and quantitative research[M]. Avebury Aldershot.

Campbell D T, Fiske D W, 1959. Convergent and discriminant validation by the multitrait-multimethod matrix[J]. Psychological Bulletin, 56:81-105.

Cater B, Cater T, 2009. Relationship-value-based antecedents of customer satisfaction and loyalty in manufacturing[J]. Journal of Business & Industrial Marketing, 24(8): 585-597.

Churchill N, Lewis V, 1983. The five stages of small business growth[J]. Harvard

Business Review, 23(7):30-50.

Clausius R, 1850. Uber die bewegende Kraft der Warme[J]. Annalen der Physik, 79:368-397, 500-524.

Clausius R, 1865. Uber die Warmeleitung gasformiger Kurper[R]. Annalen der Physik, 125:353-400.

Clausius R, 1987. Mechanical Theory of Heat. London: John van Voorst:357.

Creswell J, 2003. Research design: Qualitative, quantitative, and mixed methods approaches[M]. Thousand Oaks.

Ford J C, McCallum R C, Tait M, 1986. The application of exploratory factor analysis in applied. psychology: A critical review and analysis[J]. Personnel Psychology, 39:291-314.

Fornell C, Larcker D, 1981. Evaluating structural equation models with unobservable variables and measurement error [J]. Journal of Marketing Research, 18:39-50.

Freeman R E, 1984. Strategic Management: A Stakeholder Approach [M]. Boston: Pitman.

Gale Bradley T, Wood R C, 1994. Managing Customer Value: Creating Quality and Service That Customer Can See[M]. New York: The Free Press:29, 78, 82.

Golfetto F, 2003. Communicating competence. An experimental communication approach for business markets[R]. Web proceedings of the 19th annual IMP Conference, Lugano, Switzerland.

Golfetto F, Gibbert M, 2006. Marketing competencies and the sources of customer value in business markets[J]. Industrial Marketing Management, 35(8):904-912.

Grant R M, 1991. The Resource-Based Theory of Competitive Advantage: Implications for Strategy Formulation[J]. California Management Review, (4): 114-135.

Greiner L E, 1972. Evolution and Revolution as Organizations Grow[J]. Harvard Business Review, (50):37-46.

Guenzi P, Troilo G, 2006. Developing marketing capabilities for customer value creation through Marketing-Sales integration [J]. Industrial Marketing Management, 35(80):974-988.

Hafeez K, Zhang Y, Malak N, 2002. Core Competence for Sustainable Competitive Advantage: A Structured Methodology for Identifying Core Competence[R]. IEEE Transactions on Engineering Management, (1):28-35.

Hannan M T, Freeman J H, 1977. The population ecology of organizations[J].

American journal of Sociology, (82):929-964.

Hult G T M, Ketchen J D J, 2000. Does market orientation matter? A test of the relationship between positional advantage and performance [J]. Strategic Management Journal, 22(9): 899-906.

James L Heskett, Thomas Jones, Gary W Loveman, 1994. Leonard A. Schlesinger [J]. Harvard Business Review, (3):56-58.

Jeanke W, van der Haar, Ron G M Kemp, 2001. Creating Value that Cannot Be Copied[J]. Industrial marketing Management, (3):627-636.

Levitt, 1969. The Marketing Mode: Path ways to Corporate Growth[M]. New York: McGraw Hill.

Markides C C, Williamson P J, 1994. Related Diversification, Core Competences and Corporate Performance[J]. Strategic Management Journal, 15:149-165.

McDougall Levesque, 2001. Customer satisfaction with services: put perceived value into the equation[J]. Journal of services marketing, 4(5):96-108.

Menon A, Homburg C, Beutin N, 2005. Understanding Customer Value in Business-to-Business Relationships [J]. Journal of Business To Business Marketing,12(2): 1-38.

Meyer Utterback, 1993. The Product Family and the Dynamics of Core Capability [J]. Sloan Management Review, (4):29-47.

Michael E Porter, 1985. Competitive advantage: creating and sustaining superior performance[M]. New York :The Free Press.

Möller K, Svahn S, 2003. Managing strategic nets: A capability perspective[J]. Marketing Theory Articles, 3(2):201-226.

Mulligan P, 2002. Specification of a Capability-based IT Classification Framework [J]. Information & Management, 8(39):647-658.

Nasution H N, Mavondo F T, 2008. Organisational capabilities: Antecedents and implications for customer value[J]. European Journal of Marketing, 42(3): 477-501.

Nunnally J C, 1978. Psychometric Theory[M]. 2nd. New York: McGraw-Hill.

Prahalad C K, hamel G, 1990. The Core Competency of the Corportation[J]. Harvard Business Review,(5):82.

Prigogine I, 1969. Non-Equilibrium Statistical Mechanics [M]. Interscience Publishers, New York and London.

Pruett M, Thomas H, 1996. Thinking about Quality and Its Links with Management[J]. European Management Journal,14(1):37.

Ravald Gronroos, 1996. The value concept and relationship marketing[J]. European Journal of Marketing, 30(2): 19-30.

Ritter T, Wilkinson I F, Johnston W J, 2004. Managing in complex business networks[J]. Industrial Marketing Management, 33: 175-183.

Robert B Woodruff, 1997. Customer value: the nest source for competitive advantage[J]. Journal of the Academy of Marketing Science, (25):139-153.

Rumelt R P, 1991. How much does industry matter? [J]. Strategic Management Journal, 12(3):167-185.

Ruyter Wetzels, Mattson Lemmink, 1997. The Dynamics of the Services Delivery Process: A value-based approach [J]. International journal of Research in Marketing, 24(2):14-15.

Segars A H, 1997. Assessing the unidimensionality of measurement scales: A paradigm and illustration within the context of information systems research[J]. Omega, 25(1):107-121.

Sheth, Bruce I Newman, Barbara L Gross, 1991. Consumption Values and Market Choice: Theory and Applications[M]. Cincinnati: Southwestern Publishing.

Slater S F, Narver J C, 1994. Does competitive environment moderate the market orientation-performance relationship? [J]. Journal of Marketing, 58(1): 46-55.

Steinmetz L L, 1969. Critical stages of small business growth [J]. Business Horizons: 29-36.

Teece D, Pisano G, Shuen A, 1997. Dynamic Capabilities and Strategic Management[J]. Strategic Management Journal, 18(7):509-533.

Ulaga W, 2003. Capturing value creation in business relationships: A customer perspective[J]. Industrial Marketing Management, 32(8): 677-693.

Ulaga W, Eggert A, 2006. Value-based differentiation in business relationships: Gaining and sustaining key supplier status [J]. Journal of Marketing, 70: 119-136.

Weingand, 1997. Customer Service Excellence: A Concise Guide for Libraries[M]. Chicago: American Library Association.

William D Neel, 1999. Satisfaction Is Nice,But Value Drives Loyalty[J]. Marketing Research, (6):23-24.

Woodruff R B, Schumann D W, Gardial S F, 1993. Understanding Value and Satisfaction from the Customer's Point of View [M]. New York: Survey of Business.

Yates J F, Stone E R, 1992. The risk construct[M]. In: Yates,J. F. (Ed.), Risk-

Taking Behavior. Chichester, UK: Wiley: 1-25.

Zeithaml Valarie A, Parasuraman A. Berry Leonard, 1990. Delivering Quality Service, Balancing Customer Perceptions and Expectations[M]. New York: The Free.

Zeithmal, Valarie A, 1988. Consumer Perceptions of Price, Quality, and Value: A Means End Model and Systhesis of Evidence[J]. Journal of Marketing, 52(7): 2-22.

Dudik E M, 2003. 战略创新:形成创造性成功战略的革新思想和工具[M]. 北京:机械工业出版社.

George S Day, 2003. 动态竞争战略[M]. 上海:上海交通大学出版社.

Sudhakar D Deshmukh, 2003. 企业流程管理[M]. 北京:清华大学出版社.

阿尔弗雷德·马歇尔, 2008. 经济学原理[M]. 刘生龙, 译. 北京:中国社会科学出版社.

白琳, 陈圻, 2006. 顾客感知价值驱动因素研究新进展[J]. 外国经济与管理, 28(7): 39-45.

彼得·德鲁克, 2009. 管理的实践[M]. 齐若兰, 译. 北京:机械工业出版社.

蔡春晓, 2007. 顾客价值的测评与优化研究[D]. 武汉:武汉理工大学: 13-26.

蔡宁, 阮刚辉, 2002. 中小企业的核心竞争力及其综合评价体系[J]. 数量经济技术经济研究, (05): 61-64.

蔡双立, 蔡春红, 2006. 第三方物流企业顾客价值需求满足模式研究[J]. 北京工商大学学报:社会科学版, 21(5): 41-45.

陈畴镛, 胡隆基, 2000. 基于模糊综合评判的企业核心竞争能力识别模型[J]. 数量经济技术经济研究, (5): 20-23.

陈加成, 2007. 基于顾客价值导向的企业竞争力研究[D]. 南京:南京理工大学.

陈佳贵, 1995. 关于企业生命周期与企业蜕变的探讨[J]. 中国工业经济, (11): 5-13.

陈佳贵, 黄速建, 等, 1997. 企业经济学[M]. 北京:财经科学出版社.

陈丽清, 胡征月, 2005. 我国现代服务企业客户价值提升研究[J]. 江苏商论, (10): 105-107.

陈文俊, 2007. 从顾客价值角度看企业竞争优势的获取[J]. 中国市场, (12): 40-41.

陈雪阳, 2009. 基于顾客价值的动态竞争优势[J]. 经济问题探索, (7): 69-75.

陈宜生, 刘书声, 1996. 谈谈熵[M]. 长沙:湖南教育出版社: 80-94.

陈颖, 2003. 关于顾客价值理论的探讨[J]. 天津:天津工业大学学报, 12(6): 49-52.

陈又星, 2002. 顾客需求层次与企业竞争战略的选择[J]. 政策与管理, (2): 35-38.

陈玉保, 2010. 基于电信运营商社会责任实践的三角模型分析[J]. 现代电信科技, (9): 50-52.

程立茹，2007. 实现价值创新的技术创新路径研究[J]. 科技进步与对策，(4):34-36.

党云晖，2011. 企业能力分析与构筑企业核心竞争力的途径[J]. 中国商贸，(01):85-86.

丁慧平，傅俊元，罗斌，2009. 企业成长能力的演进机理[J]. 管理学报，6(5):615-621.

丁慧平，张同全，余明南，1998. 企业产品经济价值与市场竞争能力[J]. 煤炭经济研究，(8):44-45.

董大海，2003. 基于顾客价值构建竞争优势的理论与方法研究[D]. 大连:大连理工大学.

杜纲，王军平，2002. 企业能力的关键维度及分析模型[J]. 天津大学学报:社会科学版，4(02):105-109.

厄威克・G・弗莱姆兹，1998. 增长的痛苦[M]. 北京:经济管理出版社.

冯耕中，李鹏，2005. 库存商品融资业务诠释[J]. 中国物流与采购，(2):24-26.

冯俊华，王恩宁，宋安玲，2006. 顾客让渡价值理论在企业生产经营中的实践[J]. 企业活力，(1):66-67.

冯瑞，1992. 熵[M]. 北京:科学出版社:58-63.

冯蔚动，陈剑，2002. 虚拟企业中核心能力的定性与定量识别[J]. 系统工程理论与实践，(5):48-54.

傅献彩，1979. 物理化学[M]. 北京:人民教育出版社:83-87.

高自立，岳媛媛，牟春兰，2009. 顾客价值创新的基本途径及动态管理[J]. 价值工程，28(1):3-5.

龚益鸣，丁明芳，崔建，2003. 顾客需求识别及其模型[J]. 复旦学报:自然科学版，42(5):718-720.

顾昌耀，邱菀华，1992. 熵域的拓展和应用[J]. 系统工程学报，7(2):53-59.

郭斌，蔡宁，2001. 企业核心能力审计:指标体系与测度方法[J]. 系统工程理论与实践，(9):8-10.

郭斌，2003. 企业治理演进的理论逻辑与经验启示[J]. 西南交通大学学报:社会科学版，(6):32-35.

何琳，丁慧平，2007. 基于顾客价值的物流企业能力要素分析及评价[J]. 复旦学报:自然科学版，46(4):497-503.

何琳，丁慧平，2007. 资源、环境与企业能力形成的机理研究--以物流企业为例的分析[J]. 物流技术，26(11):14-16.

何元秀，2007. 基于顾客价值的企业可持续竞争优势研究[D]. 武汉:武汉理工大学.

胡建波，王东平，2006. 供应链管理能力的提升策略[J]. 管理研究，(7):15-16.

胡晓翔，达庆利，2002. 知识型企业的竞争战略[J]. 管理科学学报，5(5):73-78.

贾宏辉,2003. 企业的利益相关者理论与实证研究[D]. 杭州:浙江大学:04.
姜大鹏，和炳全，2004. 顾客价值战略与持续竞争优势[J]. 昆明理工大学学报:社会科学版，4(4):34-37.
姜继娇，杨乃定，2005. 基于顾客满意度的绿色采购决策研究[J]. 当代经济管理，27(3):57-60.
姜莎，2007. 内部物流--核心竞争力[J]. 中外物流，(1):88-89.
杰里夫.里夫金，等，1987. 熵:一个新的世界观[M]. 上海:上海译文出版社.
康荣平，柯银斌，2000. 中国企业核心能力剖析:海尔与长虹[J]. 中国工业经济，(3):64-65.
李存芳,蒋业香,周德群,2006. 企业核心竞争力决定模型构建与评价实证[J]. 商业经济与管理,(6):42-46.
李怀祖，2004. 管理研究方法论[M]. 西安:西安交通大学出版社.
李辉，赵国君，2007. 电信运营企业的能力体系分析[J]. 北京邮电大学学报:社会科学版，(4):48-49.
李新男，1988. 试论企业技术开发能力[J]. 科学管理研究，(02):57-59.
李艳燕，2007. 通信业对国民经济增长贡献的计量分析[J]. 西安邮电学院学报,12(2):28-30.
李业，2000. 企业生命周期的休整模型及思考[J]. 南方经济，(2):47-50.
李忠宽,2003. 顾客忠诚的价值驱动模式[J]. 商业经济与管理,(3):23-26.
理查德 H 纳尔逊,悉尼 G 温特，1997. 经济变迁的演化理论[M]. 北京:商务印书馆.
梁海红，2006.基于顾客价值的服务企业竞争优势分析[J]. 商业研究，(3):21-23.
梁嘉骅,范建平,吴美琴，2005. 企业生态与企业管理范式[J]. 华东经济管理,19(6):67-70.
梁艳明，萧泽新,2007. 价值链管理在提高顾客价值途径中的应用[J]. 价值工程，26(6):62-64.
刘川，2004. 供应链环境下第三方物流的价值分析[J]. 商场现代化，(11):8-9.
刘石兰，2008. 企业能力与顾客价值的匹配:基于长三角地区企业的调查研究[J]. 中国软科学，(7):83-94.
刘世锦，杨建龙,2001. 核心竞争力:企业重组中的一个新概念[J]. 北京商业,(3):18-22.
刘文波,陈荣秋，2008.顾客价值理论的概念模型[J].商业研究，(31):47-48.
刘泳,陈荣耀,2001. 能力本位与企业成长战略[J]. 经济与管理研究,(4):63-66.
刘宇，2010. 中国电信业与国民经济各行业的关联性分析[J]. 北京邮电大学学报:社会科学版,12(2):34-37.
鲁晨光,1997.投资组合的熵理论和信息价值[M]. 北京:中国科技大学出版社:

67-117.

鲁江，2003. 顾客价值管理与企业市场营销战略的选择[J]. 华中农业大学学报:社会科学版，(4):64-67.

陆家骝，1995. 我们必须捍卫"劳动价值论"吗?:浅析发展"劳动价值论"的逻辑限度[J]. 当代经济科学，17(1):15-21.

吕坚，孙林岩，肖忠东，等，2002. 中国制造企业核心能力分析与评价[J]. 科研管理，25(3):7-13.

马冬梅,2006. 关于内蒙古自治区移动通信网络掉话率的研究[D]. 北京:北京邮电大学.

毛道维,任佩瑜,2005. 基于管理熵和管理耗散的企业制度再造的理论框架[J]. 管理世界,(2):108-117.

孟庆良,韩玉启,陈晓君,2005. 客户价值研究及其对客户关系管理绩效的影响[J]. 运筹与管理，(14):138-142.

纳尔逊·温特，1997. 经济变迁的演化理论[M]. 北京:商务印书馆.

聂辰席，顾培亮，2002. 论企业核心竞争力的性质[J]. 数量经济技术经济研究，(7):61-64.

齐庆祝，2004. 企业能力的维度、层次及层次演进研究[D]. 天津:天津大学:42-44.

齐庆祝，杜纲，2006. 企业能力系统构建与关键维度分析[J].统计与决策，(22):153-155.

邱菀华,谷晓燕,2011.工程管理熵学及其应用[J]. 中国工程科学，13(8):73-79.

任学锋，苗立志，1998. 高技术企业产品平台战略及其管理[J]. 科学学与科学技术管理，(9):38-40.

宋华岭,刘全顺,刘丽娟,等,2003. 管理熵理论--企业组织管理系统复杂性评价的新尺度[J]. 管理科学学报，6(3):19-27.

宋平，1999. 关于企业外部物流管理的思考[J]. 物流技术，(2):3-5.

宋文昌，2007. 以服务创新、提升商业银行竞争能力和价值创造力[J]. 中国金融，(22):36-37.

孙建通，2008. 基于顾客价值的企业竞争优势研究[D]. 青岛:中国海洋大学.

孙连荣，2005. 结构方程模型(SEM)的原理及操作[J]. 宁波大学学报，27(2):31-34.

唐麒，2007. 顾客价值与企业核心能力研究[J]. 商业研究，(07):94-95.

特利·瓦伏拉，2003. 简化的顾客满意测量:ISO 9001:2000 认证指南[M]. 北京:机械工业出版社.

滕勇，王初，吴育华，2001. 信息化与可持续发展的系统动力学分析[J]. 数量经济技术经济研究，(5):46-49.

童煜，甘碧群，2004. 构建基于顾客价值的企业核心能力[J]. 中南财经政法大学学报，(2):109-112.
涂颖清，巫绍基，2009. 基于资源基础观的物流企业核心能力提升之浅见[J]. 物流技术，(6):12-13.
万伦来，达庆利，2003. 企业核心能力的识别方法研究[J]. 管理工程学报，17(2):54-59.
王宝，张明立，李国峰，2010. 顾客价值测量体系研究[J]. 中国软科学，(2):142-152.
王宝石，2007. 企业人力资源价值链管理探讨[J]. 商场现代化，(3):273-274.
王刚，伍来定，孙华美，2005. 基于顾客价值构建服务企业核心竞争力[J]. 江苏商论，(11):84-85.
王核成，蒋林，2007. 基于顾客价值的竞争优势再造[J]. 改革与战略，(2):52-55.
王江，2008. 企业动态知识竞争力及其识别系统[J]. 科学学研究，26(2):358-363.
王良元，2003. 战略管理[M]. 北京:人民邮电出版社.
王宁宁，2008. 基于顾客价值的客运专线公司竞争优势研究[D]. 北京:北京交通大学.
王齐，2004. 企业核心能力测度研究[J]. 山东经济，(01):64-66.
王庆喜，2004. 企业资源与企业成长[J]. 商业研究，(15):109-110.
王学庆，2001. 中国电信业重组:改革的目标、步骤与方案设计[J]. 管理世界，(6):81-90.
王毅，2002. 我国企业核心能力实证研究[J]. 管理科学学报，5(2):74-82.
王永贵，张玉利，杨永恒，等，2003. 对组织学习、核心竞争能力、战略柔性与企业竞争绩效的理论剖析与实证研究--探索中国企业增强动态竞争优势之路[J]. 南开管理评论，6(4):54-60.
魏光兴，2005. 企业生命周期理论综述及简评[J]. 生产力研究，(6):231-232.
魏江，叶学锋，2001. 基于模糊方法的核心能力识别和评价系统[J]. 科研管理，22(2):98-99.
魏巍，卫海英，2011. 基于顾客价值的消费者行为模式探析[J]. 现代管理科学，(6):17-19
魏晓彤，2007. 价值链视角下的人力资源管理外包研究[J]. 科技管理研究，(5):201-203.
吴春椿，2001. 论提升企业内部物流水平的几个途径[J]. 中国流通经济，(1):7-9.
吴国英，吴雪，2009. 基于顾客价值的市场营销[J]. 营销在线，(1):70-72.
吴价宝，2003. 一种基于 AHP 的企业核心能力识别新方法[J]. 科研管理，24(6):114-120.
吴价宝，达庆利，2002. 企业核心能力的系统性识别[J]. 中国软科学，(10):51-55.
吴明隆，2000. SPSS 统计应用实务[M]. 北京:中国铁道出版社.

武建龙，王宏起，2011. 企业动态核能力识别方法及实证研究[J]. 科技进步与对策，28(4)：6-9.

夏瑞雪，2010. 中国移动为何能保持高盈利能力[J]. 通信企业管理，昆明理工大学，(05)：84-85.

肖尔侨，2011. 浅谈 3G 时代的电信增值业务[J]. 信息通信，(3)：121-121.

肖海林，2003. 企业生命周期理论的硬伤[J]. 经济管理，(8)：34-36.

谢福斌，2009. 以顾客价值为导向的企业核心竞争力[J]. 商业经济，(12)：125-126.

谢远勇，2006. 基于顾客价值创新的市场营销过程探析[J]. 价值工程，(10)：31-33.

邢顺福，卢奋，常永胜，2007. 顾客价值理论综述[J]. 江苏商论，(6)：40-42.

徐碧祥，胡玮玮，2003. 企业技术创新过程的价值链分析[J]. 科技进步与对策，(8)：70-72.

薛景梅，2009. 加强采购管理，提升零售企业的竞争力[J]. 经营与管理，(1)：68-69.

亚当. 斯密，2001. 国富论[M]. 杨敬年，译. 西安：陕西人民出版社.

杨丽娟，2007. 基于顾客价值的企业竞争优势研究[D]. 郑州：郑州大学.

杨意坚，信春华，张星臣，2009. 基于顾客价值的铁路企业能力要素分析[J]. 物流技术，28(7)：102-104.

杨忠直，陈炳富，2003. 商业生态学与商业生态工程探讨[J]. 自然辩证法通讯，25(4)：55-61.

叶亮军，邓恒进，2006. 顾客价值、企业价值与产品价值管理[J]. 湖北师范学院学报：哲学社会科学版，26(1)：41-43.

伊查克 · 爱迪斯，1997. 企业的生命周期[M]. 北京：中国社会科出版社：25-85.

伊迪比 · 潘罗斯，2007. 企业成长理论[M]. 赵晓，译. 上海：上海人民出版社.

于森，2010. 北京移动公司客户导向服务战略研究[D]. 北京：北京邮电大学.

余伟萍，陈维政，任佩瑜，2003. 中国企业核心竞争力要素实证研究[J]. 社会科学战线，(5)：82-89.

余向平，2008. 西方国家对顾客价值理论的研究述评[J]. 商业研究，(3)：103-107.

俞海滨，2007. 基于游客价值的旅游企业服务创新[J]. 特区经济，(5)：193-194.

袁泽沛，2002. 关于企业核心能力的识别和培育[J]. 江汉论坛，(1)：34-36.

湛垦华，1979. 耗散结构的热力学基础[R]. 第一届全国非平衡统计物理(耗散结构专题)学术会议.

张庚淼，陈媛媛，2004. 基于客户价值的企业市场营销策略研究[J]. 当代经济科学，(9)：89-91.

张辉，2004. 全球价值链理论与我国产业发展研究[J]. 中国工业经济，(5)：38-46.

张立章，2007. 移动通信企业服务质量与顾客价值形成分析[J]. 商业时代，(24)：102-104.

张丽芳,2007. A通信公司供应链管理优化研究[D]. 北京:北京工商大学.
张明立, 2007. 顾客价值--21世纪企业竞争优势的来源[M]. 北京:电子工业出版社.
张楠,2009. 基于服务价值链的某移动公司集团客户方案支持发展策略研究[D]. 北京:北京邮电大学.
张瑞琨,1986.近代自然社学史概论[M].上海:华东师范大学出版社:159-161.
张文涛, 2006. 制造企业服务导向的价值提升[J]. 企业管理, (3):89-90.
赵林度, 2003. 供应链与物流管理理论与实务[M]. 北京:机械工业出版社.
赵永杰,刘浩, 2011. 基于系统协同视角的动态能力演进模式研究[J]. 改革与战略, 215(27):57-60.
钟尉, 张阳, 2007. 企业能力的层次与结构分析[J]. 商场现代化, (04):151-151.
周华, 2005. 服务感知质量对顾客忠诚度的影响研究[J]. 江苏商论, (11):26-28.
周三多, 邹统钎,2002. 战略思想史[M]. 上海复旦大学出版社,2002.
朱道立, 2001. 物流和供应链管理[M]. 上海:复旦大学出版社.
朱江玲,2010. 运用经营分析系统提升集团客户服务能力[J]. 中国新通信, (07):58-60.
朱乃肖, 李丁, 2002,2010. 论企业内部物流管理对提高企业核心竞争力的作用[J]. 经济与管理研究, (6):63-64.
朱鹏,赵炳新,丁海欣. 企业核心能力识别模型构建[J]. 山东经济,158(3):68-69.
朱荣华,1987.物理学基本概念的历史发展[M].北京:冶金工业出版社:159-171.
邹建岚, 2011. 福建省电信行业市场营销能力提升研究[J]. 湖北经济学院学报, (08):65-66.

附录 调查问卷

基于顾客价值的中国移动企业关键能力识别与演进问卷调查(2008年)
北京交通大学经济管理学院

学术编号	
问卷编号	

您好!

非常感谢您能够参与并协助我们完成此次问卷调查!本调查问卷将基于电信运营商的五项企业能力对顾客价值的分类价值(经济价值和功能价值)进行判断和评价,为研究基于顾客价值的企业关键能力识别与演进机理研究提供实证数据基础。请您根据所在企业的实际情况,完成问卷的填写。本问卷仅供学术研究使用,您的回答将按照国家《统计法》予以保密。

填表说明:

1. 名词解释:

经济价值是指产品或服务由于其"稀缺性"而给顾客带来经济实惠的价值。

功能价值是指产品物质本身客观的"有用性"给顾客带来的比较实用的价值。

2. 问卷回答没有对错,请您根据自己所了解的情况进行填写。

第一部分 基本信息

1. 性　　别:□男　　□女
2. 年　　龄:□30岁以下　□30～39岁　□40～49岁　□50岁以上
3. 学　　历:□大专及以下　□本科(含双学士)　□硕士及以上
4. 使用手机年限:□1年以下　□1～3年　□3～5年　□5年以上
5. 工作年限:□1年以下　□1～3年　□3～5年　□5～10年　□10年以上

第二部分 电信运营商的企业能力表现调查

(一) 市场营销能力

1. 网络服务

■ 您对电信运营商提供的移动通信网络服务是否满意?

A. 非常满意　B. 满意　C. 一般　D. 不太满意　E. 非常不满意

2. 资费水平

■ 您对电信运营商的资费水平是否满意？

A. 非常满意　B. 满意　C. 一般　D. 不太满意　E. 非常不满意

3. 营销渠道

■ 您对电信运营商的服务网点数量与质量的感受如何？

A. 非常满意　B. 满意　C. 一般　D. 不太满意　E. 非常不满意

4. 业务促销

■ 您认为电信运营商的业务促销活动及宣传效果如何？

A. 非常满意　B. 满意　C. 一般　D. 不太满意　E. 非常不满意

（二）客户服务能力

1. 投诉处理满意度

■ 您对电信运营商的投诉受理态度及处理效率是否满意？

A. 非常满意　B. 满意　C. 一般　D. 不太满意　E. 非常不满意

2. 普遍服务满意度

■ 您对电信运营商提供的通信基础服务是否满意？

A. 非常满意　B. 满意　C. 一般　D. 不太满意　E. 非常不满意

3. 个性服务满意度

■ 您对电信运营商提供的通信个性化服务是否满意？

A. 非常满意　B. 满意　C. 一般　D. 不太满意　E. 非常不满意

（三）供应链管理能力

1. 内部物流支撑能力

■ 您对电信运营商的在线网络服务的质量及效率是否满意？

A. 非常满意　B. 满意　C. 一般　D. 不太满意　E. 非常不满意

2. 外部物流整合能力

■ 您对电信运营商提供的终端产品及服务是否满意？

A. 非常满意　B. 满意　C. 一般　D. 不太满意　E. 非常不满意

（四）技术开发能力

1. 网络覆盖广度

■ 您对电信运营商的语音网络覆盖质量是否满意？

A. 非常满意　B. 满意　C. 一般　D. 不太满意　E. 非常不满意

2. 数据流量速度

■ 您对电信运营商提供管道的数据流量速度是否满意？

A. 非常满意　B. 满意　C. 一般　D. 不太满意　E. 非常不满意

3. 业务丰富程度

■ 您对电信运营商提供的增值业务丰富程度是否满意？

A. 非常满意　B. 满意　C. 一般　D. 不太满意　E. 非常不满意

（五）基础管理能力

1. 内在可持续发展

■ 您有意愿可持续消费该电信运营商的产品或服务吗？

A. 非常满意　B. 满意　C. 一般　D. 不太满意　E. 非常不满意

2. 外在形象影响力

■ 您认同该电信运营商是一家值得信赖的企业吗？

A. 非常认同　B. 认同　C. 一般　D. 不认同　E. 非常不认同

第三部分　电信运营商的顾客价值表现调查

请您对电信运营商提供通信服务的顾客价值表现进行评价：

1. 经济价值

■ 您认同中国电信运营商提供的通信服务是经济实惠的吗？

A. 非常认同　B. 认同　C. 一般　D. 不认同　E. 非常不认同

2. 功能价值

■ 您认同中国电信运营商提供的通信服务是功能实用且功能卓越的吗？

A. 非常认同　B. 认同　C. 一般　D. 不认同　E. 非常不认同

您已经按要求完成了本次问卷调查，非常感谢您的支持与配合！